山水

Gartenarchitektur
in Japan

Günter Nitschke

Gartenarchitektur in Japan

Rechter Winkel und natürliche Form

Taschen

© 1991 Benedikt Taschen Verlag GmbH & Co.KG
Hohenzollernring 53, D-5000 Köln 1

Redaktion und Produktion: Rolf Taschen, Köln
Gestaltung: Detlev Schaper, Michael Ditter, Köln
Umschlag: Peter Feierabend, Berlin
Herstellung: Gudrun Bailly, Köln
Übersetzung aus dem Englischen: Andreas Heering
Lektorat: Thomas Paffen, Düsseldorf
Korrekturen: Renate Köllen, Köln
Satz: Fotosatz Münsterland, Münster
Farbreproduktionen: Scantrend, Offenbach
Schwarzweißreproduktionen: Reproservice Pees, Essen
Druck und Bindung: Neue Stalling, Oldenburg
Printed in Germany
ISBN 3-8228-0269-7

Inhaltsübersicht

Vorwort

*Hier ist das Lotos-Paradies,
dieser Körper ist der Buddha.*
Hakuin Zenshi: Gesang der Erleuchtung

Es waren furchtbare ökologische Katastrophen nötig, damit sich das Abendland wieder daran erinnerte, daß die Erde lebt und ein Bewußtsein hat von eigener Art. Selbst ein abendländischer Materialist wird zugeben müssen, daß Steine, Pflanzen, Tiere und Menschen alle in die Natur dieser Welt hineingehören, daß sie eine große Einheit bilden, die man nicht aufbrechen kann. Wir, die wir im Abendland und seinen Traditionen verwurzelt sind, haben aber große Schwierigkeiten mit der östlichen Vorstellung, daß auch Steine ein Bewußtsein haben. Und zwar nicht, weil sie keines haben, sondern weil *wir* es nicht mit naturwissenschaftlichen Methoden messen können. Bei der Vorstellung, daß Pflanzen und Tiere ein Bewußtsein haben, würden wir schon eher mit uns reden lassen. Verstehen können wir vielleicht auch noch, wenn man sagt, daß das Universum »zu Bewußtsein kommt«, wenn ein Mensch sich seiner selbst als Bewohner der Erde bewußt wird, einer Erde, die wiederum Teil des Universums ist. Schwierig wird es für uns allerdings wieder bei der Rede vom »erleuchteten« Bewußtsein, einem Bewußtsein also, das sich seiner selbst bewußt wird. Der Moment, in welchem das Bewußtsein sich seiner selbst bewußt wird, ist für östliche Mystiker der delikate Moment, wenn sich im »Garten« des Universums eine Blume öffnet. Es ist dies der Moment einer kosmischen Implosion, vergleichbar nur mit dem Moment der großen kosmischen Explosion, welche wir heute den »Urknall« nennen.

Für den Erleuchteten ist jeder Ort das Lotos-Paradies. Der Normalsterbliche hingegen sucht sein Lotos-Paradies in Gärten. Die Geschichte der japanischen Gartenbau-kunst ist auch die Geschichte der Suche nach dem Lotos-Paradies, das heißt, die Geschichte des menschlichen Strebens nach dem rechten Leben in und mit der Natur. Dieses Buch will die wichtigsten historischen Phasen dieser Suche dokumentieren.

In der westlichen Welt gibt es noch nicht viele wissenschaftliche Arbeiten über japanische Gärten, aber Japan selbst hat eine ungeheure Fülle wissenschaftlicher Literatur zu diesem Thema hervorgebracht. Jeden Monat erscheinen zwei oder drei neue Zeitschriften und zwei oder drei Bücher zum Thema Garten. Bei meinen Recherchen für dieses Buch habe ich immer wieder auf das vielbändige »Große Handbuch der japanischen Gartenkunst« zurückgegriffen, welches der berühmte Gartenhistoriker und Gartenarchitekt Shigemori Mirei und sein Sohn Kanto herausgegeben haben. Die meisten meiner Übersichtsskizzen von japanischen Gärten sind vereinfachte Versionen der Skizzen in Shigemoris Werk. Ich betrachte es als großes Glück, dem inzwischen leider verstorbenen Shigemori mehrfach begegnet zu sein, seitdem ich im Jahre 1967 den Plan faßte, ein Buch über japanische Gärten zu schreiben.

Ich muß mich auch bei vielen anderen für ihre großzügige Unterstützung bei diesem Projekt bedanken: bei Benito Boari, der die Zeichnungen für die Seiten 34–71 anfertigte; bei Jens Hvass, der die Graphiken für die Seiten 72–125 anfertigte, und bei Irina Detlefsen, die die meisten anderen Graphiken besorgt hat. Herzlich möchte ich mich auch bei Ken Kawai von der Universität Kyoto bedanken, der einen großen Teil der japanischen Korrespondenz und die Bibliotheksrecherchen übernommen hat. Irina Detlefsen und Ken Kawai haben mir dankenswerterweise auch einige ihrer eigenen Photographien zur Verfügung gestellt, Photographien, die auf ihre Weise vom tiefen Interesse der beiden am japanischen Garten zeugen. Zu Dank bin ich auch Kojima Hiroshi verpflichtet, dem Direktor der »Imperial Household Agency« in Kyoto, der es mir möglich gemacht hat, den Katsura-Palast in Ruhe zu photographieren und der mir großzügigerweise einige Photographien des Kaiserlichen Palastes in Kyoto zur Verfügung gestellt hat.

Der japanische Schönheitssinn:
die Verehrung des Unnachahmlichen in der Natur und die Verehrung
der vom Menschen perfektionierten Form

Der japanische Garten ist nicht einfach nur »Natur«, ist nicht einfach *shizen,* um das japanische Wort für Natur zu verwenden, welches, wörtlich übersetzt, soviel bedeutet wie »Kreatur, die sich selbst geschaffen hat«. Der japanische Garten ist immer schon vom Menschen geschaffene und gestaltete Natur gewesen. Er gehört in den Bereich der Architektur, und in der besten japanischen Tradition ist er Kunst-Natur.

Historisch gesehen, beginnt die japanische Gartenkultur mit dem Erscheinen der ersten städtischen Siedlungen und der ersten Paläste. Darin gleicht die Entwicklung der japanischen Gartenkultur derjenigen der meisten anderen Kulturen. Mit dem Siegeszug der Zivilisation entsteht der Garten als Nebenprodukt des materiellen Überflusses und der neu gewonnenen Freizeit. Seit jener Zeit grenzt der Mensch bestimmte natürliche Formationen aus dem Zusammenhang der Natur aus und begreift sie nun zusammen mit der unnatürlichen, erdachten Mauerform als etwas Neues und anderes. Mit ihren rechten Winkeln veränderte die Mauer die Wahrnehmung der natürlichen Form. Ihr im Rechteck liegender Teil wurde zum Garten oder, im Griechischen, zum *paradeisos,* ein Wort, welches ursprünglich »Park« oder »Tierpark« bedeutete und welches erst in christlicher Zeit die Bedeutung »Paradies« annahm. Das noch ältere persische Wort *pairi-daeza* bedeutete schlicht »Einfriedung«. In den Gärten des antiken Persien wurde der rechte Winkel sogar horizontal in die Gärten hineinprojiziert: Man teilte sie mittels künstlich angelegter Wasserläufe in vier gleiche Rechtecke auf. Um ins »Paradies« zu gelangen, mußte man auch nach japanischer Vorstellung nicht – wie wir später anhand verschiedener buddhistischer Visionen zeigen werden – »zurück zur Natur« gehen. Man begab sich vielmehr in eine vom Menschen geschaffene Natur, eben in einen Garten.

Frühe chinesische Gärten dienten als eingefriedete Jagdgründe am kaiserlichen Palast. Sie sind weniger architektonisch ausgeprägt als die zur gleichen Zeit im Nahen Osten entstehenden Gärten, aber auch sie sind von einer Mauer eingefriedet. In beiden Fällen handelt es sich um geformte und kontrollierte Natur – sogar die Tiere in den Jagdgründen unterlagen menschlicher Kontrolle. Der Unterschied zwischen den antiken Gärten des Nahen und Fernen Ostens ist nicht mit dem einfachen Gegensatzpaar »natürlich-unnatürlich« zu erfassen. Der Naturentwurf des einen ist nicht »natürlicher« als der des anderen. Es handelt sich hier vielmehr um einen Unterschied im Typ und im Grad der Künstlichkeit.

In den fünf großen historischen Epochen japanischer Kunst erkennen wir immer wieder Variationen der figurativen Symbiose zwischen rechtem Winkel und natürlicher Form. In einem vielbeachteten Essay über japanisches Design bemerkte Walter Dodd Ramberg, daß er in Japan zwei Arten der Schönheitswahrnehmung unterscheide: Der Japaner entdecke und verehre die Schönheit zum einen im Natürlich-Zufälligen, zum anderen in der vom Menschen geschaffenen perfekten Form. Im Shintoismus, Japans ureigentlicher Religion, wird das Unnachahmliche in der Natur häufig als *go-shintai,* als Behausung einer Gottheit, verehrt. *Go-shintai,* das kann ein ungewöhnlich geformter Felsen sein, ein seit Jahrhunderten von der Witterung gegerbter Baum, ein ungewöhnlich zerklüfteter Berg oder ein durch seine Größe oder Form imponierender Wasserfall. In den jüngeren Phasen der japanischen Geschichte wurde die zufällige Schönheit der Natur bewußt vom Menschen eingesetzt. Die hochkomplexen Techniken der Glasur von Töpferarbeiten oder kalligraphische Kleckse sind ein Beispiel für die große Rolle, die der Zufall in der japanischen Kunst spielt. Die japanische Kultur entdeckt Schönheit im Zufälligen.

Aber wir dürfen dabei doch nicht übersehen, daß die japanische Kultur Schönheit auch in Formen erkennt, die der Mensch planvoll geschaffen hat: die zarten Proportionen einer durchscheinenden Papierwand, die hölzernen Gitterwerke auf den Fassaden traditioneller Stadthäuser oder die klare Linienführung der Modulsysteme klassischer japanischer Architektur zum Beispiel. Die japanische Kultur begreift das konstruierte Artefakt als eine Art Baukasten, dessen Bestandteile man nach festen Regeln in immer größerer Funktionalität und ästhetischer Perfektion miteinander kombiniert. Natürlich treibt sein angeborener Spieltrieb den Menschen dazu, die selbstgesetzten Regeln in immer neuen Kombinationen und Permutationen experimentell zu verändern und auszuweiten.

Ich betrachte die beiden Formen der Schönheitswahrnehmung, Schönheit als natürlicher Zufall und Schönheit als vom Menschen perfektionierte Form,

nicht als gegenseitig sich ausschließende Alternativen. Im Gegenteil: Gerade die *gleichzeitige* Kultivierung und bewußte Überlagerung dieser beiden Formen der Schönheitswahrnehmung charakterisiert am ehesten den traditionellen japanischen Schönheitssinn.

Ich sehe die spannungsreiche Überlagerung des Rational-Planvollen und des Zufälligen, des rechten Winkels und der natürlich gewachsenen Form auf allen Ebenen des japanischen Designs: in den Ziernischen *(tokonoma)* der Teeräume mit einer Kalligraphie darin, im rechtwinkligen Rahmen einer traditionellen Papierwand, die dem Blick auf eine naturbelassene Felsformation ihren Stempel aufdrückt, oder in einer Bühnendekoration, deren Bildinhalt – durch einen Bambushain springende Löwen – durch das Gittermuster der verschiebbaren Kulissenteile rhythmisiert wird. In der japanischen Kunst verstärken sich die beiden Ordnungsprinzipien – hier das natürlich gewachsene, »Formlose«, dort das Rechtwinklig-Rationale – in ihrer Wirkung wie die entgegengesetzten Formen der chinesischen Yin-Yang-Figur. Für sich gestellt, würde keines der beiden Ordnungsprinzipien eine starke Wirkung ausüben. Ohne den Kontrast zu einem rechteckigen visuellen Rahmen oder rasterartigen Hintergrund würde man ein paar Felsbrocken, selbst wenn sie noch so sorgfältig ausgewählt wären, schwerlich als Garten erkennen. Deshalb kann der »Garten« in Japan nicht unabhängig von der Architektur behandelt werden. Der Kontrast zu der zufälligen Ordnung der Natur verstärkt den rationalen Ordnungseffekt des rechten Winkels – und umgekehrt. In der Suche nach einer perfekten Einheit zwischen diesen Gegensätzen, in der Suche nach einer Art ästhetischer *Unio mystica* sehe ich das durchgängige Motiv in der japanischen Schönheitswahrnehmung. Es zieht sich bis zum heutigen Tag wie ein verborgener Faden durch sämtliche große Werke der japanischen Kunst.

*Perfektion der Typisierung: die modulare
Ordnung des Kikugetsu-tei. Dieser Pavillon im
Ritsurin-Park in Takamatsu City entstand in
seiner Urform in der Edo-Zeit.*

Archetypen japanischer Gärten:
das Land – Shintoismus – hinduistische Kosmologie – taoistische Mythen – Buddhismus und triadische Kompositionen

Das Binden von Bäumen hat die Funktion, ihren Wuchs in Form zu bringen und ihre Äste im Winter abzustützen. Kenroku-en-Park in Kanazawa (Edo-Zeit).
Photo: Tabato, Minao

Vorhergehende Doppelseite:
Das Meer zwischen den japanischen Inseln: Es wurde zu einem natürlichen Archetyp des japanischen Gartens.
Photo: Saito, Tonomi

Das Land: Götterinseln und Götterweiher

kumori naki	Kaum umwölkte
yama nite umi no	Berge um die See
tsuki mireba	darin den Mond ich seh;
shima zo kohori no	die Inseln im Eis
tae-ma narikeri	geraten zu Löchern

Man kann sich kein besseres Porträt japanischer Konfiguration vorstellen als dieses aus dem zwölften Jahrhundert stammende Gedicht des Dichtermönchs Saigyo. Vielleicht hat ihn ein Blick über die japanische Binnensee dazu inspiriert. Japan ist das Land der zahllosen Inseln, sie liegen im großen Erdbebengürtel des östlichen Pazifik; über 70 Prozent des Landes ist Bergland, und es gibt viele aktive Vulkane und heiße Quellen. Tiefe Täler durchfurchen die Bergketten, und die zerklüfteten Felsküsten der japanischen Inseln machen den Eindruck, als habe die Erde ihre Stirn hier in tiefe Denkerfalten gelegt, die kaum Platz für kleine Sandstrände lassen. Die Inseln haben fast keine ebenen Flächen. Wollten wir ein archetypisches visuelles Vokabular für die japanische Landschaft entwerfen, so würden wir Worte brauchen wie »kleine Inseln im Meer«, »Flüßchen, die sich zwischen Bergen schlängeln«, »scharfkantige Felsen an der Meeresküste«, »über viele Stufen stürzende Wasserfälle« und »Kiesel in Bergbächen«. Dies ist auch das Formvokabular japanischer Gärten. Bis heute reflektiert ihre visuelle Sprache die Sprache der japanischen Landschaft.

Deshalb ist es nicht überraschend, daß auch die japanische Kosmogonie die topographischen Gegebenheiten des Landes reflektiert. Das Urbild japanischer Kosmogonie finden wir in den *Kojiki* aus dem Jahre 712: Am Anfang gebaren zwei Urgottheiten acht Inseln. Erst später fügten sie andere Natur-»elemente« hinzu: das Meer, Flüsse, Berge, Bäume und Kräuter. Diese alte japanische Kosmogonie, so meint Shigemori Mirei, ent-

den Tag genau vorhersagen. Die zarten Veränderungen
der Natur in den Übergangsperioden haben nicht nur die
japanische Dichtung und Malerei, sondern auch den
japanischen Festkalender geprägt: Muster auf Kimonos,
Blumenarrangements in den dekorativen Alkoven traditioneller japanischer Wohnhäuser, sogar die Mahlzeiten
in traditionsbewußten japanischen Restaurants spiegeln
den Wechsel der Jahreszeiten. Bis auf den heutigen Tag
beginnt fast jeder Brief mit einer Bemerkung über die
der Jahreszeit entsprechende Blume oder die gerade
herrschende Schwüle oder Kälte.

Obwohl sich die japanische Gartenbaukunst im Lauf
der Jahrhunderte in mannigfacher Weise entfaltete und
Gärten unterschiedlichster Größe, Thematik und Wirkung hervorbrachte, können wir doch in all ihren Formen
eine gemeinsame Logik des Designs erkennen, eine
Logik, die in intimem Zusammenhang mit dem *genius
loci* der japanischen Landschaft steht, also mit dem, was
das Land in der Imagination der Menschen »an sich« ist.

Glaubensvorstellungen des Shintoismus:
Archetypen des Heiligen

Tempelartige, festinstallierte Heiligtümer treten im Shintoismus, der ältesten Religion Japans, erst relativ spät in
Erscheinung, vermutlich im fünften oder sechsten Jahrhundert unserer Zeitrechnung. Die Heiligtümer und die
in ihnen praktizierten rituellen Handlungen aus der
frühesten Phase des Shintoismus, dem Natur-Shinto,
waren von einer solchen formalen Klarheit und Schlichtheit, daß ihre universal zu nennende rituelle Bildlichkeit
charakteristische Typen heiliger Handlungen und »Orte«
im kollektiven Unterbewußtsein der Japaner hervorbrachte. Hier finden wir eine Formsprache, die nicht zu
veralten scheint und die bis auf den heutigen Tag auch
ausländische Touristen in ihren Bann zieht.

springe der Urerfahrung der frühen Siedler, die mit Schif-
fen die See überqueren, um auf den japanischen Inseln
zu siedeln. Solche Erfahrungen hinterließen tiefe Spuren
im kollektiven Unterbewußtsein. Schon seit frühester Zeit
kennen wir *shinto,* Inseln der Götter, und *shinchi,* Teiche
der Götter. In ihnen erkennen wir frühe Formen eines für
die ganze Geschichte des japanischen Gartenbaus fruchtbaren Archetyps.

Das japanische Klima kennt vier Jahreszeiten, und man
kann den Übergang von der einen zur anderen fast auf

*Das durchgängige Motiv japanischer
Schönheitswahrnehmung: Unio mystica des
rechten Winkels mit der natürlichen Form.
Vorgarten des Honen-in Tempels in Kyoto.*

*Garten des priesterlichen Wohngebäudes
am Tenryu-in-Tempel in Kyoto.*

Die frühesten Heiligtümer des Shintoismus reflektieren verschiedene Züge antiker japanischer Lebens- und Verhaltensweisen: die Wertschätzung territorialen Eigentums, die Naturanbetung, den Sinn für Reinheit und die Reiskultur.

Der Archetyp der Territorialität: *shime*

Die Kunst des Knotens und Bindens ist wahrscheinlich eine der ersten manuellen Kulturtechniken des antiken Menschen in Ostasien. Das Binden von Gras, Büschen oder Bäumen signalisiert Besitzanspruch auf ein Stück Land, ein Haus oder was sonst dem Menschen besitzenswert erscheint. Ein *shime* ist ein Zeichen der Inbesitznahme oder eines Besitz- und Machtanspruches. In verschiedenen Publikationen habe ich meine Schlußfolgerungen aus der komplizierten Wortgeschichte erläutert, daß sich das japanische Wort *shima*, »Garten«, aus dem archaischen Wort *shime* herleitet. *Shime* bedeutete zunächst ganz wörtlich »gebundenes Artefakt«, das eine »Inbesitznahme« signalisierte (das Verbum *shimeru* hat alle drei Bedeutungen). Das Wort *shima*, welches sich von *shime* ableitet, bedeutet zunächst »Land« oder, genauer: »in Besitz genommenes Land«. Später tritt dann die Bedeutung »Garten« hinzu, genauer: »ein Stück von der Wildnis abgetrenntes Land«. Schließlich gewinnt das Wort die Bedeutung »Insel«, ein »Stück Land, das in der unbezwungenen See schwimmt«. Im Substantiv *shime-nawa,* (wörtlich »Band«, aber auch »Besitz«), welches in Shinto-Heiligtümern Bänder bezeichnet, die einen heiligen Bezirk umgrenzen oder einen anbetungswürdigen Gegenstand als heilig kenntlich machen, begegnet uns ein Gebrauch des Wortes *shime* außerhalb des bisher beschriebenen politisch-ökonomischen Bedeutungsbereiches. Hier hat das Wort magisch-religiöse Bedeutung.[1]

Die japanische Faszination, ja Manie für das Binden, das Manipulieren und Verkrüppeln von Pflanzen in Gärten oder für Miniatur-Landschaftsnachbildungen hat also ihre Wurzeln in einer Kulturtechnik, die in Japan seit Jahrtausenden zu Hause ist.

Der Archetyp des Felsens: *iwakura und iwasaka*

Von Anfang an gehört die Wertschätzung der Schönheit des naturbelassenen Steines zu einem herausragenden Charakterzug japanischer Gartenbaukunst. Schon immer wurden Steine um ihres haptischen, szenischen oder symbolischen Effektes willen in die Gartenkomposition einbezogen. Viele japanische und westliche Wissenschaftler führen die Liebe des Japaners zum schlichten, unbearbeiteten Stein oder Felsen auf die religiöse Verehrung großer Felsbrocken in antiken Shinto-Heiligtümern zurück. Die Praxis der Felsverehrung datiert möglicherweise sogar bis in die Megalith-Keiltüren des Neolithikums zurück. In der religiösen Praxis des Shinto wurden verehrungswürdige Steine oft mit einem *shime-nawa* als »heilig« kenntlich gemacht. Ein Beispiel für diese Praxis finden wir im Heiligtum von Omiwa, in der Nähe von Nara. Steine, die mit einem heiligen Band kenntlich gemacht sind, gelten als *go-shintai,* als Wohnung einer Gottheit, woraus oft geschlossen wurde, daß der prähistorische Shintoismus eine animistische Phase durchlaufen habe. Ich bin hingegen der Auffassung, daß es sich bei der Liebe zur Schönheit der Steine und bei der Verehrung einer göttlichen Präsenz, die sich hinter dieser Schönheit verbirgt, um ein relativ spätes Phänomen in der Entwicklung des Shintoismus handelt. Ursprünglich hießen als göttlich verehrte Steine *iwakura* und *iwasaka,* was man wörtlich mit »Felssitz« beziehungsweise »Felsgrenze« übersetzen könnte. Ich schließe daraus, daß Steine in einer sehr frühen, präanimistischen Phase des Shintois-

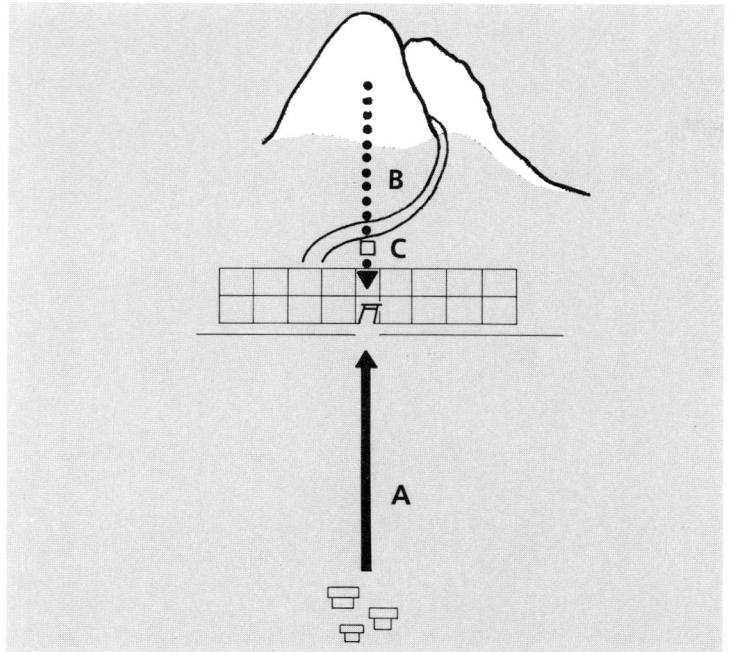

Diagramm der heiligen Reisfelder, shinden.
Dargestellt sind hier die grundlegenden geomantischen Relationen zwischen Berg, Wasser
und Reisfeldern einerseits und dem »Pfad« des
Menschen (A) beziehungsweise dem »Pfad«
der Gottheit des Berges und der Reisfelder (B)
andererseits.

mus als Grenzmarkierungen verwendet wurden. Später vergaß man die ursprüngliche Funktion und Bedeutung dieser Steine und schrieb ihnen religiöse Wirkmacht zu. Noch später begann man dann auch natürliche Steinformationen als Orte der Gottesanwesenheit zu begreifen.

Im Gegensatz zu der hier vorgetragenen Auffassung argumentiert Shigemori Mirei, daß bestimmte natürliche Stein- und Felsformationen von Anbeginn für heilig gehalten wurden; im Verlauf der Geschichte habe man diesen natürlichen Formationen dann weitere Steine hinzugefügt und auf diese Weise heilige Orte geschaffen, die zumindest teilweise von Menschenhand überformt waren. Zuletzt wurden alle Steine an einem bestimmten heiligen Ort von Menschenhand angeordnet. Hier sei der eigentliche Beginn der japanischen Gartenbaukunst anzusetzen.[2]

So gegensätzlich diese Auffassungen sein mögen, sie stimmen doch in einem Punkt überein: Die natürliche Stein- und Felsformation hat einen ganz besonderen Status in Japan. Als Baumaterial hat Stein nie eine besondere Rolle in der japanischen Architektur gespielt. Er wurde allenfalls zum Bau von Burgmauern verwendet. Statt Stein und Fels als Baumaterial zu verschleißen, hat die japanische Kultur dem Stein religiösen Status zugebilligt. In Japan hat man ein Auge für die feinste Besonderheit der Form, der Farbe, der Beschaffenheit eines Steines, ja, man gibt Steinen die Charakteristika einer Person: Steine haben Kopf und Fuß, Brust und Rücken. Und ein japanischer Garten ohne einen ungewöhnlichen Stein – oder eine Steinkombination – ist ganz unvorstellbar.

Der agrarische Archetyp: *shinden*

Täglich werden am Heiligtum der kaiserlichen Ahnen in Ise der Sonnen- und Nahrungsgottheit Reis und Sake geopfert. Der Reis wird auf heiligen Feldern, genannt *shinden,* eigens für diesen Zweck angebaut. In diesen heiligen Reisfeldern erblicken wir das letzte überlebende Beispiel der urtümlichen japanischen Geomantie, welche seit der Nara- und Heian-Zeit, also seit der ersten großen Welle chinesischen Einflusses auf Japan, fast zur Gänze von der chinesischen Geomantie verdrängt worden ist. Neben den weiter oben beschriebenen Praktiken der Territorialität prägte der agrarische Zyklus des Reisanbaus die Architektur der heiligen Orte des Shintoismus und seine religiösen Riten (die Reiskultur begann in Japan in der Yayoi-Zeit, also zwischen dem zweiten vorchristlichen und dem zweiten nachchristlichen Jahrhundert).

Die verschiedenen Elemente der heiligen Reisfelder sind in ihren geomantischen Relationen einfach und klar gegliedert: Auf der einen Seite befindet sich ein Berg, von dem das Wasser herunterkommt, auf der gegenüberliegenden Seite befindet sich das *torii,* das typische Shinto-Tor, das dem Wanderer den Eintritt in den heiligen Ort signalisiert und ihn von seiner profanen Umgebung trennt. In diesem frühen Stadium des Shintoismus war der Komplex noch nicht nach Norden ausgerichtet. Genordet wurden die heiligen Orte erst unter dem Einfluß chinesischer Geomantie. Der ganze Komplex stellt eine Art ersten Garten dar, in dem Gottheit und Mensch einander begegnen. Seit der frühen Edo-Zeit integrierte man Reisfelder in die großen Wandelgärten der Daimyo, der Territorialfürsten der Edo-Zeit. Oft hatten diese Reisfelder die Form eines magischen Quadrats – drei mal drei Quadrate ergeben ein magisches Quadrat.

Hinter der religiösen Praxis der Anlage und Pflege heiliger Gärten verbirgt sich die Glaubensvorstellung, daß die örtlichen Schutzgötter im Winter in den Bergen leben, von wo man sie im Frühling zeremoniell abholt, um sie zu den Reisfeldern zu bringen, in denen sie als Feldgötter leben, bis man sie im Herbst nach der Ernte

wieder in die Berge zurückbringt. Diese religiöse Vorstellung finden wir in ganz Japan.

Tsukushi Nobuzane hat diesen alten Volksglauben am
Beispiel religiöser Rituale in der Umgebung der Stadt Ise
wissenschaftlich untersucht. Er kam zu dem Schluß, daß
dieser Glaube seinen Ursprung in folgender Vorstellung
hat: Einmal im Jahr steigt die Sonnengottheit vom Himmel
herab und läßt sich auf einem hohen Berggipfel nieder.
Von dort bringen die Dorfbewohner sie in der Form eines
gefällten Baumes zu Tal und schleppen sie durch den
Fluß am Fuß des Berges. Am anderen Ufer feiert das
Dorf dann die Ankunft der Gottheit. Eine der dörflichen
Jungfrauen dient der Gottheit dabei eine Nacht lang
als Priesterin und Gattin. Wir dürfen daraus schließen,
daß die ältesten Orte der Götterverehrung in der Nähe
eines Flusses gelegen und kaum mehr waren als ein mit
Kieseln bedeckter, von einem Seil markierter Fleck Erde,
in dessen Mitte sich ein frisch gefällter Baum befand.[3]

Viel ist über die geheimnisvollen *shiki no himorogi*
gerätselt worden, von denen wir nur wissen, daß es
sich bei ihnen um mit Kieseln bedeckte heilige Bezirke
handelt, in denen rituelle Reinigungen vorgenommen
werden. Solche Orte werden schon in Chroniken des
achten Jahrhunderts erwähnt. Sie existieren noch heute
in fast allen Shinto-Schreinen. Einen besonders schönen
shiki no himorogi finden wir im Schrein zu Ise.

Ich glaube, daß die *shiki no himorogi* ihren Ursprung
in antiken Reinigungsplätzen an Flußläufen haben und in
engem Zusammenhang mit den von Tsukushi Nobuzane
beschriebenen Ritualen stehen. Die Gottheit erschien
dem gläubigen Volk zum ersten Mal am Flußufer. Kiesel-
gesäumte Flußufer oder -bedeckte Flächen in japanischen Gärten sind mehr als naive Kopien eines in der
Natur vorkommenden Phänomens. Sie sind Archetypen
eines ehrfurchtgebietenden Ortes, eben eines Ortes der
Theophanie.

Eine Steinformation als Symbol für den
Shumi-sen, nach antiker hinduistisch-bud-
dhistischer Vorstellung die Achse der Welt. Der
Garten des Raikyu-ji-Tempels in Takahashi City.
Photo: Kawai, Ken

Hindu-Kosmologie:
der Berg als Achse der Welt

Die Heraufkunft des Buddhismus in Japan markierte auch die Heraufkunft eines besonders fruchtbaren archetypischen Bildes aus der Kosmologie einer fremden Kultur: das Bild des kosmischen Berges *Shumi-sen* (Shumi-Berg) im Zentrum der Welt. Wir finden Repräsentationen dieses Berges in vielen japanischen Gärten. Die ältesten schriftlichen buddhistischen Quellen, welche auf noch ältere hinduistische Vorstellungen zurückverweisen, verstehen die Welt als ein »zusammenhängendes, tellerartiges Gebilde, welches von einem Bergmassiv aus Eisen, *Cakravala,* umschlossen ist«[4].

Die buddhistische Cakravala-Kosmologie ist uns in verschiedenen Varianten bekannt, scheint aber in jeder dieser Varianten von der Vorstellung geprägt zu sein, daß die Welt eine runde Scheibe sei, in deren Mitte sich der *Shumi-sen,* der Shumi-Berg, befinde. Um das Zentrum herum liegen in konzentrischen Kreisen sieben goldene Bergmassive, die schließlich von einem achten und letzten kreisrunden Bergmassiv aus Eisen, dem *Cakravala,* eingeschlossen sind. Zwischen den Bergmassiven liegen Ozeane. Der Mensch bewohnt nur vier Inseln in dem Ozean, der zwischen dem siebten Bergmassiv und dem *Cakravala* liegt. In den anderen Ozeanen schwimmen acht weitere unbewohnte Inseln. Die Scheibe ruht auf einem Fundament aus goldener Erde, welches seinerseits auf Wasser schwimmt.

Hier ist ein naheliegendes Mißverständnis abzuwehren: Wir sollten nicht vergessen, daß es sich bei dieser Vorstellung um ein Bild des gesamten Universums handelt, also um mehr als eine Vorstellung von der Erde. Der *Shumi-sen* stellt die Achse dieses Universums dar; die in konzentrischen Kreisen um den *Shumi-sen* gelagerten goldenen Bergmassive markieren verschiedene Himmels- beziehungsweise Meditationssphären.[5] Diese ursprünglich indische Kosmologie spiegelt sich in japanischen Gärten wieder. Oft nimmt ein einzelner, herausragender Stein, manchmal umgeben von kleineren Steinen, als *Shumi-sen* eine besondere Stelle in einem Garten ein. Es kommt auch vor, daß die Gesamtkomposition eines Gartens das Schema von neun Bergen und acht Ozeanen aus der hinduistischen Kosmologie übernimmt. Einer der schönsten solcherart angelegten Gärten befindet sich vor dem goldenen Pavillon in Kyoto, wo man die verschiedenen Inseln und Steine im Spiegelteich als Abbild der ursprünglich hinduistischen Vorstellung vom Universum begreifen kann.

Aber mehr noch als die Details der buddhistisch-hinduistischen Kosmologie hinterließ das machtvolle Bild des *Berges* im Zentrum der Welt und des allursprünglichen *Wassers* seine Spuren in der Seele der japanischen Inselbewohner. Berg und Wasser fließen ineinander im Bild der *Insel,* die nicht nur in der japanischen Kosmologie als erste Manifestation der Erde, ja der Form selbst erscheint.

Daß der kosmische Berg so zahlreich in der japanischen Gartenkunst erscheint, ist offenbar ein Zeichen für die phantasieanregende Schlichtheit, für die Macht und Schönheit dieses vorwissenschaftlichen Weltmodells. Das, was ich hier ein »archetypisches Bild« genannt habe, nennt Mircea Eliade ein »Symbol«. Ein echtes »Symbol«, sagt Eliade, »spricht den ganzen Menschen an, und nicht nur seinen Intellekt«. Um ein solches Symbol handelt es sich bei der Vorstellung von der Insel im Meer.[6]

Oft wurden Gärten auch in der Form eines Mandalas entworfen, mit der Weltachse im Mittelpunkt. Das ist nicht überraschend, wenn man bedenkt, daß das Mandala die strukturellen Prinzipien des hinduistischen Weltentwurfs repräsentiert und das formale Prinzip vieler großer Kunstobjekte in Ostasien darstellt.

Taoistische Mythologie: die Inseln der Seligen

Eine mythische Begebenheit hat größere Macht über unsere Phantasie als ein historisches Ereignis. Das liegt daran, daß die archetypische Klarheit der Mythen unsere tiefsten unbewußten Hoffnungen und Ängste anspricht und reflektiert. Die Geschichte führt Buch über Daten und Fakten; Mythen sprechen aus dem Unbewußten, vielleicht aus dem sogenannten kollektiven Unbewußten. Die Angst vor Alter und Tod zum Beispiel siedelt jenseits der Geschichte im Unbewußten. Eben dieser Furcht vor Alter und Tod und unserem Bedürfnis nach ewiger Jugend entstammt der taoistische Mythos von einer Insel der Unsterblichen. Des Menschen unermüdliche Suche nach einem Jungbrunnen erkennen wir in der modernen Welt noch in den Bildern und Verheißungen der Kosmetikindustrie.

Antiker chinesischer Mythologie zufolge liegen irgendwo weit, weit östlich der chinesischen Küste fünf Inseln, auf denen die Menschen Unsterblichkeit erlangt haben und in ewiger Harmonie zusammenleben. Hier herrscht Harmonie zwischen Mann und Frau und sogar zwischen Mensch und Natur. Die Unsterblichen fliegen auf Kranichen um die Berggipfel. Die Inseln liegen auf dem Panzer einer riesigen Meeresschildkröte, die nach einem Kampf mit einem Meeresungeheuer zwei der fünf Inseln verloren hat.

Daß die chinesischen Kaiser mehrere Expeditionen ausrüsteten, um diese Inseln ausfindig zu machen und den Unsterblichen das Geheimnis ihres Lebenselixiers zu entwinden, ist ein Zeichen für die Macht, die dieser Mythos über mehr als ein Jahrtausend auf den Geist Chinas und Japans ausübte. Ungefähr im ersten vorchristlichen Jahrhundert begannen die Chinesen am Erfolg solcher Expeditionen zu zweifeln, und der Kaiser Wu kam auf die Idee, die Unsterblichen in seinen Palast zu laden. Zu diesem Zweck ließ er einen Garten anlegen, der so gut wie möglich der Landschaft auf den mythischen Inseln nachempfunden war. In einem großen künstlichen See ließ er vier Inseln anschütten, auf denen er Paläste für die Unsterblichen erbauen ließ. Am Ufer des Sees errichtete er einen sechzig Meter hohen Turm, von dem aus er mit den Unsterblichen zu kommunizieren gedachte.[7]

Der Mythos von den Inseln der Seligen muß Japan noch vor der Einführung des Buddhismus erreicht haben, denn er wird schon im *Nihon shoki,* den Annalen Japans (um 720 nach Christus), erwähnt. Dort heißt es in einem Eintrag für das Jahr 478, daß der Sohn eines gewissen Urashima gemeinsam mit seiner Geliebten, die einer Schildkröte entstiegen war, die Inseln der Seligen erreicht und die Unsterblichen gesehen habe.[8]

Wie die Geschichte beweist, zog dieser Mythos Japan ebenso in seinen Bann wie der Mythos vom Berg im Zentrum der Welt. Bis zum Ende der Edo-Zeit prägte er die Gartenarchitektur Japans. Einschränkend muß ich hinzufügen, daß Japan aus den fünf Inseln *eine* Insel der Seligen machte, die Insel *P'eng-lai* oder, japanisch, *Horai-zan.* Ein Horai-Berg, eine Horai-Insel oder ein Horai-Stein, manchmal auch eine Insel der Kraniche oder der Schildkröten, symbolisiert die Insel der Seligen in der japanischen Gartenlandschaft. Kraniche und Schildkröten wurden, gewissermaßen Pars pro toto, zu eigenständigen Symbolen des langen Lebens. Bei jeder japanischen Feier ist das Symbol des Kranichs oder der Schildkröte zugegen, ob als Gemälde, als Blumenarrangement oder in Papier gefaltet.

Die beiden hier beschriebenen Mythen begannen sich in Japan zu überlagern, was eigentlich nicht überraschen kann, weil ihre äußere Ähnlichkeit groß ist. Die hinduistisch-buddhistische mythologische Rede von einem

27

Berg in der Mitte der Welt mündet in eine Rede von der
Erlösung im Nirwana. Der taoistische Mythos von der
Insel der Seligen mündet in die dramatische Erzählung
von der Erlangung des ewigen Lebens. Die beiden
Mythen waren schon im alten China ineinander übergegangen und wurden nun in Japan vollends miteinander
verquickt. Vielleicht liegt es daran, daß die Vorstellung
des Welt-Raumes in beiden Mythen sehr ähnlich ist, so
daß man in China und in Japan darüber vergaß, wie
verschieden die »Wege« zur Erlösung in den beiden
Mythen sind: Im ersten Mythos ist es der Weg der
Meditation, im zweiten der Weg der Magie.

Buddhistische Glaubensvorstellungen:
das Paradies des Buddha Amida

In buddhistischen Tempelanlagen fand aber nicht nur der
Weg der Meditation und der Weg der Magie seinen
Ausdruck in der Architektur japanischer Gartenanlagen.
Ein dritter Weg, der Weg der Hingebung, ließ eine Vision
vom Paradies aufkeimen, die in Inselteichen ein konkre-
tes Korrelat fand.

Der Mahayana-Buddhismus spekuliert, daß der Welt-
Raum in zehn Reiche gegliedert ist, in denen unendlich
viele Weltensysteme nebeneinander existieren. Einige
dieser Systeme, die man vielleicht Buddha-Felder nennen
könnte, stehen unter dem Einfluß verschiedener Buddhas. Nach den Vorstellungen dieser Kosmologie liegt ein
Land der Reinheit, genannt *Sukhavati* oder, japanisch,
Jodo, am »provisorischen Ende der Welt im Westen«,
in einem ansonsten »grenzenlosen Universum«[9]. Dieses
Land steht unter dem Einfluß von Amida, einem trans-
historischen Buddha des Lichts und des ewigen Lebens.
Die Vorstellung vom Land der Reinheit mit seinem Regenten Amida wurde zu einer besonders wirkmächtigen
Vorstellung für die chinesische und japanische Kultur.

Wer nach seinem Tode auf dieser Erde in Amidas Land
der Reinheit wiedergeboren wird, hat einen großen
Schritt auf seinem Weg zur Buddhaförmigkeit getan.
Der Glaube an Amida und sein Paradies geht auf drei
indische Sutren zurück, die zwischen dem zweiten und
fünften Jahrhundert unserer Zeitrechnung entstanden
sind. Darin berichtet der Weise Shakyamuni von dem
Gelöbnis des Amida, jeden zu erlösen, der ihm gläubig
sein Leben weiht. Shakyamuni fügt seinem Bericht auch
eine detaillierte und farbige Beschreibung dieses para-
diesischen Landes der Reinheit an: Er erzählt von reich-
verzierten Palästen und anmutigen Gärten voll mit
schattigen Hainen und Lotus-Teichen.

Der Mahayana-Buddhismus, dem diese Vorstellung
entstammt, wird häufig als das »große Fahrzeug« des
Buddhismus bezeichnet. Statt der mühseligen Medita-
tionspraktiken anderer Sekten des Buddhismus genügen
hier Gebet und Bildbetrachtung. Vielleicht liegt es daran,
daß der Amida-Buddhismus die mitgliederstärkste buddhistische Sekte in Japan und China darstellt — natürlich
gehören ihr auch die meisten Tempelanlagen in Japan.
Bei näherem Hinsehen erweisen sich denn auch die
Visionen von Amidas Paradies als Modelle des guten
Lebens auf Erden — und nicht im Himmel. Schaut man
sich die Darstellungen von Amidas Land der Reinheit
auf Mandalas an oder betrachtet man eine von diesem
Mythos beeinflußte Gartenanlage, so erkennt man deut-
liche Ähnlichkeiten zwischen den Palast- und Gartenanlagen des antiken mittleren Ostens und Amidas Land
der Reinheit. Vermutlich also basiert diese mythologische
Vorstellung auf Berichten über mittelöstliche Palastanlagen, was auch erklären würde, warum das legen-
däre Land der Reinheit im Westen liegt und nicht im
Osten.

Hinter allen Ängsten liegt die Angst vor dem Tode, und
diese Angst liegt jenseits des eigentlich Historischen.

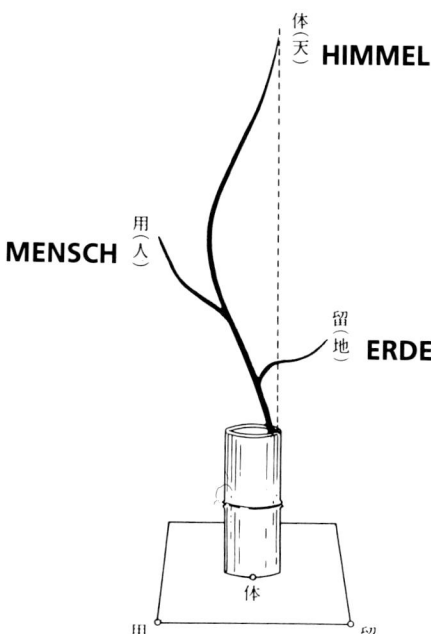

体（天） HIMMEL

用（人） MENSCH

留（地） ERDE

体

用　留

Die Triade als archetypisches Prinzip der Ästhetik: Horizontale, Vertikale und Diagonale symbolisieren die Himmel-Erde-Mensch-Relation in diesem Blumenarrangement.

Die letzten drei von mir vorgestellten Archetypen japanischer Gartenarchitektur haben eines gemeinsam: Sie sind allesamt Ausdruck des menschlichen Verlangens, die Natur zu überlisten und dem Tod zu entgehen, den die Natur dem Menschen diktiert. Paradoxerweise heißt dies, daß der Mensch die Natur mittels einer von ihm gestalteten Natur zu überwinden sucht.

Die steinerne Dreiergruppe: Balanceakt mit ungeraden Zahlen

Vermutlich seit der Nara-Zeit finden sich in japanischen Gärten Steinanordnungen in der Form einer Dreiergruppe. Solche Steinsetzungen werden im *Sakutei-ki,* dem ältesten Text über japanische Gartenarchitektur, *hinbunseki-gumi* beziehungsweise *sanzonseki-gumi* genannt. *Hinbunseki-gumi* sind Steinanordnungen, die sich formal an das chinesische Schriftzeichen für Artikel anlehnen. In solchen Fällen lagert die triadische Komposition in der Horizontalen. *Sanzonseki-gumi* hingegen werden Steinanordnungen genannt, die formal an Skulpturen einer buddhistischen Trinität erinnern. In solchen Fällen geht die triadische Komposition in die Vertikale. Solche Arrangements finden wir in verschiedenen Variationen in der gesamten Geschichte der japanischen Gartenarchitektur — mal monolithisch isoliert, mal, zusammen mit anderen Steinsetzungen, neben einer Kaskade oder am Ufer von Teichen.

Wichtig ist an dieser buddhistisch beeinflußten Steinanordnung nicht ihre religiöse, sondern ihre kompositorische Bedeutung: ein großer Stein in der Mitte, zwei kleinere Steine an jeder Seite. Ich weigere mich, die heute vorherrschende Theorie vom Zusammenhang zwischen religiösen und ästhetischen Werten zu akzeptieren, nach der »ästhetische Werte generell aus der Sphäre des Religiösen stammen und sich erst autonom

zu entwickeln beginnen, wenn religiöse Werte an Bedeutung verlieren«[10]. Die steinerne Dreiergruppe ist ein gutes Beispiel für die Falschheit dieser Theorie: Da sie Aufnahme in den verschiedensten Ikonographien gefunden hat, müssen wir annehmen, daß es sich bei ihr um einen dem Menschen tiefinnerlichen Archetyp handelt. Ich gehe deshalb davon aus, daß ästhetische Formen immer einen gewissen Grad an Autonomie, eine eigene, innere, von der Religion unabhängige Evidenz besitzen.

In der japanischen Kultur ist das der Triade innewohnende Prinzip des dynamischen Balanceakts mit ungeraden Zahlen geradezu allgegenwärtig. Die spannungsreiche Konfiguration dreier Elemente, eines großen, eines kleinen, eines mittelgroßen Elements, bildet nicht nur das kompositorische Fundamentalprinzip japanischer Gartenarchitektur, sondern auch des Noh-Theaters und der Kunst des Blumensteckens *(ikebana).* Im *ikebana* spricht man von den drei kompositorischen Grundelementen als dem »Zweig der Wahrheit«, dem »Nebenzweig« und dem »Fließenden«. Diese Einteilung ist auch eine Größeneinteilung, vom »Zweig der Wahrheit« geht es hinunter zum »Fließenden«. Häufig benennt man die drei Zweige des *ikebana* auch nach der archetypischen chinesischen Definition der dreiteiligen Struktur des Universums als *ten,* Himmel, *chi,* Erde, und *jin,* Mensch. Gelegentlich spricht man von dieser Dreiheit auch als einer Dreiheit verschiedener Kraftfelder, die der Dreiheit Himmel, Erde, Mensch entsprechen: einem Horizontalen, einem Diagonalen und einem Vertikalen.[11]

Kenroku-en-Park in Kanazawa. Edo-Zeit.
Photo: Tabata, Minao

Der Garten um das Teehaus in der kaiserlichen Katsura-Villa, Kyoto. Der Garten mit Ursprung aus dem 17. Jahrhundert stellt eine Synthese der Gartenarchitektur Japans dar.

Der japanische Garten in der Geschichte: vom Prototyp zu Typ und Stereotyp

Wir können die Evolution des japanischen Geisteslebens am Verhältnis des japanischen Gartenarchitekten zu Steinen und Pflanzen ablesen. Dieses Verhältnis wandelt sich im Verlauf der Jahrhunderte stark: Anfänglich versucht er, die äußeren Erscheinungsformen der Natur zu imitieren. Mit zunehmendem Verständnis für die Gesetzmäßigkeiten der Natur verlagert sich das Schwergewicht von der Imitation der äußeren Erscheinungsformen der Natur zu einer Imitation ihres inneren Wesens, zu einer Darstellung ihrer inneren Gesetzmäßigkeit. Erst in der Moderne beginnt der Mensch, der Natur seinen eigenen, egoistischen Willen aufzuzwingen.

Jede große historische Epoche der Gartenarchitektur hat den oben beschriebenen Garten-Archetypen ihre eigenen Ideen von Form und Funktion aufgeprägt, so daß aus den Archetypen immer neue, einzigartige Prototypen entstanden. Die Entwicklung der Formsprache dieser Prototypen steht in einem engen Zusammenhang mit der Entwicklung des Naturverständnisses, mit sozio-ökonomischen Entwicklungen, religiös-philosophischen Strömungen, kurz: mit dem geistigen Klima, in dem Architektur sich entfaltet.

Die Erfindung eines neuen Prototyps und seine Ausformung in verschiedene Typen bedeutet nicht, daß der Prototyp der vorhergehenden Epoche einfach zu den Akten der Geschichte gelegt wird. Die Erfindung eines neuen Prototyps ist vielmehr als ein Prozeß der Neuinterpretation eines alten Modells zu verstehen, in welchem dem Alten der Stempel des Neuen aufgedrückt wird oder, anders ausgedrückt, in welchem sich Altes mit Neuem in neuer Kombination verbindet. Der Prototyp ist also nicht das absolut, das unbedingt Neue, sondern kreative Re-interpretation des Alten. Oft können wir in historischer Rückschau sogar den schlummernden Kern eines neueren Prototyps in einem älteren erkennen. Der Prototyp formt sich in einer gegebenen Epoche in verschiedenen Typen weiter aus, die sich durch ihre formale Affinität zum Prototyp als dessen legitime Sprosse ausweisen. Den Begriffen »Prototyp« und »Typ« möchte ich den Begriff »Stereotyp« entgegenstellen. Den Begriff »Stereotyp« verwende ich für solche Gärten, in denen wir eine leere, rein mechanische Nachahmung und Wiederholung des historisch Überkommenen erkennen können.

In Anlehnung an Ambasz' »Theory of Formal Types« verstehe ich den Prototyp als Produkt der rein künstlerischen Anschauung, den Typ als Produkt der handwerklichen Ausformung künstlerischer Schau und den Stereotyp als Produkt der kommerziellen Ausbeutung veralteter Sehweisen.[12]

Heilige Inseln und Teiche
Lustgärten

Die in der Asuka-, Nara- und Heian-Zeit entstandenen Gärten zeigen deutlich die Spuren der ersten großen Welle chinesischen Einflusses auf die japanische Kultur. Die Szenerie dieses ersten Prototyps japanischer Gartenkunst ist beherrscht von Teichen und Inseln. Die Gärten dieser Zeit reflektieren insofern genau das sino-japanische Wort für »Landschaft«, *san-sui,* welches, wörtlich übersetzt, »Berg und Wasser« bedeutet. Gärten der Heian-Zeit sind relativ groß und so konzipiert, daß man sie am besten mit dem Boot er-fährt. Es wäre eigentlich richtiger, sie als Wasserlandschaften und nicht als Landschaftsgärten zu bezeichnen. Meist sind diese Gärten in den rechtwinkligen Rahmen der Shinden-Architektur der Adelspaläste oder der Tempel des Amida-Buddhismus dieser Zeit gefaßt. Die Gärten wurden in der Regel von ihren adligen Besitzern persönlich entworfen; für sie war der Garten zuallererst Ort höfischer Festlichkeit. So geht es ihnen vornehmlich darum, die Natur in ihrer äußeren Erscheinungsform zu imitieren: als Rahmen für höfische Rekreation.

Vorhergehende Seite:
Garten des Motsu-Tempels in Hiraizumi.

Der kyokusui no niwa, der Garten des gewundenen Bachs, aus der Nara-Zeit. Der Garten
wurde zwischen 1975 und 1984 in der Nähe
des Kaiserpalastes von Nara bei archäologischen Grabungen entdeckt und rekonstruiert.
Der Gartenteich war Teil eines großen Komplexes kaiserlicher Palastanlagen, die den
Nara-Adeligen als Residenz dienten.

Gärten im antiken Japan

Von den ältesten Gärten Japans ist uns fast nichts erhalten geblieben. So können wir uns von ihrer Form und
Funktion nur anhand einiger weniger schriftlicher Quellen und anhand der Ergebnisse archäologischer Ausgrabungen ein hypothetisches Bild machen. Wir folgen
hierbei den bedeutendsten japanischen Gelehrten.

Der *Nihon shoki*, eine Chronik der japanischen
Geschichte aus dem Jahre 720 unserer Zeitrechnung,
enthält unter anderem einige verstreute Bemerkungen
über Gartenanlagen des prähistorischen Japan. Gesammelt und im Zusammenhang gesichtet, ergeben diese
Bemerkungen ein recht klares Bild der ersten Palastgärten in Japan. Hier eine Auswahl der im *Nihon shoki*
verstreuten Bemerkungen und Hinweise:

Im Frühling des Jahres 74 unserer Zeitrechnung »setzte
Kaiser Keiko im Garten seiner Residenz, des Kuguri-
Palastes, einige Karpfen in einem Teich aus und erfreute
sich morgens und abends ihres Anblicks«[13]. Im Jahre 401
ließ Kaiser Richu einen Teich in seinem Palastgarten in
Ihare anlegen. Im November des Jahres 402 »ließ der
Kaiser ein doppelrumpfiges Boot im Ichishi-Weiher zu
Ihare zu Wasser und ging mit der kaiserlichen Konkubine
an Bord, wo sie ein Festmahl einnahmen«[14]. Im Jahre 413
vergnügte sich die Gesellschafterin des Kaisers Ingio »bei
Spaziergängen allein im Garten«. Eines Tages kam ein
Mann von noblem Geschlecht hinzugeritten, schaute
über die Hecke und sagte: »Ihr seid eine ungewöhnlich
gute Gärtnerin. Würden Madame mir die Bitte um eine
Orchidee abschlagen?«[15]. Im Jahre 486 ging »Kaiser
Kenzo in den Garten, wo er am Ufer des gewundenen
Baches ein Fest feierte«[16].

Im Jahre 612 sollte ein Emigrant aus Korea wegen
seiner fleckigen Haut auf eine einsame Insel verbannt
werden. Er konnte sein Schicksal jedoch zum Guten

wenden, als er der Kaiserin Suiko erklärte: »Ich kann
Hügel und Berge formen.« Wegen dieses besonderen
Talents ersparte man ihm die Verbannung und ließ ihn
im Südteil des kaiserlichen Palastbezirks einen »Shumi-
Berg« und eine »Kure-Brücke« errichten.[17] Man ver-
mutet, daß es sich bei der Kure-Brücke um eine orna-
mentale, bogenförmige Brücke gehandelt hat. Wie der
Shumi-Berg ausgesehen haben mag, ist ein ungelöstes
Rätsel und wird es wohl auch bleiben.

In die Herrschaftszeit derselben Kaiserin Suiko fällt
auch die folgende Begebenheit: Im Jahre 625 ließ der
Minister Soga no Umako, der dem mächtigen Soga-Clan
angehörte, an seinem Palast »am Ufer des Askua-Flusses
einen Teich mit einer kleinen Insel darin anlegen.
Die Leute nannten ihn deshalb den *Shima no oho omi*,
den Herrn der Inseln«[18]. Später wurde der Palast
Eigentum der kaiserlichen Familie und bekam den
Namen *Shima no miya*, Palast der Inseln. In der ältesten
japanischen Gedichtsammlung, den *Manyoshu*, der
»Sammlung der unzähligen Blätter«, ist dieser Palast
mehrfach besungen.

Mögen diese literarischen Anspielungen auch ver-
streut und fragmentarisch sein, so können wir aus ihnen
doch ein recht exaktes Bild über die allerfrüheste japanische Gartenkunst gewinnen. Die archaischen Palastgärten waren von beeindruckender Größe. Warum sonst
hätte man einen mächtigen Minister nach seinem Garten
benannt? Die Gärten wurden im Südteil der Paläste des
Kaisers und seiner Würdenträger angelegt. Auch ihre
wichtigsten szenischen Elemente sind erschließbar:
der Teich mit einer oder mehreren Inseln, die symbolisch
für eine Meereslandschaft stehen, sowie von Menschenhand geformte »Berge« und der gewundene Bach mit
Steinsetzungen an seinen Ufern.

Wo sich diese Gärten in Fujiwara-kyo, der Hauptstadt
des Fujiwara-Clans (694–710), oder in Heijo-kyo, der

»Hauptstadt als Schloß der Ruhe«, befanden, läßt sich nicht mehr genau rekonstruieren, ebensowenig wie ihre genaue Lage im Palastbezirk. Nur wenige Gärten dieser Zeit sind bei archäologischen Ausgrabungen wieder freigelegt worden, und selbst in diesen Fällen bleibt ihre Rekonstruktion hypothetisch und spekulativ. Man geht allgemein davon aus, daß es sich bei den Palästen und ihren buddhistischen Tempelbezirken um bescheidene Imitationen der Paläste und Tempel der chinesischen Tang-Dynastie handelt; deshalb darf man auch annehmen, daß die Gärten dieser Zeit von der Gartenarchitektur der Tang-Dynastie beeinflußt waren, daß es sich also um riesige »Vergnügungs«-Parks handelte oder um Steingärten, in denen Berg- und Schluchtlandschaften nachgebildet waren, oder aber um Gärten von Höflingen und Ministern.

Das Jahr 552 gilt im allgemeinen als das Jahr, in dem Japan begann, die weit überlegene chinesische Kultur zu kopieren. Wie die beiden ältesten Chroniken Japans, das *Kojiki* aus dem Jahre 712 und das *Nihon shoki* aus dem Jahre 720, übereinstimmend berichten, wurde 552 der Buddhismus offiziell in Japan eingeführt. Mit dem Buddhismus (den die Japaner aus dem koreanischen Königreich einführten) kamen die chinesische Schrift und verschiedene chinesische Kunstobjekte nach Japan. Daraus sollten wir freilich nicht schließen, daß Japan erst seit diesem Zeitpunkt in Kontakt mit Korea und China gestanden hätte. Man kann allenfalls von einer Intensivierung des kulturellen Austauschs sprechen. Varley faßt die Geschichte der sich nun intensivierenden Beziehungen der japanischen Inseln zu Korea und China folgendermaßen zusammen:

»Von 600 bis 614 schickte Japan insgesamt vier Gesandtschaften ins China der Sui-Dynastie, fünfzehn weitere sollten in den Jahren 630–838 ins China der Tang-Dynastie folgen. Die größeren Gesandtschaften bestanden aus gut fünfhundert Mitgliedern – Diplomaten, Studenten, buddhistischen Mönchen und Übersetzern –, für deren Transport häufig nicht weniger als vier Schiffe benötigt wurden. Einige Mitglieder solcher Gesandtschaften blieben für lange Zeit in China – dreißig Jahre waren keine Seltenheit –, und manche kehrten nie mehr zurück. Da die Überfahrt als äußerst gefährlich galt, gibt uns die große Zahl der Reisewilligen einen Eindruck von dem Bildungshunger, mit dem die Japaner dieser Zeit versuchten, sich die chinesische Wissenschaft und Kultur anzueignen.«[19]

Diese erste große Welle chinesischer Inspiration hat Spuren im japanischen Geistesleben und in seiner Kunst hinterlassen, die heute noch spürbar sind. Sierksma geht bei Akkulturationsprozessen von drei Phasen aus. Er unterscheidet eine Phase der Identifikation mit der fremden Kultur, in der man lediglich die Kulturerzeugnisse eines anderen Landes imitiert; eine Phase der Reinterpretation der fremden Kultur und eine Phase der vollständigen Assimilation. Auf den japanischen Prozeß der Akkulturation der chinesischen Kultur möchte ich dieses Phasenschema folgendermaßen anwenden: Die erste Phase sehe ich in der Tumulus-Zeit (250–552) und in der Asuka-Zeit (552–710), die zweite beginnt in der Nara-Zeit (710–794) und endet in der frühen Heian-Zeit. Über die zweite Phase bemerkt Sierksma: »Das besondere Charakteristikum der Akkulturation ist die Re-interpretation. Kulturgegenstände und Ideen aus der Geberkultur erfahren im Kontext der Nehmerkultur einen Bedeutungswandel. Umgekehrt können auch ursprüngliche Elemente der Nehmerkultur im Kontext neu eingeführter, fremdkultureller Elemente ihre Bedeutung wandeln.«[20]

Der beständige kulturelle Austausch mit China während dieser zweiten Phase hat tiefgreifende Auswirkungen auf die Religion, Kunst, Regierungsform und die

ökonomischen und sozialen Strukturen Japans. Die Zeit des regen Austauschs findet im Jahre 894, hundert Jahre nach der Gründung von Heian-kyo, ihr abruptes Ende. Kurz vor dem Zusammenbruch der Herrschaft der Tang-Dynastie in China bricht Japan alle diplomatischen und kulturellen Beziehungen zu China ab.

Hier beginnt wohl die dritte Phase des Akkulturations-prozesses, die Phase der kompletten Integration chine-sischer Werte und Formen. Diese Phase dürfte ihren Höhepunkt ungefähr ein Jahrhundert nach jenem Abbruch der kulturellen Beziehungen zu China erreicht haben.

Die Heian-Zeit

Die Gärten und die Architektur der ersten Hälfte der Heian-Zeit (794–1185) sind noch als Re-interpretationen ihrer chinesischen Vorbilder zu verstehen. Erst in der zweiten Hälfte der Heian-Zeit treten wir in die Phase der kompletten Assimilation und der eigenständigen Weiter-entwicklung chinesischer Vorbilder.

Im Jahre 794 wurde die Hauptstadt Japans auf Geheiß des Kaisers Kammu ein letztes Mal in der Yamato-Ära verlegt: nach Heian-kyo, dem heutigen Kyoto, der »Hauptstadt der Ruhe und des Friedens«. Erst im Jahre 1886 wurde die Hauptstadt Japans wieder verlegt: nach Edo, welches bei dieser Gelegenheit einen neuen, uns geläufigeren Namen erhielt: Tokyo, die »Hauptstadt des Ostens«.

Heian-kyos Regierungsviertel und die kaiserlichen Palastanlagen erinnern in ihrer rasterartigen Struktur deutlich an ihr großartiges – und wesentlich größeres – Vorbild in Changan, der Hauptstadt Chinas unter den Sui- und Tang-Dynastien. Heian-kyo ist nach den Regeln der chinesischen Geomantie in die Landschaft eingeord-net und geographisch ausgerichtet.

Die Gärten im Palastbezirk und die Paläste des Adels folgen denselben Regeln.

Sino-japanische Geomantie als holistische Designtheorie

Die Geomantie war eine der für unsere Begriffe unor-thodoxen Naturwissenschaften Chinas; sie ist dort unter verschiedenen Namen bekannt: *Feng-shui,* wörtlich Wind-Wasser, ist wohl der gebräuchlichste; häufig heißt sie auch *kan-yu,* Decke-Stütze, oder einfach *ti-li,* Land-Muster. In Japan heißt dieses chinesische Wissensgebiet *chiso,* Physiognomie des Landes, oder *kaso,* Physiogno-mie des Hauses. Die Geomantie ist eine Wissenschaft, die sich damit befaßt, die günstigste energetische Form und Plazierung für ein Haus, ein Grab oder eine ganze Stadt in seiner natürlichen oder artifiziellen Umgebung zu ermitteln.

Die sino-japanische Geomantie beruht auf einem holistischen Verständnis des Kosmos, in dem der Mensch als ein integraler Bestandteil der Natur und ihrer Energie-felder angesehen wird. Die Geomantie denkt in kompli-zierten Korrelationen zwischen geophysischen Faktoren – geologischen Formen des Landes, Klima, magnetischen Feldern –, astralen Faktoren – Sternenbewegungen, Sonnenwenden, Mondphasen – und dem psycho-soma-tischen Wohlbefinden des Menschen. Ich will mich hier detailliert mit dieser Wissenschaft befassen, weil sie nicht nur sehr verschieden von der urtümlichen japanischen Geomantie ist, die ich oben kurz erwähnt habe, sondern auch eine große Bedeutung für die japanische Garten-kunst hat: Mit ihrer Hilfe wurde die geographische Lage der Gärten bestimmt. Seit der Regierung des Kaisers Temmu war die Geomantie sogar Regierungsangelegen-heit, für die der Kaiser in der Hauptstadt eine zentrale Aufsichtsbehörde eingerichtet hatte: das *Ommyo-ryo,* das Büro für Yin und Yang. Trotz ihres unverkennbaren Aberglaubens enthält die Geomantie einen Kern Wahrheit: die Erkenntnis der ökologischen Beziehung zwischen dem Menschen und den Kräften der Natur.

Die Logik des *feng-shui,* also der chinesischen Geomantie, ist für den Westen nicht leicht zu verstehen. Charakteristisch für diese Wissenschaft ist eine Erkenntnisweise, die man wohl am ehesten *induktiv, synthetisch* oder *synchronistisch* bezeichnen kann, um einige von Porkert und Carl Gustav Jung eingeführte Begriffe zu gebrauchen. Eine solche Erkenntnisweise ist dem Westen, der *kausal, analytisch* oder *diachronistisch* denkt, sehr fremd.[21]

Dem Uneingeweihten erscheint die Geomantie als eine große Sammlung von Regeln und Vorschriften, die wir als Verbrämung allzumenschlicher Motive entlarven zu können glauben: Aus ihnen spricht die menschliche Angst vor den unkontrollierbaren Kräften der Natur, die Angst vor dem bösen Nachbarn, aber auch schlicht die Habsucht. Aber trotz solcher westlichen Einwände aus dem Fundus aufklärerischer Religionskritik bleibt doch bestehen, daß der sino-japanischen Geomantie eine tiefe menschliche Erkenntnis von der Interdependenz aller Ebenen der Realität, der natürlichen wie der artifiziellen, zugrunde liegt. Wir sollten auch nicht vergessen, daß die Geomantie in einem vor- oder außerrationalistischen Diskurs die Erkenntnis der aller Realität zugrundeliegenden energetischen Qualität formuliert, eine Erkenntnis also, die sich im Westen erst mit der modernen Physik Bahn bricht.

Als die chinesische Geomantie in Japan eingeführt wurde, war sie bereits ein komplexes Amalgam aus einer eher rational-kosmologisch ausgerichteten und einer eher intuitiven Denk- und Erkenntnisweise. Das wichtigste Erkenntniswerkzeug der rationalen Denkschule ist der geomantische »Kompaß«, ein Abbild des Kosmos in seinen räumlichen und temporalen Beziehungen, ein chinesisches Mandala gewissermaßen, eine ikonographische Darstellung des Weltgebäudes.

Der chinesische geomantische Kompaß ist häufig in drei Ebenen unterteilt, die Ebene des Himmels, der Erde und des Menschen. Wir erkennen hier die fundamentale Triade des chinesischen Weltbildes wieder. In der Tradition antiker chinesischer Spekulation über den Kosmos faßt der Kompaß den Himmel als Rund, die Erde als Quadrat auf. In seinem Zentrum befindet sich eine magnetische Kompaßnadel. Verschiedene aus der chinesischen Mythologie und Naturwissenschaft stammende Gegenbegriffe sind in konzentrischen Ringen um die Kompaßnadel herum angebracht: Begriffe des Yin-Yang, Begriffe also, die die Polaritäten aller natürlichen Phänomene benennen; Begriffe aus dem *go-gyo,* den fünf evolutiven Phasen chinesischer Naturwissenschaft, sowie die acht Trigramme und die vierundsechzig Hexagramme des I-Ching und die Zyklen des chinesischen Sonne-Mond-Kalenders. Der geomantische Kompaß korreliert all diese Kategorien nicht nur für die äußere Welt, sondern setzt sie auch zur Innenwelt des Menschen in Beziehung. Praktische Geomantie könnte man als eine Art Akkupunktur an der Natur verstehen und Akkupunktur als eine Art Geomantie am menschlichen Körper. Betrachtet man ein solch holistisches Weltverständnis, in dem menschliche Innenwelt und die Außenwelt einander widerspiegeln, so ist es nicht überraschend, daß auch die Gartenarchitektur den Diktaten der Geomantie unterworfen ist.

Daß Gärten, Städte und Paläste Chinas und Japans nach Norden ausgerichtet sind, dürfte wohl die herausragendste Folge dieser Weltauffassung sein. Die Chinesen glaubten, daß alle Macht von einem nicht personhaft gedachten Himmel ausgeht und daß der Kaiser gewissermaßen als Relaisstation dient, der die Himmelsmacht

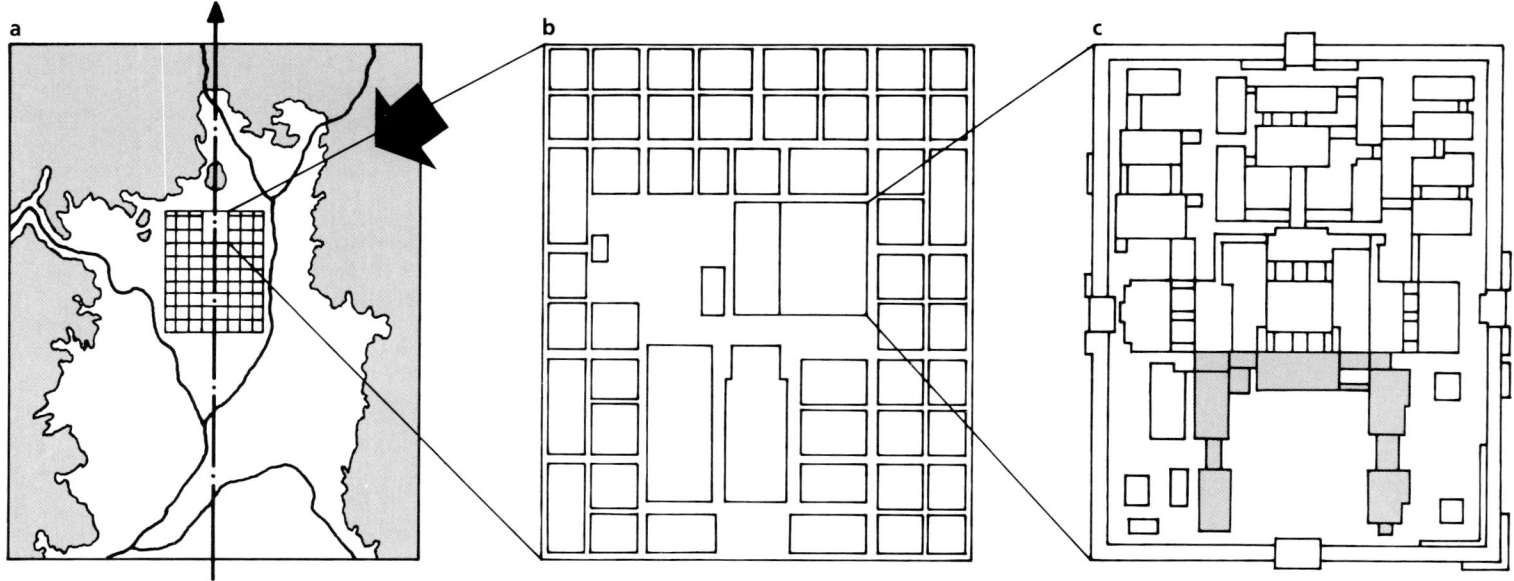

»erdet«, bis er zu alt wird, um sein himmlisches Mandat länger wahrnehmen zu können. Der Kaiser wird oft mit dem Polarstern verglichen, dem »großen Kaiser am Firmament«, wie er in antiken chinesischen Texten oft genannt wird. Das Bild ist leicht zu erklären: Für den Himmelsbetrachter sieht es so aus, als zögen alle Sternbilder in einem großen Reigen um den Polarstern herum, als bildete dieser die Weltachse, an der alles aufgehängt ist. Der Kaiser, der Sohn des Himmels, erscheint den antiken Chinesen als die Figur, um die herum alle religiösen und weltlichen Belange kreisen; er erscheint ihnen als die Weltachse auf Erden. Da der Polarstern fast genau im Norden am Himmel steht, war auch die rituell korrekte Plazierung des Kaisers im Norden oder im Zentrum seiner Hauptstadt und seines Palastbezirkes. Dieses kosmologische Axiom ließ die Japaner ihre Hauptstädte, Regierungspaläste, Adelssitze und Gärten und schließlich sogar den Schrein der kaiserlichen Ahnen in Ise nach Norden hin ausrichten.

Im Zentrum der intuitiven Schule der Geomantie steht die Suche nach einem idealen Ort für die Anlage von Grabmälern der Ahnen oder einem idealen Ort für eine Stadtanlage. Solche Anlagen sollten in Harmonie mit den komplexen vorgefundenen oder auch von Menschenhand angelegten Konfigurationen der Natur stehen. Dieser Schule zufolge sollte man Städte oder auch Grabanlagen immer in einer Art »Lehnstuhlsituation« anlegen: Berge oder Hügel sollten die Anlage von mindestens drei Seiten umschließen, so daß man die Hügel zur Seite als die Armlehnen, den Hügel im Hintergrund als Rückenlehne auffassen kann. In bestimmten Fällen konnten auch Mauern, Hecken oder Gebäude den Berg als Umfriedung ersetzen. Das chinesische Wort für einen solchen idealen Ort ist denn auch *xue,* was soviel wie Höhle oder Zufluchtsort bedeutet, ein Wort also, das die Schutzfunktion einer solchen Lage besonders betont.

Bezeichnenderweise wird in der chinesischen und japanischen Sprache generell auch ein Akkupunkturpunkt mit demselben Ideogramm bezeichnet.

Unter Idealbedingungen ist der »Lehnstuhl« nach Süden hin offen und in den anderen drei Himmelsrichtungen von Bergen umschlossen. Die Lage der alten Hauptstadt Heian-kyo im Yamashiro-Becken (wörtlich heißt *Yamashiro* »Bergschloß«) und des *Dairi,* des Kaiserpalastes in der Stadt, erfüllt diese Bedingungen.

Der eher intuitiven Schule der Geomantie stand allerdings nie ein technisches Instrument wie der geomantische Kompaß zur Verfügung, mit dessen Hilfe sie die ideale Lage für einen Bauplatz hätte ermitteln können. Vielmehr verlangte eine solche Ortsbestimmung ein intuitives Gefühl für etwas, was die Chinesen *ki* nennen und was man wohl am besten (nach M. Porkert) mit »konfigurative Energie« übersetzen könnte, dem Energiefluß innerhalb einer komplexen natürlichen oder von Menschenhand geschaffenen Konfiguration. Ein intuitives Gefühl für diesen Energiefluß konnte man nicht theoretisch erlernen, man mußte ihn in der Praxis unter Aufsicht eines erfahrenen Geomanters erwerben.

Es ist in diesem Zusammenhang interessant zu bemerken, daß auch die traditionelle chinesische Medizin mit dem Begriff *ki* arbeitet. Solche und ähnliche Berührungspunkte machen es wahrscheinlich, daß sich die chinesische Akkupunktur aus der historisch älteren Geomantie herleitet, zumal viele Namen für Akkupunkturpunkte deutlich an geographische und topographische Begriffe erinnern. Wir kennen zum Beispiel Akkupunkturpunkte mit Namen wie »murmelnde Quelle«, »Meer der Energie«, »kleiner Sumpf«, »Teich der Biegung«, »innerer Garten«, »äußerer Berg« oder »empfangender Berg«.

Nach der formalen Schule der Geomantie erkennt man einen günstigen Ort für eine Ansiedlung, den Bau

Abbildung a: Heian-kyo, das heutige Kyoto, wurde im Jahre 794 gegründet. Ein Bergmassiv umrahmt die Stadt so, als sei sie auf dem Sitz eines Lehnsessels gelagert, dessen Arme die Stadt schützend umfangen. Nach Süden hin öffnet sich die Stadt auf ein weites, ebenes Gelände. Der Hiei-Berg schließt die Stadt zum »Teufelstor« im Nordosten ab.

Abbildung b: daidairi, die Palaststadt. Im Süden liegen zwei große Gebäudekomplexe für Staatszeremonien, im Zentrum die kaiserlichen Wohngebäude.

Abbildung c: dairi, die kaiserlichen Wohngebäude. Hier die Haupthalle, shishin-den, und zwei vorspringende Seitenflügel, die wiederum einen offenen Innenhof wie Armlehnen eines Lehnstuhls umfangen.

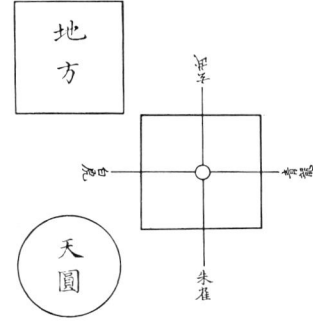

Kosmologische Fibel der Geomantie. Die Abbildung verdeutlicht die fundamentalen Glaubenssätze der Geomantie: Die Erde ist quadratisch und wird vom Himmelsrund umschlossen; vier Himmelstiere bewohnen die vier Enden der Welt.

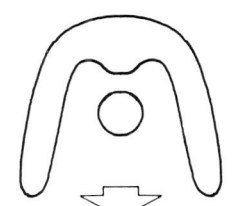

Formenfibel: Die Abbildung zeigt im Diagramm eine idealtypische architektonische Situierung: ein ming-tang, ein lichter Hof, wird wie von den Armen eines Lehnstuhls umfangen.

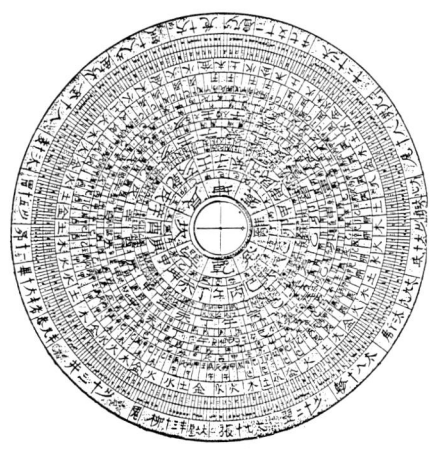

Die Abbildung zeigt einen geomantischen Kompaß, also eine kompakte Darstellung des chinesischen Weltbildes. Der Kompaß setzt verschiedene Aspekte der Zeit und des Raumes, innere, psychische und äußere, natürliche Phänomene in Beziehung zueinander.

Die Abbildung, ein Ausschnitt aus einem alten chinesischen Handbuch der Geomantie, bezeichnet exemplarisch eine nach geomantischen Gesichtspunkten günstige Lage für ein Gebäude oder eine Stadt in einer Berg- und Flußlandschaft.

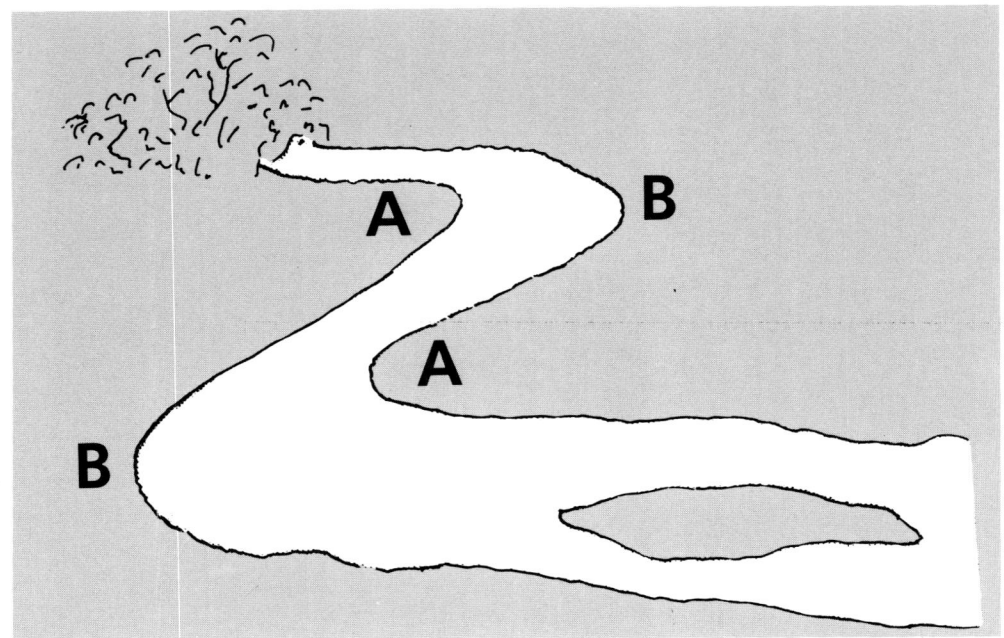

eines Hauses oder die Anlage eines Gartens, indem man den »Bauch des Drachen« ausfindig macht. Die Windungen eines Bergzugs oder eines Flusses gelten als Bauch und Rücken des Drachen, als sein Yin und Yang, als aufstrebendes, glückverheißendes und niedergehendes, unglückverheißendes Prinzip des Drachen. Wie bereits erwähnt, bedeutet der ursprünglich chinesische und in Japan übernommene Ausdruck für »Landschaft«, *san-sui*, wörtlich »Berg-Wasser«. Unser deutsches Wort »Landschaft« kann deshalb die begriffliche und visuelle Dichotomie des chinesischen Wortes nicht ausreichend transportieren. *San-sui*, das bedeutet die komplementäre Polarität zwischen Berg und Wasser und ist einer der wichtigsten metaphysischen Begriffe, die der Gestalt sino-japanischer Gartenkunst und ihres Blutbruders, der Malerei, zugrunde liegen.

Die geomantische oder vielleicht besser topomantische Lage von Heian-kyo wurde, so sagt man, mit Rücksicht auf vier mythologische Himmelstiere gewählt, die die vier »Ecken« des Himmels bewohnen. Wie alle Phänomene des Himmels manifestieren sich auch diese Himmelstiere auf der Erde. Ein solcher Glaube läßt sich schon in Schriften aus der Han-Dynastie nachweisen. Dieser mythologischen Vorstellung zufolge lebt der »Blaue Drache« in einem Bergbach irgendwo weit im Osten, der Region des Morgens und des frühlinghaften Neubeginns. In den Bergen des Westens, der Region des Abends und des herbstlichen Niedergangs, lebt der »Weiße Tiger« (auch hier können wir wieder das überwölbende Yin-und-Yang-Prinzip erkennen: Der Morgen, der Frühling stehen symbolisch für die Zeit des Anfangs, des Aufstiegs, der Entfaltung, also für Yang. Abend und Herbst stehen symbolisch für die Zeit des Niedergangs, Yin). Die »Schwarze Schildkröte« lebt dieser Mythologie zufolge in den Bergen im Norden, der Himmelsrichtung, die in der chinesischen Mythologie mit Mitternacht und Winter assoziiert wird. Der »Rote Vogel« lebt in der Ebene im Süden, welcher in der chinesischen Mythologie für Mittag und Sommer steht.

Hinter dieser Glaubensvorstellung von vier mythologischen Tieren steht das alte chinesische System induktiver Korrelationen, das auf chinesisch *wu-xing*, auf japanisch *go-gyo* heißt. Lange übersetzte man diese Termini mit »fünf Elemente«, und erst in letzter Zeit ist man dazu übergegangen, mit »fünf Aktivitäten« oder »fünf evolutiven Phasen« zu übersetzen. Dieses System der Weltdeutung existiert seit dem vierten vorchristlichen Jahrhundert und dürfte neben dem Yin-Yang-Prinzip das wirkmächtigste Muster religiös-mythischer Weltdeutung in China gewesen sein. Die Welt wird hier nicht als Zusammenhang von Gegensatzpaaren gesehen, sondern als evolutives Geschehen, das sich in fünf Phasen abspielt. Diese Phasen wurden mit Ideogrammen für Erde, Holz, Feuer, Metall und Wasser symbolisiert. Wie in der Abbildung S. 43 erkennbar wird, liegt die Erde im Zentrum, und in den vier Kreissegmenten, die den vier Himmelsrichtungen entsprechen, liegen Holz (Osten), Metall (Westen), Wasser (Norden) und Feuer (Süden). Diesen Elementen des *go-gyo* sind entsprechende Farben zugeordnet: Gelb für die Erde, Grün für Holz, Weiß für Metall, Schwarz für Wasser und Rot für Feuer. Aus der Abbildung ist leicht zu erkennen, wie diesen Grundbestimmungen in den weiter außen liegenden konzentrischen Kreisen bestimmte Körperorgane, Emotionen, Jahreszeiten, Tageszeiten und eben die vier mythologischen Tiere zugeordnet sind. Es gibt nichts unter der Sonne, was von diesem Schema nicht erfaßt wurde; die fünf Planeten ebenso wie die fundamentalen Tierarten, sogar das Innere des Menschen, seine Emotionen und Organe, all dies findet in diesem System der symbolischen Transformationen seinen Platz. Es gibt fünf Geschmäcker, fünf Stimmen, fünf massive Organe, die wiederum mit fünf

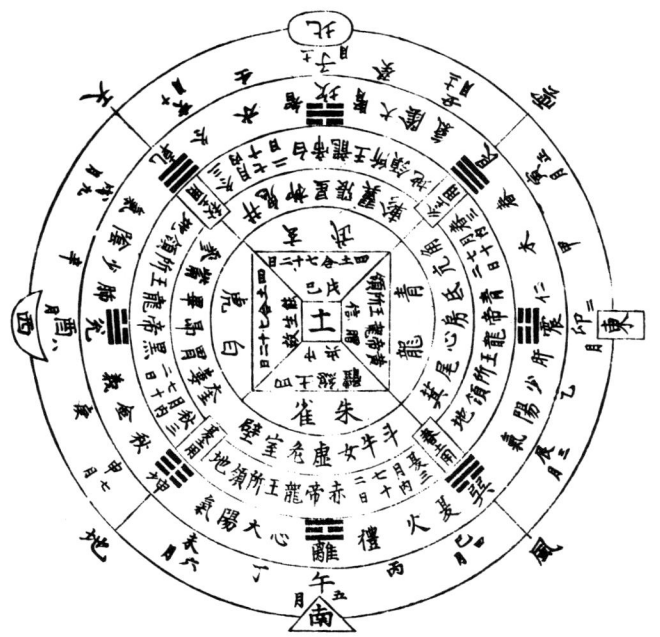
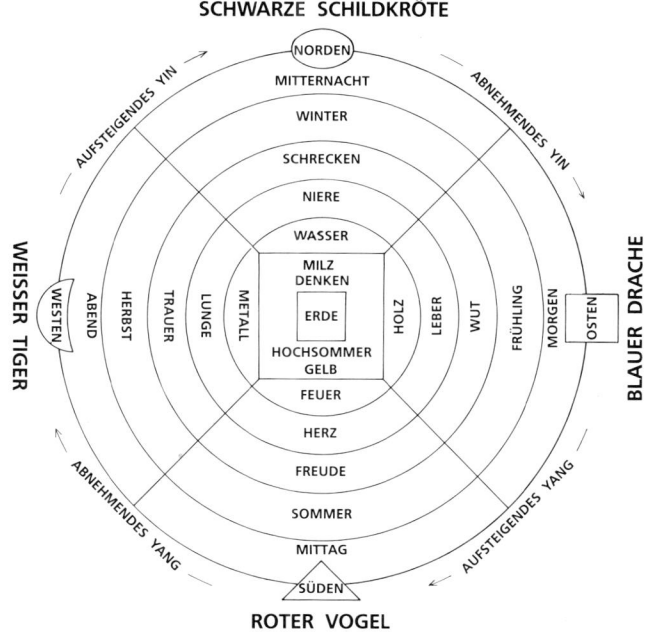

Emotionen korrespondieren, mit Wut, Freude, Trauer, Furcht und Nachdenklichkeit.

Daß in diesem fünfphasigen System Inneres und Äußeres, Außenwelt und Innenwelt, Himmelsrichtungen und Emotionen einfach nebeneinanderstehen, ist kein Zufall. Für die chinesische Mythologie sind diese Welten nicht getrennt voneinander zu begreifen. Querverbindungen von der Innen- zur Außenwelt sind ganz selbstverständlich. Wie wichtig diese Denkweise für Japan ist, erkennen wir daran, daß chinesische Apotheken, die heute in Japan noch in vielen Vierteln existieren, immer ein solches fünfphasiges Schema in ihren Läden aushängen haben. Ein weiteres Indiz für die Wichtigkeit dieser Vorstellungen mag man darin sehen, daß die Stadt- und Gartenanlagen von Heian-kyo in der Form eines solchen chinesischen Mandalas angelegt sind, also als Miniaturen des Universums zu lesen sind.

In Japan gibt es eine alte Überlieferung, nach der böse Geister immer aus Nordosten kommen, vom *ki-mon,* dem Tor des Teufels. Hinter dieser Vorstellung verbirgt sich vermutlich eine ganz konkrete Erfahrung mit der Natur: Aus Nordosten kommen in China und Japan die bitterkalten Winterwinde. China hatte zudem während seiner ganzen Geschichte mit Angriffen aus dem Nordosten zu rechnen, und in Japan hat erst der Yamato-Klan die feindlichen und kriegerischen Stämme im Nordosten der japanischen Inseln in zähem Ringen befriedet. Diese »Gefahr« aus Nordosten war für Heian-kyo durch den Hiei-Berg gebannt, den höchsten Berg jener Bergformation, die Heian-kyo wie Rücken- und Armlehnen eines Lehnsessels umschließt. Der *Hiei* liegt genau im Nordosten der alten Hauptstadt Japans.

Die Gärten der Heian-Zeit finden wir an drei für sie charakteristischen Orten: Da gibt es einmal die Gärten, die in die Paläste des Kaisers und der japanischen Aristokratie integriert und ganz in die architektonischen Not-

wendigkeiten dieser Palastbauten eingepaßt sind. Dann gibt es Gärten am Stadtrand, die eine Art Mittlerfunktion zwischen Stadt und umliegender wilder Natur einnehmen. Drittens gibt es die Gärten in den Tempelbezirken des Amida-Buddhismus.

Der Garten als Teil städtischer Palastbauten

Von den ursprünglichen, aus dem achten Jahrhundert stammenden Gebäuden des *dai-dairi,* des »großen Inneren des Inneren«, wie die Palaststadt auf japanisch genannt wurde, ist uns nichts erhalten geblieben. Auch das alte *dairi,* das »Innerste des Innern«, wie die Wohngebäude im Kaiserpalast genannt wurden, ist dem Zahn der Zeit zum Opfer gefallen. Erhalten geblieben ist uns aber ein sehr kleiner Teil des *shinsen-en,* des »Parks der göttlichen Quellen«, im Süden des Nijo-Schlosses. Dieser Garten diente, ganz nach chinesischem Vorbild, als kaiserlicher Lustgarten und erstreckte sich über eine Fläche von 240 mal 480 Metern. Den historischen und literarischen Quellen zufolge war dies der Ort höfischer Feste. Hier fanden Dichterwettbewerbe, Bankette und festliche Bootsfahrten auf dem großen, künstlich angelegten See statt. In diesem Garten fand auch ein bei den Höflingen besonders beliebtes Fest statt, das *kyokusui no en,* das »Fest am gewundenen Bach«: Bei dieser Gelegenheit versammelten sich die Höflinge und feinen Damen der Gesellschaft an den Ufern des Gartenbaches, um Gedichte zu verfassen. Dabei ließen sie ein mit Reiswein gefülltes Schälchen bis zu einem vorher abgemachten Punkt den Bach hinuntertreiben. Jeder mußte sein Gedicht fertig haben, wenn das Schälchen an dem abgemachten Punkt ankam.

Der *gosho,* wörtlich »der erhabene Ort«, bezeichnet die strenge Form der chinesischen Architektur für Palastbauten: Die Palastgebäude sind so angeordnet, daß

eine Reihe von Binnenhöfen entlang einer Zentralachse entstehen. In der Heian-Zeit fand diese Form ihre Anwendung nicht nur bei Palastbauten, sondern auch beim Bau von buddhistischen Tempeln und Shinto-Schreinen, namentlich dem Schrein der kaiserlichen Ahnen in Ise.

Im Mittelpunkt der kaiserlichen Wohngebäude steht seit der Heian-Zeit der *shishin-den*, wörtlich »die purpurne Halle des Kaisers«. Der gegenwärtige *shishin-den* in Kyoto ist eine originalgetreue Reproduktion eines Gebäudes aus der späten Edo-Zeit. Das Gebäude in seiner heutigen Gestalt stammt aus dem neunzehnten Jahrhundert. Der Palast hat wieder die inzwischen wohlbekannte »Lehnstuhlform«. Überdachte Korridore streben vom Hauptgebäude aus nach beiden Seiten weg und umschließen einen hellerleuchteten Innenhof, den »Südgarten«, japanisch *nan-tei*. Dieser Garten besteht aus einer schmucklosen, völlig freien, mit weißem Sand bedeckten Fläche. Nur ein Mandarinenbäumchen und ein Kirschbäumchen flankieren die Treppe zum Haupthaus. Diese beiden Bäumchen kann man aber nur schwer als Teil des Gartens betrachten, denn sie stehen in deutlicher symmetrischer Beziehung zum Haupthaus und sind durch einen Holzzaun vom Garten abgetrennt.

Das Besondere der leeren, weißen Sandfläche des Südgartens vor dem *shishin-den* läßt sich mit Blick auf die ursprüngliche Doppelfunktion des Kaisers erklären. Er war nicht nur politischer Herrscher über die japanische Nation, sondern auch ihr höchster Priester. Der Südgarten diente ursprünglich einem religiösen Zweck. In ihm fand in regelmäßigen Abständen eine farbenfrohe Tanzzeremonie statt, die Japan aus dem China der Tang-Dynastie entlehnt und die den Zweck hatte, die Götter herbeizurufen. Deshalb mußte der Südgarten immer rein und weiß erhalten werden.

Die beiden Seitentore, die in den Südgarten führen, heißen *nikkamon* und *gekkamon,* Sonnenblumentor und Mondblumentor. Das erste liegt in der Mitte des westlichen, das zweite in der Mitte des östlichen überdachten Korridors, ein Umstand, der uns noch einmal die kosmologische Ausrichtung des Palastes nach chinesischem Vorbild in Erinnerung ruft. In vielen chinesischen Städten findet man Sonnen- und Mondtempel an den östlichen und westlichen Stadttoren. Wie in China sollte auch in Japan der kaiserliche Palast mit seinen Gärten ein Abbild des Kosmos sein.

Einen starken Kontrast mit dem sehr schlicht gehaltenen Südgarten bilden die kleinen *tsubo-niwa* genannten Binnenhofgärten, die zwischen den rechtwinklig angeordneten Gebäuden im Norden des *shishin-den* entstanden sind. Diese Gärtchen sind verspielter und freier in der Formgebung als der strenge Südgarten; in ihnen wachsen Pflanzen, und viele sind einer bestimmten Pflanze oder einer bestimmten Pflanzenart gewidmet.

Vor der westlichen Veranda des *seiryoden,* des für offizielle Bankette vorgesehenen Palastteils, liegt ein völlig ebener und wiederum fast leerer Garten, der nur mit einigen wenigen, sehr anspruchslosen Pflanzen geschmückt ist. Der Gartenkenner Hayakawa sieht darin das beste Beispiel für die Eleganz und Ruhe der Heian-Zeit; ich sehe darin etwas noch Fundamentaleres, nämlich ein Beispiel für das, was ich eingangs als das durchgängige Motiv in der japanischen Schönheitswahrnehmung bezeichnet habe: den Gegensatz zwischen oft nur zart angedeuteter natürlicher Form und den klaren Rechteckformen der japanischen Architektur, in diesem Falle dem hölzernen Gitterwerk.

Eine andere Kennerin japanischer Gärten, Loraine Kuck, bemerkt im Hinblick auf die schlichte Schönheit der *tsubo-niwa,* der kleinen Gärten im Gitterwerk der Gebäude nördlich des *shishin-den,* daß die »adligen Damen, deren Räume Ausblick auf einen dieser kleinen Gärten gaben, häufig den Namen der Blume erhielten,

der das Gärtchen vor ihrem Fenster gewidmet war. Oft wurde diese Blume auch das zentrale dekorative Motiv in den Wohnräumen der Dame, wo es als Stickerei oder Zeichnung Tapeten und Vorhänge zierte.« Kuck weist besonders auf die in der berühmten Geschichte vom Prinzen Genji erwähnte Dame namens Fuji-tsubo hin, das »Glyzinien-Fräulein«[22].

Die Gartenarchitektur der Adelspaläste der Heian-Aristokratie ähnelt derjenigen des Kaiserpalastes, insofern auch sie die chinesische Mode zu imitieren suchen. In einem Punkte aber weichen die Adelspaläste ausnahmslos vom Kaiserpalast ab: Die Südgärten der Adelspaläste bestehen nicht nur aus einer leeren Sandfläche, sondern sind meist recht aufwendige Gartenanlagen, deren Zentrum ein großer Teich mit mehreren Inseln bildete. Inseln und Hauptgarten waren durch Bogenbrücken miteinander verbunden.

Dieser für die frühe Heian-Zeit charakteristische Stil heißt, nach dem Haupthaus solcher Paläste, Shinden-Stil. Sein besonderes Merkmal ist die Bogenbrücke als Verbindung zwischen Haus und Garten. Historiker nehmen allgemein an, daß die Adelspaläste dieser Zeit sehr symmetrisch gebaut waren und eine Grundfläche von etwa 120 mal 120 Metern hatten. Zwei *suiwata-dono*, offene Korridore, führten von jeder Seite des Haupthauses *(shinden)* zu den zwei *tainoya*, den symmetrischen Häusern. Von dort führten überdachte Korridore zu einem *tsuri-dono,* einem Fischerpavillon, und zu einem *izumi-dono,* einem Quellpavillon, die beide direkt am Ufer des Teiches lagen. Auf halbem Wege zu den Pavillons waren in beiden Korridoren Türen angebracht, sogenannte *chumon,* Mitteltore, durch die man Zugang zum Innenhof hatte. Die Adelspaläste im Shinden-Stil hatten – im Gegensatz zum Kaiserpalast – keinen offiziellen Südeingang in der Mitte des Gebäudes.

Der japanische Gelehrte Sawada Nadari, ein Architek-

turhistoriker der späten Edo-Zeit, hat als erster eine hypothetische Rekonstruktion eines Adelspalastes im Shinden-Stil der frühen Heian-Zeit gewagt. Ich nehme mir die Freiheit, seine Skizze, die er 1842 in seinem Werk *Kaoku zakko* veröffentlichte, spiegelverkehrt abzubilden, weil sie so besser zu der Beschreibung des gewundenen Gartenbaches paßt, die wir im *Sakutei-ki* finden. Das *Sakutei-ki* stammt aus dem elften Jahrhundert und ist das älteste erhaltene Dokument über Gartenkunst. Dort heißt es in einer sehr schönen und klaren Beschreibung der Gärten der Heian-Zeit: »Glück verheißt es, wenn man das Wasser von Osten her unter dem Haus hinweg in den Garten leitet und es im Südwesten wieder aus dem Garten austreten läßt. Denn so wird das Wasser des Blauen Drachen alle bösen Geister von Haus und Garten mitschwemmen und sie zum Weißen Tiger bringen.« Wie bereits gesagt, wurden nicht nur ganze Städte, sondern auch die Gärten und Paläste in den Städten nach geomantischen Gesichtspunkten ausgerichtet. Auch ein Palastbau sollte ein kleines Spiegelbild des Universums sein. Die Sprache des *Sakutei-ki* ist voll von Anspielungen auf die himmlischen Tiere und ihre Bedeutung für den Hausbau. An anderer Stelle heißt es: »Der Gartenbach soll von Osten in den Shindenbezirk fließen, dann nach Süden geleitet werden und nach Westen aus dem Garten austreten. Selbst wenn man das Wasser von Norden her einleiten muß, sollte man es in östlicher Richtung fließen lassen und dann nach Südwesten hin abfließen lassen. In einer alten Sutra heißt es, man solle eine von einer Flußwindung umschlossene Stelle als den Bauch des Drachen betrachten. Glücklich, wer sein Haus auf dem Bauch des Drachen baut. Wer sein Haus auf dem Rücken des Drachen baut, fordert das Schicksal heraus.«

Die hoch formalisierte, symmetrische Palastarchitektur der frühen Heian-Zeit wurde aber schon in der späten

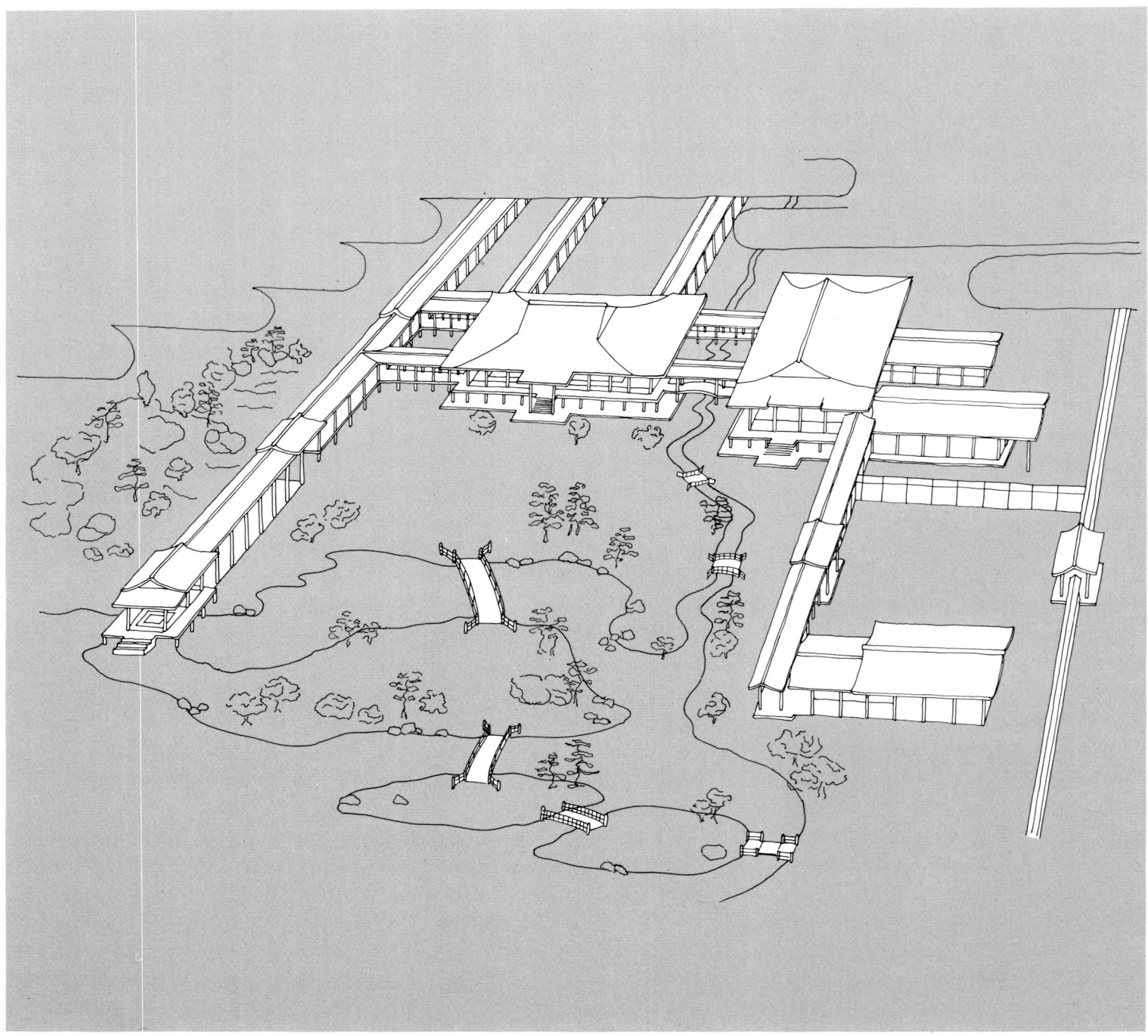

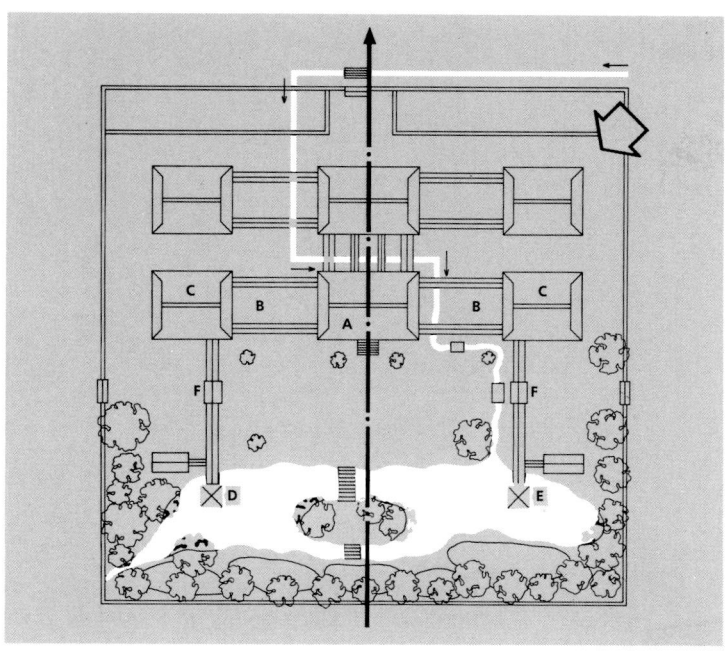

Rekonstruktion einer Palast- und Gartenanlage im Shinden-Stil, dessen besonderer Sinn für Symmetrie ein Charakteristikum der frühen Heian-Zeit darstellt.
A: das Haupthaus, shinden, welches dem Stil seinen Namen gab. B: überdachte Korridore zu den Pavillons. C: die »symmetrischen Häuser«.
D: der Fischer-Pavillon. E: der Frühlingspavillon.
F: östliches und westliches Tor zum Innenhof.
(Nach Saito, K., 1966)

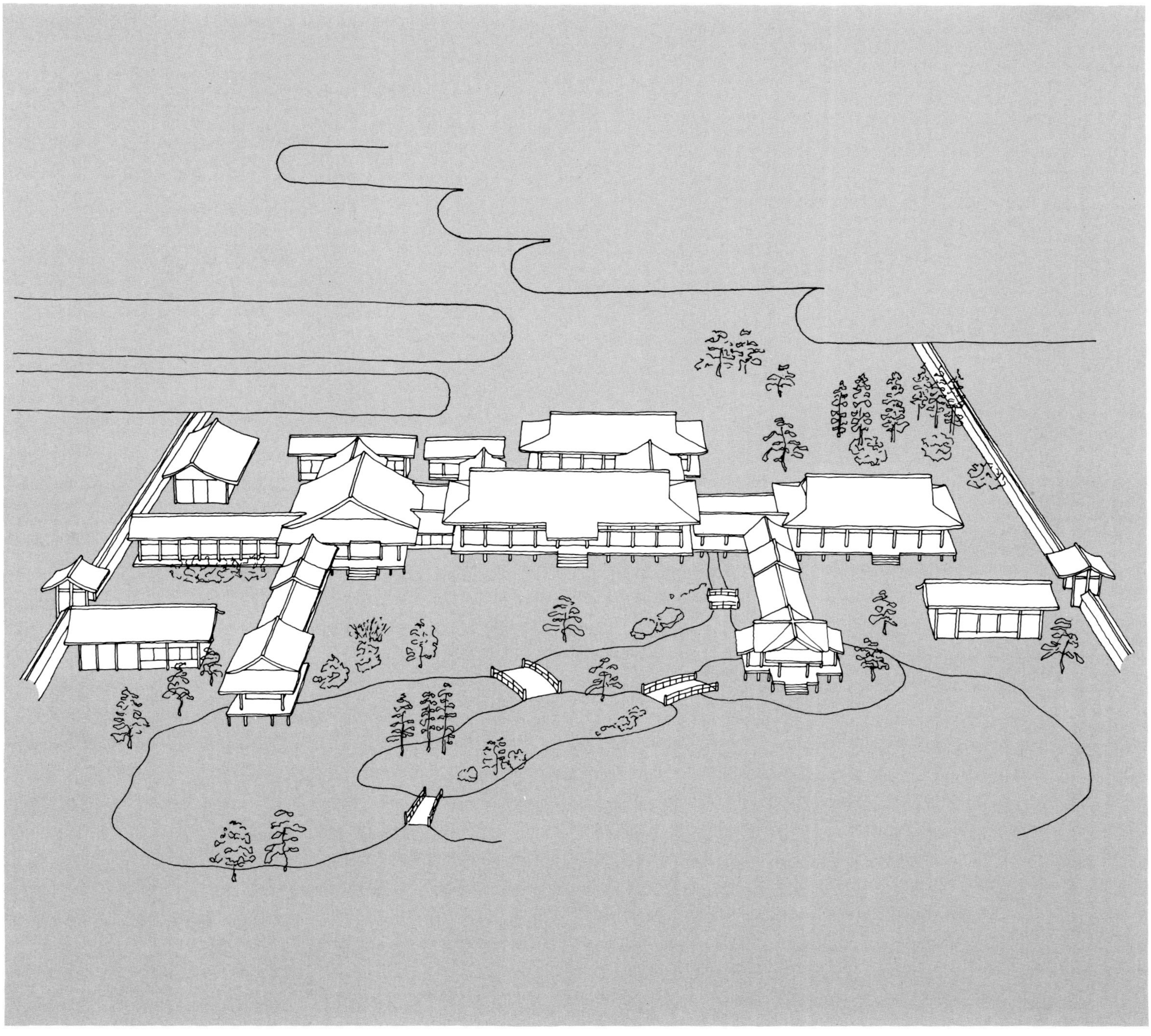

Heian-Zeit durch einen freieren, spielerischen Stil der Palastarchitektur abgelöst, einen Stil mit Sinn für Asymmetrie. Über die Gründe für diesen Stilwechsel können wir nur Vermutungen anstellen. Vielleicht spricht daraus Respekt für natürliche Formen, vielleicht auch ein typisch japanisches Mißfallen an der Symmetrie. In dem neuen Baustil der späten Heian-Zeit stehen die Palastgebäude nicht mehr isoliert und gleichsam autark nebeneinander, sondern sie fließen ineinander. Mit diesem Baustil tritt Japan in die Phase vollständiger Assimilation an seine chinesischen Vorbilder ein, eine Phase, die Professor Itoh Teiji einmal die Phase »glänzender Fehlinterpretationen« genannt hat.[23]

Historiker haben aufgrund vorsichtiger Auswertung von alten Handmalereien auf Schriftrollen die Architektur des *Tosanjo-den,* des berühmtesten Palastes des Fujiwara-Klans, recht genau rekonstruieren können. Danach hatten die Fujiwaras besonders glanzvolle Paläste von imponierender Größe. Einer dieser Paläste, der Hojuji-Palast, erbaut von Fujiwara no Tanemitsu (942–992), diente dem Kaiser Goshirakawa als Ruhesitz.

Der Fujiwara-Klan, eine alte japanische Adelsfamilie, hatte zwischen der Mitte des neunten und dem Ende des elften Jahrhunderts inoffiziell die Macht in Japan inne. Während dieser Zeit stellten die Fujiwaras kaiserliche Regenten und wichtige Minister. Außerdem verstanden sie es, ihren Einfluß bei Hofe durch geschickte Heiratspolitik zu sichern. Jeder japanische Kaiser dieser Epoche war der Sohn einer Fujiwara-Mutter. Da die Fujiwaras sich auch als große Kunstmäzene betätigten, nennen wir die zweihundert Jahre ihrer Vormachtstellung in Japan noch heute die Fujiwara-Zeit.

Auch in der Fujiwara-Zeit ist die »Lehnstuhlform« als architektonischer Rahmen für die Palastarchitektur noch erkennbar, wenn auch die Paläste selbst wesentlich asymmetrischer gebaut sind als in der frühen Heian-Zeit.

Dies gilt auch für die Gartenarchitektur, in der wir den ersten großen Prototyp japanischer Gartenkunst wiedererkennen: den Teich mit einer oder mehreren Inseln darin. Auch den Verlauf des Gartenbaches, der den See speist, erkennen wir wieder; er durchfließt den Garten nach den alten geomantischen Regeln. Der Garten des *Tosanjo-den* hatte drei Inseln und einen Fischerpavillon im Westen. Der Garten des *Hojuji-den,* der dem Kaiser als Ruhesitz diente, hatte zwei Inseln und zwei Pavillons, einen an jedem Ende der Verbindungskorridore. Der Pavillon im Osten hatte einen in der japanischen Architekturgeschichte einzigartigen kreuzförmigen Grundriß und stand zudem nicht am Ufer des Gartenteiches, sondern auf einer der Inseln. Auf diese Weise wurde die klare Symmetrie des Shinden-Stils aufgebrochen.

Doch die Stile der Fujiwara- und der frühen Heian-Zeit haben auch Ähnlichkeiten. Beide Stile kennen die fast leere weiße Sandfläche des Südgartens vor dem Haupthaus, dem *shinden,* des Kaiserpalastes. In beiden Stilarten wird der Gartenbach von Ost nach West durch leicht hügeliges Gartengelände geleitet, und wir dürfen uns vorstellen, daß sich die feine Gesellschaft entlang des gewundenen Gartenbachs für das berühmte *kyokusui no en* versammelte, das »Fest am gewundenen Wasserlauf«. Für solche festlichen Gelegenheiten stand auf einer der Inseln häufig ein *gaku-ya,* eine Bühne für Musiker und Tänzer, zur Verfügung.

Der Pavillongarten am Rand der Stadt

Seit der Nara-Zeit hatten Adlige die Gewohnheit, sich am Rand der Hauptstadt Villen mit Gartenanlagen zu bauen. Hier waren die Bauherren nicht durch das rigide Gittermuster der Stadtanlage behindert und entwarfen ihre Häuser und Gärten vermutlich mit mehr Gefühl für die natürlichen Verhältnisse, die sie am Bauplatz vorfanden. Seit der frühen Heian-Zeit hießen solche Anwesen *rikyu*, »abgelegene Paläste«, oder *sento-gosho*, »Paläste für abgedankte Kaiser«.

Viel ist uns von diesen Garten- und Palastanlagen am Rande der Stadt nicht erhalten geblieben. Eines der Denkmäler aus dieser Zeit, das uns erhalten geblieben ist, ist der *osawa no ike*, der »große sumpfige Teich«, den Kaiser Saga (809–823) im Nordwesten der Hauptstadt Heian-kyo anlegen ließ. Dieser Teich, für den der Kaiser einen Fluß stauen ließ, hat eine Wasseroberfläche von ungefähr zwanzigtausend Quadratmetern. Er war die Hauptattraktion des *Saga-in*, des »abgelegenen Palastes« des Kaisers. Seinem Erbauer, Kaiser Saga, diente der *Saga-in* nach seiner Abdankung als Hauptpalast. Im Jahre 876 wurde der *Saga-in* in einen buddhistischen Tempel der Shingon-Sekte umgewandelt. Der Tempel, der den Namen *Daikaku-ji* trägt, ist heute noch zu besichtigen.

Die gesamte Palastanlage des *Saga-in* muß ein herrlicher Anblick gewesen sein. Die eleganten Rechteckformen der Architektur der Pavillons spiegelten sich in dem großen Gartenteich wider und setzten einen eleganten Kontrapunkt zur sanft geschwungenen Hügellandschaft des Palastbezirks. Noch heute fahren die Japaner an lauen Herbstabenden gern auf den Osawa-Teich hinaus, um den Mond zu bewundern. Im Norden des Teiches steigt das Gelände sanft zu einer Berglandschaft an. Nach Osten, Westen und Süden ist der Teich von ebenen Reisfeldern umgeben. In der Nordhälfte des Teiches liegt eine relativ große Insel, die Benten-Insel; eine kleinere Insel in der Osthälfte des Teiches trägt den schönen Namen *Kiku-shima*, »Insel der Chrysanthemen«. Viele Dichter haben den Zauber dieses Parks besungen. Ich will nur ein Gedicht aus der Heian-Zeit zitieren, das sich in den *Kokin-shu*, einer Gedichtanthologie aus der Heian-Zeit, findet:

hito moto ga	Ich glaubte: Hier kann
omoishi kiku wo	nur eine Chrysantheme wachsen.
osawa no	Wer pflanzte
ike no soko made	die andere in die Tiefe des
dare ga uheken	Osawa-Teiches?

Der Osawa-Teich ist in Form und Größe nahezu unverändert über die Jahrhunderte erhalten geblieben, obwohl er während der Meiji-Zeit hauptsächlich zur Bewässerung der umliegenden Reisfelder diente und man zu diesem Zweck einen höheren Staudamm gebaut hatte, der den Wasserstand des Teiches ansteigen ließ. Dabei sind wohl die Steinsetzungen am Ufer des Teiches weggespült worden. Shigemori Mirei hat vor einiger Zeit bei Ausgrabungen einige alte Steinsetzungen im Norden des Teiches entdeckt, von denen er glaubt, daß sie einen aus Stein nachgebildeten Wasserfall, eine Steinkaskade, bildeten.[24]

Diese Steinkaskade muß damals eine besondere Attraktion gewesen sein, denn sie wird in den *Hyakunin isshu* besungen:

taki no oto wa	Zwar hat die Kaskade
taete hisashiku	aufgehört zu rauschen,
nari nuredo	doch hören wir
nakoso nakarete	noch immer das Gemurmel
nao kikoe kere	ihres Namens.

Im Tempelbezirk des Kanju-ji-Tempels östlich von Kyoto findet sich ein weiteres Denkmal aus der Fujiwara-Zeit: Hier sind Reste der alten Gartenanlage des Stadtrandpalastes von Fujiwara Miyamichi erhalten geblieben. Bei dieser Gartenanlage handelt es sich ebenfalls um einen Teichgarten mit (wahrscheinlich) fünf Inseln, die an eins der zentralen Themen japanischer Gartenkunst erinnern: die Inseln der Seligen.

Ein einzelner Felsbrocken als stilisierte Insel in
einem versteckten Winkel des Osawa-Teiches.
Hier handelt es sich um ein entferntes Echo aus
dem architektonischen Vokabular der Heian-Zeit.

Der Garten in den Tempelanlagen des Amida-Buddhismus

Städtische Tempelanlagen der Asuka- und Nara-Zeit besaßen große offene Innenhöfe, die für religiöse Zeremonien genutzt wurden. Die sakrale Architektur der frühen buddhistischen Tempel folgte in ihren wichtigsten Elementen dem Vorbild säkularer chinesischer Palastbauten. Wie ihre chinesischen Vorbilder waren die einzelnen Häuser, Pagoden und Korridore sehr symmetrisch entlang einer Hauptachse angeordnet. Ihre Innenhöfe waren nur in seltenen Fällen zu Gärten ausgestaltet.

Dies änderte sich erst in der Mitte des elften Jahrhunderts, als die Fujiwara-Fürsten begannen, neue Amida-Tempel in und um Heian-kyo errichten zu lassen. Alle diese Tempelanlagen enthielten Schmuckgärten mit Teichen und Inseln, also Gärten, die unserem ersten Prototyp zugerechnet werden müssen. Diese Tempel- und Gartenanlagen sahen den Palastanlagen im Shinden-Stil der frühen Heian-Zeit sehr ähnlich.

Um die Tempelarchitektur der Heian- und Fujiwara-Zeit zu verstehen, muß man das Lebensgefühl dieser Zeit ein wenig beleuchten. Zumindest unter den Adligen herrschte damals ein Gefühl der Vergänglichkeit der Welt vor. *Mujokan* heißt das auf japanisch. Man war sich bewußt, daß alles in der Welt vergänglich und das Leben ein Traum sei. Der Japanologe Ivan Morris zitiert einige Beispiele aus der Literatur der Heian-Zeit, um uns einen Eindruck von diesem Lebensgefühl zu vermitteln: In einem Gedicht der Hofdame Akashi an den Prinzen Genji wird das Leben als »Nacht endloser Träume« beschrieben, als *akenu yo no yume*; ein anderes Beispiel ist der Titel des letzten Bandes von Murasakis berühmter »Geschichte vom Prinzen Genji«, *Yume no ukehashi*, also »schwimmende Brücke der Träume«, über die der Mensch von einem Leben in das andere hinübergleitet.[25]

Hinter diesem Gefühl für die Vergänglichkeit der Welt stand der weitverbreitete Glaube, daß die Weltgeschichte in ihre letzte Phase eingetreten sei, in die »Zeit des endenden Gesetzes«. Nach dem Glauben des Amida-Buddhismus war der »Zeit des endenden Gesetzes«, *mappo*, eine »Zeit des wahren Gesetzes«, *shobo*, vorausgegangen, die fünfhundert Jahre nach dem Tode Buddhas endete. Zwischen der »Zeit des wahren Gesetzes« und der »Zeit des Gesetzes«, die nun angebrochen war, lag nach dieser Vorstellung die »Zeit des falschen Gesetzes«, die ebenfalls fünfhundert Jahre währte. Nun aber, da die »Zeit des endenden Gesetzes« angebrochen war, konnte man Erlösung nur erhoffen durch Betrachtung des Buddha oder indem man den Namen des Amida-Buddha aussprach.

Die düstere Ahnung dieses »dekadenten Zeitalters«, daß das Ende der Welt kurz bevorstehe, ist eine unausweichliche Erscheinung in einer reich gewordenen Gesellschaft, einer Gesellschaft, die viel Freizeit hat und des Problems der Zeit durch kulturelle Aktivitäten aller Art Herr zu werden sucht. *Mujokan*, das Gefühl der Eitelkeit allen menschlichen Strebens, ist gewissermaßen die rückwärtige Ansicht des weltlichen Pomps, der Dichterwettbewerbe, der festlichen Bankette, der halbreligiösen Riten und Prozessionen, aber auch der Pferderennen, Hahnenkämpfe und ritterlichen Wettkämpfe im Bogenschießen. Wahre Religion, also ein Gefühl für die Fragwürdigkeit unserer Existenz, ist der allergrößte Luxus. Nachdem der Mensch seine materiellen und ästhetischen Bedürfnisse erfüllt hat, wird er seiner spirituellen Bedürfnisse inne.

Langeweile an der eigenen Existenz und religiöse Verzweiflung führten aber in der Heian-Zeit paradoxerweise nicht zu völliger Inaktivität, sondern brachten eine große kulturelle Blütezeit mit sich. In dieser Phase »dekadenter« Endzeiterwartung entstanden einige

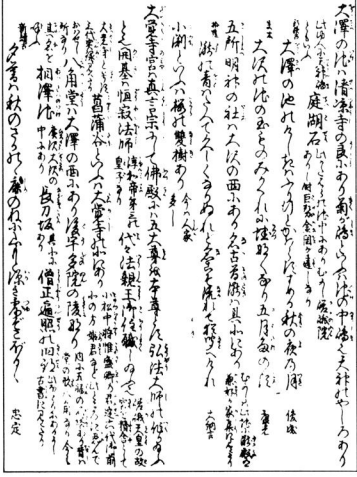

Der idyllische Osawa-Teich am Stadtrand des heutigen Kyoto nach einem Holzschnitt aus dem achtzehnten Jahrhundert.

der größten Gedichte und Romane der japanischen Literaturgeschichte und einige der schönsten Skulpturen und Gartenanlagen.

Die Tempelgärten der Fujiwara-Zeit wurden als Repräsentationen der buddhistischen Glaubensvorstellungen eines reinen Landes im Westen aufgefaßt. Sie waren gewissermaßen dreidimensionale Mandalas aus Tempelbauten und Gartenanlagen. Wie die gemalten Mandalas vom reinen Land im Westen, von denen wir ja sagten, daß ihre Vorbilder vornehmlich in der chinesischen Palastarchitektur zu suchen seien, so hatten auch diese Tempel- und Gartenanlagen ihre Vorbilder in eher irdischen Modellen: in der eleganten, höfischen Architektur der frühen Heian-Zeit mit ihrem Sinn für Symmetrie und der immer wiederkehrenden »Lehnstuhlform« der Gesamtanlage, ihren von Korridoren gerahmten Südgärten, die meist aus einem Weiher mit einer oder mehreren Inseln bestanden. Wir können also auch in den buddhistischen Tempelanlagen wieder unseren ersten Prototyp japanischer Gartenanlagen wiedererkennen. Allerdings dient er hier weniger der höfischen Festlichkeit als vielmehr religiösen Zwecken. Diese religiöse Dimension stand bei den höfischen Gärten des Shinden-Stils allenfalls im Hintergrund.

Von diesen frühen Tempeln des Amida-Buddhismus ist im heutigen Kyoto keiner intakt erhalten. Wir dürfen aber aus der Rekonstruktion des Hojo-ji-Tempels schließen, daß die buddhistischen Tempelanlagen, wie die Palastanlagen der japanischen Aristokratie, nach Norden hin ausgerichtet waren. Der Hojo-ji-Tempel wurde von Fujiwara no Michinaga im Jahre 1019 erbaut. Einer alten Überlieferung zufolge ist Fujiwara no Michinaga in diesem Tempel auch gestorben, als er den Namen Amidas rezitierte. Der Hojo-ji-Tempel ist immens; er hat einen Grundriß von 240 mal 240 Metern. Architektonisch neu an diesem Tempel ist die Größe und Position der

elfschiffigen Amida-Halle im Westen des Haupthofes, in der neun beinahe fünf Meter hohe Amida-Skulpturen aufgestellt sind. Neu ist auch ein Teichgarten mit einer zentralen Insel, die eine Bühne für religiöse Zeremonien und Konzerte beherbergt.

Einen Rest des ursprünglichen Glanzes der Tempelarchitektur der Heian-Zeit können wir noch im Byodo-in-Tempel, dem Tempel der Gleichheit und Gerechtigkeit, erahnen, den Fujiwara no Yorimichi im Jahre 1052 am Ufer des Uji-Flusses, etwas außerhalb des heutigen Kyoto, errichten ließ. In diesem Tempel wurde die berühmte Phönixhalle, *Hoo-do*, zum absoluten Zentrum des Tempelbezirks. In der Phönixhalle befand sich eine große Buddha-Skulptur, die aus kosmologischen Gründen nach Osten schaute, so daß der Tempelbezirk selbst eine Ost-West-Ausrichtung erhielt. Wir wissen aus historischen Quellen, daß die Gläubigen sich zur Anbetung auf eine Plattform in der Mitte der Teichanlage begaben, von wo sie genau nach Westen auf die Skulptur des Amida-Buddhas schauten, in die Richtung also, in der nach der Kosmologie des Amida-Buddhismus das »Reine Land im Westen« lag. Der Teich selbst ist im Lauf der Jahrhunderte mehrfach verändert worden, aber er erfüllt auch heute noch seine ursprüngliche Funktion: Auf der Wasseroberfläche spiegelt sich nach wie vor die elegant-symmetrische Architektur einer Tempel- und Gartenanlage, die den Menschen eine Vorstellung vom Paradies im Westen geben sollte.

Seit dem Ende des elften Jahrhunderts baute ein im Norden angesiedelter Zweig der Fujiwara-Familie eine Reihe außergewöhnlich schöner Tempelanlagen und Paradiesgärten. Die meisten von ihnen lagen in dem kleinen Städtchen Hiraizumi im Norden der japanischen Hauptinsel Honshu. Auch in ihrer Anlage war die große Formel für Gärten der Heian-Zeit erkennbar: die »Lehnstuhlform«. Die Gärten sind alle dem ersten Teich-Insel-

Die »mystische Insel« im Kanjuji-Tempelgarten in Kyoto. In diesem Garten befinden sich auch noch Ruinen des Stadtrandpalastes von Fujiwara Miyamichi aus dem neunten Jahrhundert.

Prototyp zuzurechnen. Von den Gärten selbst ist nur sehr wenig erhalten geblieben. Nur im Motsu-ji-Tempel des Fürsten Fujiwara Motohira (gestorben im Jahr 1157) können wir noch Reste der ursprünglichen Anlage von Teich und Insel erkennen. Die recht kühnen Steinsetzungen am Ufer des Teiches zählen zu den besterhaltenen aus dieser Zeit.

Vom Anfang bis zum Ende der Phase der großen Tempelgründungen der Fujiwara-Familie bildeten Gärten und Tempel eine integrale Einheit. Aber es gab doch etwas, das sich in dieser Zeit wandelte: Der Garten des Hojo-ji-Tempels, der den Beginn der großen Bauzeit der Fujiwaras markiert, ist ganz dem Diktat der Tempelarchitektur unterworfen. Die Architektur des Motsu-ji-Tempels dagegen, der das Ende dieser großen Ära markiert, ist ganz dem Diktat des Gartendesigns unterworfen. Der Garten umschlingt, ja verschlingt die rechten Winkel der Architektur.

Das Verhältnis der Heian-Zeit zu Natur und Gartenkunst

Da uns fast nichts von den Gärten der Heian-Zeit erhalten geblieben ist, müssen wir uns auf das Zeugnis historischer Quellen verlassen, wenn wir Aussagen über das Verhältnis der Menschen in der Heian-Zeit zur Natur und zur Gartenkunst machen wollen. Ich werde mich auf zwei Quellen beschränken, deren eine sich mit der sozialen Funktion von Palastgärten beschäftigt und deren andere uns ein gutes Bild von der Gestaltung und der Anlage der Gärten gibt.

Genji Monogatari
Die Geschichte vom Prinzen Genji

Kisetsu: vom Leben im Einklang mit den Jahreszeiten

Die Geschichte vom Prinzen Genji stellt einen der Höhepunkte japanischer Prosadichtung dar. Geschrieben hat sie um das Jahr 1000 eine Hofdame mit Namen Murasaki Shikibu. Sie hat sich in der Heldin der Geschichte, die ihren Namen trägt, ein Denkmal gesetzt, welches uns nicht nur facettenreich von der Eleganz und Pracht der feinen höfischen Gesellschaft erzählt, sondern auch erstaunlich dichte und detaillierte Beschreibungen der höfischen Gärten und des (gelegentlich amourösen) Treibens in diesen Gärten vermittelt.

Japanische Kunsthistoriker haben den Garten der Heian-Zeit summarisch als *chisen shuyu teien* bezeichnet, was man wörtlich nur mit dem Wortungetüm »See-Quell-Bootfahrt-Garten« wiedergeben kann. Was das bedeutet, können wir uns anhand einer Passage aus dem vierundzwanzigsten Kapitel der Geschichte vom Prinzen Genji[26] verdeutlichen. Dort beschreibt Murasaki eine Bootspartie in ihrem Frühlingsgarten:

»Und so ließ sie eines der neuen Boote kommen und füllte es mit einigen der jüngeren und unternehmungslustigeren ihrer Hofdamen. Es war möglich, den ganzen Weg zum Frühlingsgarten zu Wasser zurückzulegen, indem man erst den südlichen Teich entlangruderte und dann durch einen engen Kanal geradewegs auf einen Spielzeugberg zu, der jedes weitere Vordringen zu versperren schien. In Wirklichkeit aber gab es einen Wasserweg um ihn herum, und zuletzt befand sich die Gesellschaft beim Fischerpavillon. Hier wurden Murasakis Damen abgeholt, die da wie verabredet warteten.

Die Boote trugen am Bug einen geschnitzten Drachenkopf und waren am Heck mit dem Bild eines Fischadlers bemalt – ganz im chinesischen Stil. Und die Knaben, die die Bemannung bildeten, trugen alle chinesische Tracht, das Haar hinten mit bunten Bändern gebunden. Der Teich schien, als sie nun gegen die Mitte hinaus ruderten, unendlich groß zu sein, und die Insassen des Bootes, für die das ganze Erlebnis etwas Neues und köstlich Aufregendes war, konnten kaum glauben, daß sie nicht auf irgendein unentdecktes Land lossteuerten. Endlich jedoch brachten die Ruderer sie dicht unter das felsige Ufer der Durchfahrt zwischen den beiden großen Inseln, und bei genauerem Hinsehen entdeckte die Gesellschaft zu ihrem Entzücken, daß die Gestalt jedes kleinen Vorsprungs und jedes Felspfeilers so sorgfältig entworfen war, als hätte ein Maler sie mit einem Pinsel umrissen. Hier und dort zeigten sich die obersten Äste eines Obstgartens über dem Nebel, so schwer von Blüten beladen, daß es aussah, als wäre ein bunter Teppich mitten in der Luft ausgebreitet. In der Ferne konnten sie gerade noch Murasakis Wohnflügel erblicken, gekennzeichnet durch das noch tiefere Grün der Weidenzweige, die ihre Höfe fegten, und durch den Schimmer der blühenden Obstgärten, die sogar aus solcher Entfernung ihren Duft zwischen die Inseln und Felsen zu verströmen schienen.

In der Welt draußen war die Kirschblüte fast vorbei. Hier aber schien sie jedes Verwelkens zu spotten, und rings um den Palast war sogar die Glyzine, die sich an den gedeckten Gängen und Vorhallen entlangrankte, noch voller Blüten, und keine einzige hatte schon ihre Frische verloren, während hier, wo die Boote festgemacht wurden, die Berg-Kerria ihre gelben Blüten in einem Sturzbach von Farbe über die felsigen Klippen ergoß, der sich unten im Wasser des Teiches spiegelte. Wasservögel von mancherlei Art tummelten sich zwischen den Booten oder flatterten mit kleinen Zweigen oder Blumenstengeln im Schnabel hierhin und dahin, und Liebesvögel schwammen paarweise umher, und das Spiegelbild ihrer zarten Zeichnung fügte sich in das Kräuselmuster der Wellen. Hier verbrachten alle wie Gestalten in einem Gemälde des Märchenlandes den Tag in verzücktem Schauen und beneideten den Holzfäller, aus dessen Axt schließlich grüne Blätter sprossen.«

Von nun an verfaßten sie Gedicht auf Gedicht, um die Schönheit des Augenblicks einzufangen. Nachdem die Festgesellschaft in den Palast zurückgekehrt war, feierten die Höflinge und ihre Damen noch mit Musik und Gedichten bis in die späte Nacht. Weiter heißt es: »Als der Morgen kam, lauschte die Hofdame Akikonomu mit Verdruß den morgendlichen Vogelstimmen, weil sie fürchtete, daß Murasakis Frühlingsgarten besser ankam als ihr Herbstgarten.«

Die Gärten der Heian-Zeit waren elegant und farbenfroh, und die Feste, die der japanische Adel darin veranstaltete, waren Feste der Freude und des Spiels. In ihnen drückte man seine Liebe zur Natur durch musikalische und poetische Darbietungen aus. Murasakis Beschreibung des Gartenfestes ist voll von Anspielungen auf die jahreszeitlichen Besonderheiten des Gartens. Die Faszination der Jahreszeiten zieht sich übrigens wie ein roter Faden durch die Tagebücher, Romane, Gedichte und

Die Phönix-Halle (Hoodo) im Byodo-Tempel
in Uji bei Kyoto spiegelt sich im Wasser des
Lotosteiches. Vor dem Gebäude im Hintergrund befindet sich eine kleine Anlegestelle
für Bootfahrten auf dem Teich.

*Kühne Steinsetzungen im Garten des
Motsu-ji-Tempels in Hiraizumi, der Anfang des
zwölften Jahrhunderts entstand.*

Der Garten des Makaya-ji-Tempels in der Präfektur Shizuoka (späte Heian- oder frühe Kamakura-Zeit).

Gemälde der Heian-Zeit. Jeder, der einmal in Japan gelebt hat, weiß, daß es besonders der Frühling und der Herbst sind, die es dem Japaner angetan haben; der Frühling, weil in dieser Jahreszeit die Natur in frischer, bunter Vielfalt zu neuem Leben erwacht, und der Herbst, weil seine gedeckten Farben, seine sonnenblumengelben, cognacbraunen und rostroten Schattierungen ein Gefühl der Wehmut erzeugen.

Prinz Genji spricht in seiner Lieblingshofdame Akikonomu, wörtlich »Liebhaberin des Herbstes«: »Und wenn ich all diese gewichtigen Familienangelegenheiten geregelt habe, dann hoffe ich ein wenig Zeit für diejenigen übrig zu haben, die mir wirklich Freude machen – Blumen, Herbstblätter, den Himmel, alle diese Wandlungen von Tag zu Tag und die Wunder, die ein einziges Jahr hervorbringt … Es ist natürlich zwecklos, über einen solchen Gegenstand zu streiten, wie das so oft geschah. Es ist eine Frage der Veranlagung. Jeder Mensch wird mit seiner Jahreszeit geboren und muß sie daher vorziehen. Niemand, dessen magst du gewiß sein, ist es noch gelungen, einen andern in solchen Dingen zu überzeugen. In China war es stets die Frühlingszeit mit ihrer ›Stickerei von Blumen‹, die das höchste Lob gewann; hier jedoch scheint immer die versonnene Schwermut des Herbstes unsere Dichter tiefer bewegt zu haben. Für meinen Teil finde ich es unmöglich, zu einer Entscheidung zu gelangen. Denn sosehr ich mich an der Musik der Vögel und der Schönheit der Blumen erfreue, so muß ich doch gestehen, daß ich mich selten erinnere, in welcher Jahreszeit ich eine bestimmte Blume gesehen oder diesen oder jenen Vogel singen gehört habe. Aber das ist meine Schuld, denn sogar im engen Umkreis meiner Behausung hätte ich sehr gut lernen können, welche Bilder und Klänge jede Jahreszeit auszeichnen, da ich, wie du siehst, nicht nur für den Frühling durch eine Fülle von blühenden Bäumen vorgesorgt habe, sondern in

meinem Garten auch viele Arten von Herbstgräsern und Sträucher pflanzte, die, wie sie waren, mitsamt der Wurzel vom Land hereingebracht wurden. Ja, ich habe sogar ganze Insektenschwärme herbeischaffen lassen, die ihren schrillen Gesang in der Einsamkeit der Heckenwege und Wiesen verschwendeten. Das alles tat ich, damit ich mich dieser Dinge in Gesellschaft meiner Freunde, zu denen auch du gehörst, erfreuen könnte. Bitte, sag mir also, welcher Jahreszeit deine Vorliebe gehört.«

Ich habe die Passagen über den Frühlingsgarten der Murasaki und den Herbstgarten der Akikonomu auch deshalb zitiert, weil daraus zweierlei hervorgeht: Erstens sieht Prinz Genji seine Hofdamen als Personifikationen seiner Lieblingsgärten, und zweitens hat er seinen Palast wie ein Mandala angelegt. Die vier Gärten seiner vier Lieblingshofdamen zeigen jeweils in die Himmelsrichtung »ihrer« Jahreszeit:

»Gegen Südosten ließ Prinz Genji einen Berg anlegen und auf dessen Abhang eine Fülle früh blühender Bäume pflanzen. Am Fuß desselben machte das Ufer des Teichs einen besonders schönen Bogen, und im Vordergrund, gerade unter den Fenstern, pflanzte er Reihen von Fünffingerkraut, Rotpflaumen, Kirschen, Glyzinen, Kerrien, Azaleen und anderen solchen Pflanzen, die im Frühjahr am schönsten zur Geltung kommen, denn er wußte, daß Murasaki den Frühling ganz besonders liebte. Während an verschiedenen Stellen, wo sie dem Hauptgedanken seines Plans nicht im Weg waren, Herbstbeete sehr geschickt in die übrige Anlage eingefügt wurden.

Akikonomus Garten [der in südwestlicher Richtung lag] war voll von solchen Bäumen, die zur Herbstzeit die sattesten Tönungen annehmen. Das Bächlein über dem Wasserfall wurde gereinigt und auf einer beträchtlichen Strecke vertieft, und damit das Geplätscher der Kaskade weithin hörbar würde, setzte er große Felsblöcke mitten in die Strömung, gegen die die Wasser schlugen und sich brachen. Da die Jahreszeit weit fortgeschritten war, traf es sich so, daß dieser Teil des Gartens nun aufs beste zur Geltung kam. Hier war wirklich solche Schönheit, daß sie sogar die Pracht der wegen ihrer Herbstfarben so berühmten Wälder in der Nähe von Oi bei weitem überboten.«

»Im Nordostgarten war eine kühle Quelle, deren Umgebung eine angenehme Zufluchtsstätte vor der Sommerhitze zu gewähren versprach. In die Randbeete nahe dem Haus pflanzte er auf dieser Seite chinesische Bambus- und, ein wenig weiter weg, hochstämmige Waldbäume, deren dichtes Laub luftige Schattengänge wölbte, so angenehm wie die der lieblichsten Hochlandwälder. Dieser Garten wurde eingehegt mit Hecken des weißen Deutzia-Strauchs, des Orangenbaums, dessen Duft vergessene Liebe wiedererweckt, der wilden Rose und der Riesenpäonie und dazu mit vielen anderen Arten von Gebüschen und hohen Stauden, so geschickt ausgewählt, daß man weder im Frühling noch im Herbst je der Blütenpracht entbehren würde. Im Osten war ein großer Platz durch Mauern abgeteilt, hinter denen sich der Rennpavillon erhob, und davor lag, mit Weidenhürden bezeichnet, die Rennbahn. Da er hier während der Wettkämpfe des fünften Monats weilen würde, pflanzte er an dieser Stelle längs des Baches die passenden violetten Schwertlilien. Gegenüber lagen die Stallungen für seine Rennpferde und die Quartiere für Rennreiter und Pferdeknechte. Hier waren die kühnsten Reiter aus allen Provinzen des Reiches versammelt.«

»Nach Nordwesten hin erhob sich eine hohe Böschung, hinter der die Vorratshäuser und Getreidekammern lagen, überdies durch eine dichte Mauer von Tannen verdeckt, die hier angepflanzt waren, damit die Hofdame aus Akashi das Vergnügen genösse, sie zu sehen, wenn die Äste mit Schnee beladen wären.

Und für ihr Ergötzen in den ersten Wintertagen war ein großes Beet von Chrysanthemen angelegt, an denen sie sich, wie der Prinz Genji sich ausmalte, an einem Morgen erfreuen würde, an dem der ganze Garten weiß bereift wäre. Dann fanden sich da noch die ›Muttereiche‹ [Quercus dentata] und, von wilden und unzugänglichen Orten herbeigebracht, hunderte anderer Sträucher, die man sonst so selten sah, daß niemand wußte, mit welchen Namen sie zu benennen waren.«

Ich bin geneigt, aus den zitierten Passagen zu schließen, daß nicht nur die Hauptstadt und der Kaiserpalast, sondern auch die Adelsgärten nach den Gesetzen der Geomantie angelegt wurden, daß auch sie eine Art Mandala, ein Abbild des Kosmos, darstellen sollten. Die vier Gärten, von denen in der Geschichte vom Prinzen Genji die Rede ist, entfalteten ihre volle Pracht in »ihrer« Jahreszeit und lagen, vom Hauptgebäude des Palastes aus gesehen, in der Himmelsrichtung, die ihnen auf dem Diagramm der fünf evolutiven Phasen zugewiesen wurde. Die auf die Himmelsrichtungen verweisenden Namen der Gärten halfen den Menschen vermutlich auch, sich in den labyrinthischen Palastanlagen zu orientieren.

Wybe Kuitert hat viele literarische Dokumente gesammelt, mit denen sie die Vermutung untermauern kann, daß die Gärten der Heian-Zeit in der Tat auf die ihnen zugeordneten mythischen Himmelsrichtungen hin ausgerichtet waren, daß es sich also bei den Beschreibungen in der Geschichte vom Prinzen Genji »nicht um eine literarische Konvention handelt, sondern um die Beschreibung einer Praxis«[27].

Die vier Jahreszeiten und ihre verschiedenen Freuden werden in verschiedenen literarischen Zeugnissen der Heian-Zeit thematisiert: in Romanen und Tagebüchern, Gedichten und den *makura kotoba*, wörtlich »Kissenworten«, oft sprichwörtlichen Beschreibungen der Jahreszeiten, an die die Poesie der Heian-Zeit häufig anknüpfte.

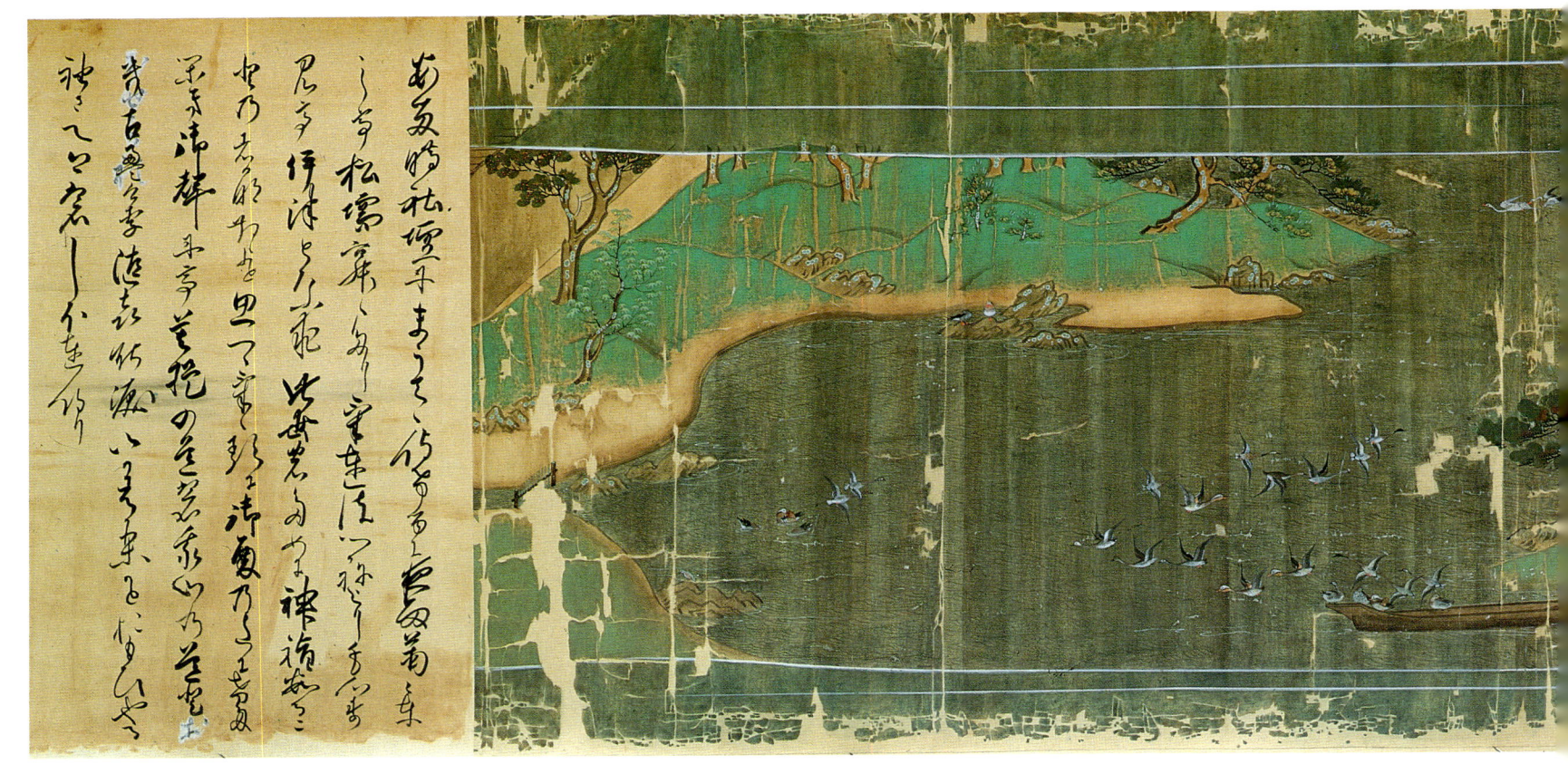

Oben:
Intime Verzahnung der streng rechtwinkligen offenen Architektur mit ihren luxuriösen Quell-Teich-Insel-Gärten.
Unten:
Szenisches Bild, das die Schönheiten der vier Jahreszeiten dramatisiert. Die unregelmäßigen,

natürlichen Formen werden durch die rechtwinkligen Formen der Paravents des Palastes der Heian-Zeit rhythmisiert. Beide Abbildungen sind dem Kasuga Gongen Kenki Emaki, einer illustrierten Schriftrolle von Takashina, Takabene aus dem Jahre 1309 entnommen. (Nationalmuseum, Tokyo)

知足院乃関白殿、さてハいゝまへしとて、
川なを春のむ、ふ小ハらミ、小水ち其水をゝ乗て、 尚以時候

ありつて御らふまとま乎てたえてしれりぬしゆ小かりいや
法行て、又なれもたれい、わきて小やいや
小うゝ、村收る給として右府なろゝ瀬こゝもり、
言承川に御産とそもきけけつむまれふ居つ活、
てう世諸小さらの事か、いゝそち小右府小ハろうたてら
てもろう女房、こち申あもせてろ乃、みむさしろ
法師乃ふ水、ちゝりて御まりのにもちゝわ裏、
比候ちうゝゝ見ごもに、たふゝんれそ、給小老府小
れ小禾例れやまと表て春日大明神っつせ給小を
をりてもゝ乃大腠屬小見案を忙中されゝ乃い、
たらい置まて對面し給小右府乃まやりを方
むゆれたを柁て剥つゝる子、我子ゝやむゝりゝ
うすゆゝ此れなきぬそ酒りれ托乃万徒む
て御子と申せゝち小もりゝ井そまゝ毎っゝ民
かりて給ゝき人ぃにむさゝりゝたせろしつゝ
法井寺殿乃御事ある両、一禮、右府乃行
小右大臣頭房さゝ中人乃むしゝ乃も疵にむまれ
給こゝゝもゝ毎も乎ゝゝゝの絡てほきゝを
里左府るゝ事をゝいろゝに忍川やゝたゝ給いち
きゝもゝゝよゝる来る三ゝゝるゝよゝ中に、
老乃技小うきゝ疵きれゝやゝるゝゝ御ゝ柿小の
うゝれも女若とそ同宿し給ハけらゝまり大臟房

Auch das tägliche Leben in den Palästen der Aristokratie war von den Bildern und Rhythmen der vier Jahreszeiten durchwirkt, von den Lebensrhythmen der Gärten und von den *shiki-e* genannten Bildern im Innern der Paläste, welche die Schönheiten der vier Jahreszeiten darstellten.

Die Paläste der Heian-Zeit wurden von einer weitgehend beweglichen Holzmodulkonstruktion bestimmt, die man zum Garten hin öffnen konnte. Die gleitend angebrachten Raumteiler und Sichtschutzwände, welche es erlaubten, die Räume des Palastes individuellen Bedürfnissen anzupassen, waren häufig bemalt. Die Malereien *(shiki-e)* auf diesen Trennwänden brachten den Palastbewohnern die Natur aufs neue nahe: Es handelte sich dabei um Darstellungen der vier Jahreszeiten, jahreszeitlicher Feste und jahreszeitlich bestimmter Festorte.

In der folgenden Passage beschreibt Ienaga Saburo die Faszination der Heian-Zeit mit den Rhythmen der Natur: »Natur und menschliches Leben galten als so miteinander verwoben, daß die Darstellung der Natur immer eine Darstellung menschlicher Feste war, welche wiederum, ob religiös oder nicht, von den Jahreszeiten bestimmt waren. Dreh- und Angelpunkt dieser Malerei war immer die Analogie zwischen den Zyklen der Natur und den Zyklen des menschlichen Lebens.«[28] Die Heian-Zeit sieht den Menschen als Teil der Natur.

Mono no aware: das Gefühl der Welt

Die emotionale, nicht die intellektuelle oder religiöse Beziehung der Heian-Zeit zur Natur kann man am besten mit dem beinah unübersetzbaren Wort *mono no aware* bezeichnen. Ich will hier einmal die Übersetzung »das Gefühl der Welt« wagen. Ivan Morris zufolge kommt der Ausdruck *aware* genau 1018mal in der »Geschichte vom Prinzen Genji« vor.[29] Er ist *das* große Thema der Heian-Ästhetik. Oft wird der Ausdruck auch mit »emotionaler

Qualität der Dinge« übersetzt. Aber mir scheint, daß eine solche Übersetzung zu kurz greift. »Dinge« haben keine Emotionen. Für die Heian-Zeit aber waren Steine, Blumen und Bäume nicht einfach tote Dinge, sondern sie besaßen ein eigenes »Sein« und ein eigenes Gefühl. Das Gefühl für ihr Gefühl ist ein Prärequisit der Heian-Kunst. Und weil in der Heian-Zeit das Gefühl für die Vergänglichkeit allen Seins sehr ausgeprägt war, gewann der Ausdruck *mono no aware* einen zutiefst melancholischen Unterton.

Das Sakutei-ki
Das klassische Handbuch des Gartenbaus

Neben der »Geschichte vom Prinzen Genji« bildet das *Sakutei-ki*, das klassische Handbuch des Gartenbaus, eine unerschöpfliche Fundgrube der Information über die Beziehung der Heian-Zeit zu Natur und Gartenbau. Japanische Gelehrte halten es für wahrscheinlich, daß dieses Buch von Tachibana no Toshitsuna verfaßt wurde. Tachibana war ein Sohn von Fujiwara no Yorimichi, dem Erbauer des oben beschriebenen *Byodo-in*, einer der wenigen aus dieser Zeit noch erhaltenen Tempelbauten. Wenn Tachibana tatsächlich der Autor war, dürfen wir annehmen, daß das Buch in der zweiten Hälfte des elften Jahrhunderts verfaßt wurde. Sein Autor war kein professioneller Gartenbauer, sondern ein Mitglied des japanischen Adels und vermutlich interessierter Zeuge und vielleicht engagierter Mitarbeiter bei der Entstehung mancher Gartenanlage der Heian-Zeit. Das *Sakutei-ki* macht den Eindruck einer Regelsammlung für den Gartenbau seiner Zeit. Ob diese Regeln Allgemeingut waren und in anderen, heute verschollenen Büchern bereits vorlagen, ob sie nur mündlich von Meister zu Schüler überliefert wurden oder ob sie gar strikt geheimgehalten wurden, wissen wir heute nicht. Das Buch des Tachibana jedenfalls bestand ursprünglich aus zwei Schriftrollen und trug den angemesseneren Titel *Senzai hisho*, »Geheime Abhandlungen über Gärten«.

Das Kolophon der Schriftrolle, also die Schlußformel, die in der Regel Angaben über den Verfasser der Schrift und den Ort ihrer Abfassung enthält, lautet: »Verfaßt von einem alten Narren. Dies ist ein kostbarer Schatz; er sollte streng geheim bleiben.« Es gibt jedoch Grund zu der Annahme, daß das Kolophon erst lange nach der Abfassung des Textes angefügt wurde, als das in dieser Schriftrolle niedergelegte Wissen für den Adel Japans ökonomische Bedeutung gewonnen hatte, weil er seine politische Macht an die Samurai, die Klasse der Krieger, verloren hatte.

Im Text des *Sakutei-ki* selbst gesteht der Autor einmal: »Ich habe hier niedergelegt, was ich selbst an Wichtigem über das Errichten von Steinen gehört habe, ohne dabei meine eigenen Urteile über Gutes und Schlechtes hinzuzufügen. Der Mönch En no Enjari wußte um die geheimen Traditionen der Steinsetzung. Ich befinde mich im Besitz seiner Schriften. Obwohl ich ihre Hauptprinzipien studiert und, wie ich glaube, verstanden habe, so ist ihre ästhetische Dimension doch so unerschöpflich, daß ich ihrer niemals ganz habhaft werde. Zudem sterben die Menschen aus, die solche Dinge verstehen. Ich fürchte, daß wir bald alle Regeln und Tabus des Gartenbaus vergessen haben werden und den Gärten gewaltsam unsere Formen aufzwingen werden.«

In der Heian-Zeit bedeutete »geheime Tradition« wahrscheinlich nicht viel mehr, als daß die Regeln nur Mitgliedern des Adels und buddhistischen Mönchen bekannt waren, den beiden Bevölkerungsgruppen, denen allein es vergönnt war, sich mit Fragen der Kunst, und speziell der Gartenbaukunst, zu befassen. »Geheim« bedeutet in diesem Zusammenhang nicht unbedingt die Existenz einer geheimen Gesellschaft, die sich um einen gehei-

men und geheimgehaltenen Text konstituierte, sondern es bedeutet lediglich, daß man die Texte der »geheimen Tradition« nicht ohne weiteres verstehen konnte, daß man zu ihrem Verständnis einer Anleitung, eines »Schlüssels«, bedurfte. Dieser wurde mündlich von Meister zu Schüler weitergereicht, wenn der Meister den Schüler für würdig befand.

Das *Sakutei-ki* handelt detailliert von der Gartenkunst der im Shinden-Stil gestalteten Adelspaläste. Leider enthält das Buch keine Illustrationen; dafür jedoch eine Fülle von Informationen: Nach einer Einführung in die Grundprinzipien des Gartenbaus beschreibt der Autor fünf Gartentypen, die an Teich- und Flußufern entlang angelegt werden können, unterscheidet acht verschiedene Inseltypen und gibt praktische Hinweise, die bei der Anlage von Gärten zu beachten sind. Darüber hinaus unterscheidet der Autor neun verschiedene Stile bei der Anlage von Wasserfällen, handelt von den verschiedenen Möglichkeiten, einen Gartenbach anzulegen, und geht auf die Kunst der Steinsetzung ein. Schließlich enthält das Buch eine Sammlung mündlich überlieferter Ge- und Verbote, die beim Gartenbau zu beachten sind. Den Anfang des *Sakutei-ki* bildet eine der besten Sammlungen von Grundregeln für den Gartenbau in der Heian-Zeit:

»Dies sind die Grundregeln für das *Errichten* von Steinen:

— Gestalte den Teichumriß mit Gefühl für seine Lage im Land. *Folge* dabei seinen Bitten. Beachte die *Atmosphäre* der Orte, die sich für den Gartenbau anbieten. Bedenke, wie die Natur *Berg- und Wasser-Szenen* gestaltet, und umkreise solche natürlichen Szenen mit deinen Gedanken.

— Wenn du Gärten berühmter alter Meister nachahmst, vergiß nicht zu bedenken, daß ihr Zweck ein anderer war, und gestalte deine Nachahmung nach deinem eigenen *Geschmack*.

Steinsetzungen der Heian-Zeit:
Hokongo-ji-Tempel in Kyoto: Der über vier
Meter hohe Wasserfall wurde Shigemori Mirei
zufolge im Jahre 1130 errichtet. Das Sakutei-ki
nennt den Stil dieses Wasserfalls tsutai-ochi,
also einen gestuften Wasserfall.

Der Motsu-ji-Tempel in Hiraizumi: Die Mün-
dung des Gartenbaches in den Teich ist mit
einigen großen Steinen am Ufer markiert.

— Wenn du dich mit deinem Garten an *berühmten Naturschönheiten* anderer Länder orientieren willst, versuche dir ihre *Schönheit* anzuverwandeln, und laß ihren Gesamteindruck in deinem Garten zum Vorschein kommen, ohne dich sklavisch an Details zu halten. So sollte man Steine errichten und in Harmonie bringen.«

— *Suchigaete:* Wörtlich bedeutet dieser Ausdruck »asymmetrisch« oder »ohne Balance«. Steine, Inseln und Teiche sollten immer asymmetrisch in den symmetrischen Rahmen eines Palastes im Shinden-Stil eingefügt werden. Die Asymmetrie der Natur wird so gegen die Symmetrie des Artefaktes ausgespielt.

— *Fuzei:* Wörtlich bedeutet dieser Ausdruck etwa »der Hauch des Gefühls«. Gemeint ist die Atmosphäre eines Ortes, man könnte vielleicht auch mit »genius loci« übersetzen. *Fuzei* kann man in der Natur entdecken oder aber im Garten schaffen. Bemerkenswerterweise wird der Ausdruck auch für den individuellen Geschmack des Gartenkünstlers oder seines Auftraggebers verwendet. Das Wort vereinigt in sich also zweierlei: etwas objektiv Vorgefundenes, den »Genius« eines Ortes, sowie etwas Subjektives, den »Geschmack« eines schauenden oder schaffenden Betrachters.

Dem oben erwähnten japanischen Gelehrten Tanaka gelten diese vier Termini als Beweis dafür, daß der Gartenkünstler der Heian-Zeit danach strebt, eins mit der Natur zu werden und ihren inneren Kriterien zu folgen. Man muß freilich hinzufügen, daß damit keine einfache Kopie der Natur gemeint ist, sondern eine gestaltende, selektierende und komponierende Einfühlung in die Natur. Natürlich ist der gestaltende »Geschmack« der Gartenbauer auch kulturell konditioniert. Was die Menschen dieser Zeit besonders anspricht, sind Gärten mit Teichen und Inseln, die möglichst genau einer natürlichen Szene nachempfunden sind. Dabei haben die Gärten oft auch ein spezifisches Thema. Sie sollen den Zauber der vier Jahreszeiten beschwören oder stellen eine berühmte Naturschönheit dar. Beides sind Themen, die wir auch in der Lyrik und der Malerei der Heian-Zeit finden. Die Gartenkunst der Heian-Zeit ist die Kunst der einfühlenden Imitationen der äußeren Gestalt der Natur.

Ich habe die ersten Worte der Schrift, *ishi wo tateru*, sehr wörtlich und im Deutschen ein wenig sperrig mit »das Errichten von Steinen« wiedergegeben. Tamura, dessen Überarbeitung des *Sakutei-ki* Basis für meine Übersetzung ist, glaubt, daß der Ausdruck *ishi wo tateru* und die von ihm bezeichnete Praxis, »das Errichten von Steinen«, im Zentrum der japanischen Gartenkunst der Heian-Zeit steht. Der Ausdruck kann deshalb, Pars pro toto, die Kunst des Gartenbaus als Ganzes bezeichnen.[30] Der Autor des *Sakutei-ki* selbst scheint allerdings nicht viel mit dem Ausdruck anfangen zu können, denn er bemerkt: »Eigentlich kommt es nur selten vor, daß man Steine errichtet. Steine werden im allgemeinen gesetzt. Trotzdem sprechen wir im Japanischen nie von der Steinsetzung, sondern vom Errichten von Steinen.« Für mich ist ein solcher Wortgebrauch nur ein weiteres Beispiel für die sehr konkrete und direkte Sprache der alten Texte. Abstrakte Begriffe wie »Landschaft«, »Szenerie« oder »Garten« sind in der Heian-Zeit noch nicht gebräuchlich. Statt dessen verwendet man Worte, die eine ganz konkrete und zentrale Aktivität im Prozeß der Gartengestaltung bezeichnen, für den Prozeß der Gartengestaltung insgesamt.

Die verschiedenen Elemente der Gärten werden nicht als tote Dinge betrachtet, sondern als Wesen mit eigenem Charakter. Im *Sakutei-ki* heißt es: »Beim Errichten von Steinen soll man zunächst einmal große und kleine Steine in den Garten tragen und an einer Stelle sammeln. Dann sollte man den Kopf von stehenden Steinen und das Gesicht von liegenden Steinen gen Himmel richten und sie über den Garten verteilen...«

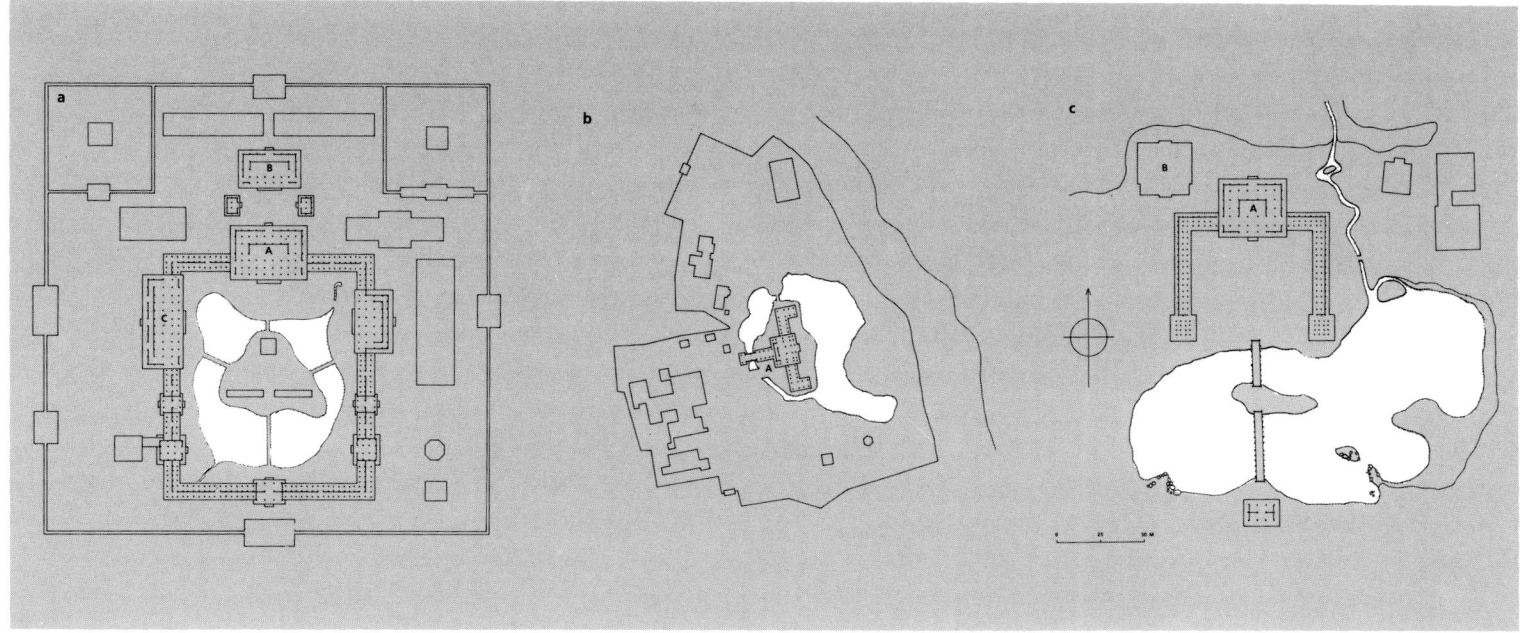

Das *Sakutei-ki* enthält zwei verschiedene Arten von
Grundregeln, die auf zwei nebeneinander bestehende
Einstellungen zur Gartenarchitektur schließen lassen.
Die erste Art dieser Grundregeln verweist auf China als
Herkunftsland. Diese »chinesischen« Grundregeln geben
recht präzise Anweisungen im Sinne der chinesischen
Geomantie und ihrer mythischen Metaphern. Hier kön-
nen wir noch einmal sehen, wie bedeutend die »chinesi-
sche Mode« zur Heian-Zeit war. Die zweite Art dieser
Grundregeln gibt sich wesentlich unpräziser und spricht
von Einstellungen oder Geisteshaltungen, mit denen
man den Gartenbau betreiben soll. Dem japanischen
Gelehrten Tanaka Masahiro zufolge können wir in dieser
zweiten Art von Grundregeln die »japanische Seele« des
Sakutei-ki erkennen.[31]
Tanaka hebt in diesen Grundregeln besonders vier immer
wiederkehrende Ausdrücke hervor, die ich in meiner
Übersetzung hervorgehoben habe.

– *Shotoku no sansui:* Wörtlich bedeutet dieser Ausdruck »Berg-Wasser der lebenden Natur«. An das Leben
der Natur sollte man sich erinnern, wenn man Steine
setzt, Wasserfälle baut oder Teiche und Bäche anlegt.
Der Ausdruck impliziert, daß ein Garten der Natur nachempfunden sein sollte.
– *Kohan ni shitagau:* Wörtlich bedeutet dieser Ausdruck »einer Bitte Folge leisten«. Man sollte den »Bitten«
eines Steines, Bachlaufes, einer Insel oder eines Teiches
»Folge leisten«, was bedeutete, daß man den Rest der
Komposition auf diesen ersten, vorgefundenen oder
gesetzten Gegenstand hin abstimmen sollte. Für die
Heian-Zeit waren Steine und andere Gartenelemente
nicht tote Dinge, sondern Wesen mit eigener Persönlichkeit, die man mit Liebe und Respekt behandelte.
Als Bedingung echter Kreativität wurde angesehen, daß
man innerlich ganz leer und still wurde, um die »Bitten«
der Dinge zu vernehmen.

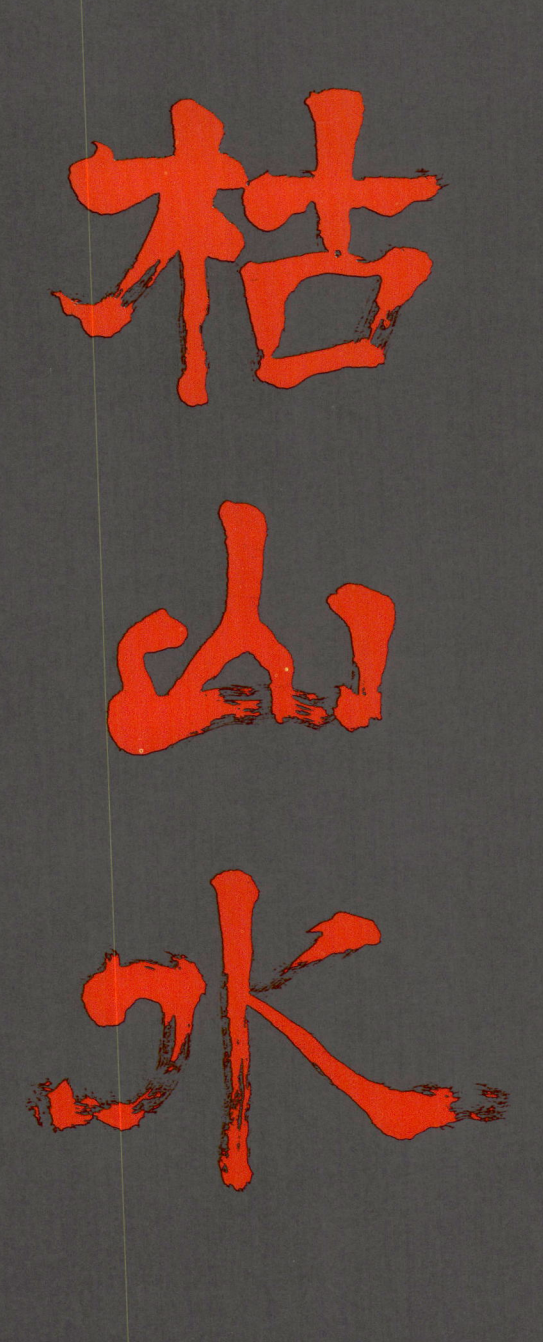

Steine im Sand
Gärten der Schlichtheit

In den Gärten der Kamakura- und Muromachi-Zeit erkennt man sofort die Spuren der zweiten großen Welle chinesischen Einflusses auf die japanische Kultur, vor allem des Zen-Buddhismus und der Landschaftsmalerei der Song- und Yuan-Zeit. *Kare-sansui* heißt die typische Szenerie des Prototyps dieser Epoche. *Kare-sansui,* das ist eine vergleichsweise kleine, trockene »Berg und Wasser«-Landschaft, gerahmt von einer kargen Shoin-Architektur. Solche Landschaften dienen der Kontemplation, wozu der Betrachter sich an bestimmten vorgeschriebenen Punkten im Garten aufstellt. Während der Kamakura-Zeit wurden sie von Mönchen der esoterischen Shingon-Sekte, sogenannten *Ishitateso,* die sich als halbprofessionelle Gartenbauer betätigten, angelegt. Später nahmen Zen-Mönche ihren Platz ein. Während der Muromachi-Zeit gewannen die sogenannten *Kawaramono,* zu deutsch »Leute vom Flußufer«, allmählich den Status von professionellen Gartenarchitekten. Sie wurden von den Ashikaga-Shogunen hoch geschätzt. Die Elemente, mit denen die Gartenanlagen der Kamakura- und Muromachi-Zeit gestaltet wurden, sind immer noch als »natürlich« zu bezeichnen, wenngleich es sich dabei um eine recht karge Natur handelt, die oftmals geradezu abstrakt wirkt. Der Garten der Kamakura- und Muromachi-Zeit imitiert das innere Wesen der Natur, nicht ihre äußere Erscheinungsform.

Die Kamakura-Zeit

Wie uns »Die Geschichte vom Prinzen Genji« in die Heian-Zeit entführen und uns einen Eindruck davon vermitteln konnte, mit wieviel Freude die Mächtigen der Heian-Zeit die Natur empfanden, so gibt uns »Die Geschichte von Heike«, ein altes Kriegsepos, einen Eindruck vom Geist der bewegten Kamakura-Zeit, dem kriegerischen Zeitalter.

»Im Klang der Glocke am Gion-Tempel liegt ein Echo der Vergänglichkeit. Die bleiche Blüte der Teakbäume kündet davon, daß ein jeder, der hoch hinaus will, zu Fall kommt. Hochmut ist flüchtig wie der Traum einer Frühlingsnacht. Die Mächtigen werden stürzen und dahintreiben wie Staubkörner im Wind.«

Farbig schildert »Die Geschichte von Heike« den Untergang des mächtigen Taira-Klans, der den kaiserlichen Hof beherrscht. Er wird vom Minamoto-Klan, der seine Machtbasis in der Provinz aufgebaut hat, zu Fall gebracht. In den östlichen Provinzen des Landes, fernab von der kaiserlichen Hauptstadt Kyoto gelingt es dem Oberhaupt des Minamoto-Klans, Yoritomo Minamoto, eine vom Kaiser unabhängige Militärregierung zu errichten. Im Jahre 1185 gründet er seine Hauptstadt, Kamakura, in der er selbst als Shogun, als Oberbefehlshaber, regiert. Von nun an geht die wahre Macht im Lande von dort aus, obwohl Kyoto noch anderthalb Jahrhunderte offiziell Hauptstadt Japans bleibt und der Kaiser noch immer eine – wenngleich im wesentlichen auch nur zeremonielle – Funktion im Staate innehat.

Die zweite große Welle chinesischen Einflusses auf Japan

Während der Kamakura-Zeit bricht die zweite große Welle des chinesischen Einflusses über Japan herein.

Die Shogune, die neuen politischen Machthaber, und die Samurai fühlten sich stark vom chinesischen Zen-Buddhismus angesprochen. Dies lag zum einen daran, daß die im Zen-Buddhismus durch Meditation entwickelte Disziplin ihren eigenen Haltungen sehr entgegenkam, zum anderen daran, daß die mit dem Zen-Buddhismus ins Land kommenden Kunstwerke der chinesischen Song-Dynastie es ihnen erlaubten, den eigenen, neu gewonnenen Status als Machthaber im Lande durch eine neue, von der traditionellen höfischen Kultur abweichende Prachtentfaltung zu dokumentieren. So imitierten sie die Literatur, die Malerei und die Architektur der Song-Dynastie. »Moderne Kunst«, das war damals gleichbedeutend mit chinesischer Kunst, mit chinesischen Teegefäßen, Gemälden, Weihrauchgefäßen und Lackarbeiten. Es waren hauptsächlich japanische Zen-Mönche, die Kunde von Chinas Song-Kultur nach Japan brachten: Diese Mönche waren aus Unzufriedenheit mit den vom kaiserlichen Hof unterstützten buddhistischen Sekten Japans, also vor allem mit denen des Amida-Buddhismus und kleinerer esoterischer Sekten, nach China gegangen, um dort nach der reinen Lehre zu suchen. Einige chinesische Mönche waren auch während der mongolischen Invasion nach Japan geflohen. Ein Mönch namens Eisai (1141–1215) gründete die Rinzai-Sekte, und ein Mönch namens Dogen gründete die Soto-Sekte des Zen-Buddhismus in Japan.

Das Wort Zen leitet sich von dem Sanskritwort *dhyan* her und bedeutete ursprünglich »Meditation«. Hinter der Praxis der Zen-Meditation steht der Glaube an *ji-riki*, »Kontrolle über das Selbst«, die allein Erleuchtung verspricht. Mit diesem Glauben steht der Zen-Buddhismus im Gegensatz zu den Sekten des Amida-Buddhismus, also der Lehre vom reinen Land im Westen, die auf *ta-riki* setzen, auf »Hilfe von außen« auf dem Weg zur Erlösung.

Meditation ist in diesem Verständnis weder mit Konzentration noch mit Kontemplation gleichzusetzen, weil beide auf den Verstand, auf das Denken, setzen. Für den Zen-Buddhismus bedeutet Meditation, aus den Grenzen des Verstandes auszubrechen. Das Ziel solcher Meditation heißt auf japanisch *mu-shin,* was man mit »nicht denken« übersetzen könnte. »Nicht denken« ist aber nicht gleichzusetzen mit Geistlosigkeit, denn wer den Zustand des *mu-shin* erreicht hat, nimmt die Welt in besonderer Weise wahr. Nur das unentwegt denkende, fragende und urteilende Ich des Menschen hat sich aufgelöst. Für den Zen-Buddhismus gilt die »Erfahrung« der Auflösung des Ich (die man kaum Erfahrung nennen kann, weil sich der Erfahrende ja aufgelöst hat) als Erleuchtung. Es gibt in der westlichen Welt keine Kategorie, die diese Art von Erfahrung hinreichend benennen könnte, weil diese »Erfahrung« selbst anscheinend unbekannt ist.

Zumindest wissen wir von niemandem, der eine Erfahrung von dieser Art gemacht hätte, und es gibt auch keine Methoden, mittels deren ein Meister seine Schüler gezielt zu dieser Erfahrung hinführen könnte. Obwohl also diese Erfahrung uns im Westen kaum verständlich ist, erblicken wir in ihr das innerste Wesen ostasiatischer Spiritualität. Die Berichte von Männern und Frauen in Indien, China, Japan und anderen ostasiatischen Ländern, die die »Erfahrung« der Erleuchtung gemacht haben, sind zahllos. Diese Tradition und dieses Verständnis von Meditation sind Ostasiens größter Beitrag zur Entwicklung des menschlichen Bewußtseins.

Es ist aber nicht so, daß die Architektur der Zen-Tempel und die Kunst ihrer Gartenanlagen den Zen-Schüler zur Erleuchtung führten. Es scheint vielmehr umgekehrt zu gelten, daß Erleuchtung oder auch nur bei der Meditation gewonne psychologische Einsichten den Künstler und sein Kunstwerk nachhaltig beeinflussen.

Die Muromachi-Zeit

Dem Kaiser Godaigo gelang es im Jahre 1333, die Kamakura-Shogune zu entmachten. Für drei Jahre restaurierte er die kaiserliche Machtposition, aber schon im Jahre 1336 etablierte Ashikaga Takauji eine neue Militärregierung, die ihren Sitz diesmal in Kyoto selbst hatte. Der neue Machthaber gehörte dem Minamoto-Klan an.

Ashikaga Yoshimitsu, der Enkel des Ashikaga Takauji, verlegte das Hauptquartier seines Shogunats in das Muromachi-Viertel im Nordwesten von Kyoto. Deshalb wird die Periode der Ashikaga-Shogune auch *Muromachi Bakufu,* »Muromachi-Feudalismus«, genannt. Der Palast, den Ashikaga Takauji im Jahre 1378 im Muromachi-Viertel von Kyoto errichten ließ, hieß im Volksmund *Hana no gosho,* »Blütenpalast« – ein Tribut an die unzähligen Kirschbäume, die die Palastgärten zierten. Die Palast- und die Gartenarchitektur sind freilich noch ganz von traditionellen Vorstellungen der Heian-Zeit geprägt. Der Palast und sein Garten sind im Shinden-Stil angelegt. Dieser verfügt über einen großen Teich, Inseln, Brücken und verschiedene Pavillons. Leider haben weder der »Blütenpalast« noch andere Adelspaläste aus dieser Zeit die bürgerkriegsähnlichen Onin-Kämpfe (1467–1477) überdauert. Der heutige Kaiserpalast steht allerdings auf dem Gelände eines Adelspalastes aus der Muromachi-Zeit.

Die Muromachi-Zeit währte etwa zweieinhalb Jahrhunderte, von 1336–1573. Sie ist gekennzeichnet von andauernden inneren Spannungen und Machtkämpfen, die nicht selten kriegerisch ausgetragen wurden. So wurde zum Beispiel im Jahre 1477 Kyoto dem Erdboden gleichgemacht. Erstaunlicherweise war diese Periode japanischer Geschichte dennoch eine der kreativsten überhaupt; in ihr wurde eine große Zahl wichtiger kultureller Formen Japans erst erfunden: die Teezeremonie und das Noh-Theater, die spezifisch japanische Land-

schaftsmalerei, die Shoin-Architektur und der Trockenlandschaftsgarten. Für uns stehen gerade diese Erfindun-
gen der Muromachi-Zeit für *die* japanische Kultur
schlechthin. Bemerkenswert ist auch, daß die kulturell
bedeutenden Phasen der Muromachi-Zeit nach den
Gärten der Shogune benannt sind, die sie schufen:

Da gibt es die *Kitayama* genannte Epoche, benannt
nach den »Bergen im Norden«, in denen Ashikaga
Yoshimitsu (1358–1408) sich einen »goldenen Pavillon«
mit Garten anlegen ließ. Da kennen wir die *Higashiyama*
genannte Epoche, benannt nach den »Bergen im
Osten«, wo Ashikaga Yoshimasa (1436–1490) sich einen
»silbernen Pavillon« mit Garten als Sommerresidenz
errichten ließ.

Der große neue Gartenprototyp der Muromachi-Zeit
ist ein *kare-sansui* genannter Gartentyp, also wörtlich
ein »trockener Berg-Wasser-Garten«. Seine karge Architektur entsprach dem Geschmack der Zen-Mönche und
der Samurai, für die er vornehmlich geschaffen war.
Der Kare-sansui-Garten war nicht als ein Ort der Lust-
barkeit gedacht, sondern als Garten der Kontemplation.
Dazu begab man sich an bestimmte Punkte im Garten,
um ihn zu betrachten.

Übergang zu einem neuen Gartenprototyp

Der Prototyp des Gartens der Heian-Zeit starb natürlich
nicht mit einem Schlag aus, sondern existierte noch eine
ganze Weile während der Muromachi-Zeit. Die spezielle
Ausformung dieses Prototyps erhielt den Namen *chisen
kaiyu teien,* was wörtlich »See-Quell-Wandel-Garten«
heißt. Dies war ein Garten, den man nicht mit einem
Boot er-fuhr, wie die Gärten der Heian-Zeit, sondern den
man sich zu Fuß erwanderte. Vermutlich lag das daran,
daß die Teiche dieser Gärten in der Regel kleiner waren,
so daß sich eine Bootsfahrt nicht lohnte.

Die Gärten der frühen Zen-Tempel

Saiho-ji: der Tempel der westlichen Düfte

Der Saiho-ji-Tempelgarten im Westen Kyotos bildet eine
Art Übergang vom älteren Prototyp der Paradiesgärten
der Heian-Zeit zu einem neuen Prototyp. Der Saiho-ji-
Tempel heißt im Volksmund auch *Kokedera,* »Moos-
tempel«, weil er heute ganz mit Moosen überwuchert
ist, was ihn wie einen großen, nassen, aufgeworfenen
Samtteppich erscheinen läßt. Vermutlich gehört dieser
Moosteppich aber nicht zum Plan seiner Schöpfer. Der
Teich des *Saiho-ji* ist recht klein, gemessen an den
Teichen in den Paradiesgärten der Heian-Zeit.

Der Garten hat einen doppelten Charakter, der ihn als
Produkt einer kulturellen Übergangsphase kennzeichnet:
In seiner unteren Hälfte ist er ein typischer Teichgarten
mit drei großen und vier kleineren Inseln, vier Halbinseln,
den berühmten Nachtankersteinen, und verschiedenen
Steinsetzungen, die Inseln symbolisieren. Die obere
Hälfte des Gartens zeigt eine Reihe von Steinsetzungen,
die von einigen Gelehrten als erstes Beispiel der vom
Zen-Buddhismus inspirierten Gartenkunst angesehen
wird. Ob das nun zutrifft oder nicht, der Garten ist in
jedem Fall ein erstes, sehr beeindruckendes Beispiel von
kare-sansui, Trockenlandschaftsgärtnerei.

Das *Sakutei-ki,* das klassische Handbuch für Gartenkunst der Heian-Zeit, erwähnt bereits einen Gartentyp, in
dem Wasser als Element keine Rolle mehr spielt. Daraus
haben viele japanische Gelehrte den Schluß gezogen,
daß die Trockenlandschaft keine Erfindung der Kama-
kura- und Muromachi-Zeit sei, sondern lediglich die
Fortentwicklung einer Gartenidee, die schon lange im
Umlauf gewesen sei. Es heißt im *Sakutei-ki:*

»Es kommt vor, daß man Steine an einer Stelle setzt,
wo es weder einen Teich noch einen Wasserlauf gibt.

*Übersichtsplan der Saiho-ji-Tempelanlage.
Noch existierende Gebäude sind mit Grundriß
eingezeichnet. Von den ursprünglichen, heute
nicht mehr existierenden Gebäuden sind nur
die Dachformen eingezeichnet. A: oberer
Trockengarten. B: unterer Teichgarten. 1. Steinkaskade; 2. zazen-seki, der Meditationsstein;
3. die Schildkröteninsel; 4. der Yogo-seki-Stein,
der mit einem heiligen Seil markiert ist;
5. shonan, der Tee-Hain; 6. »Insel der Abendsonne«; 7. »Insel der Morgensonne«;
8. der »Goldene Teich«.*

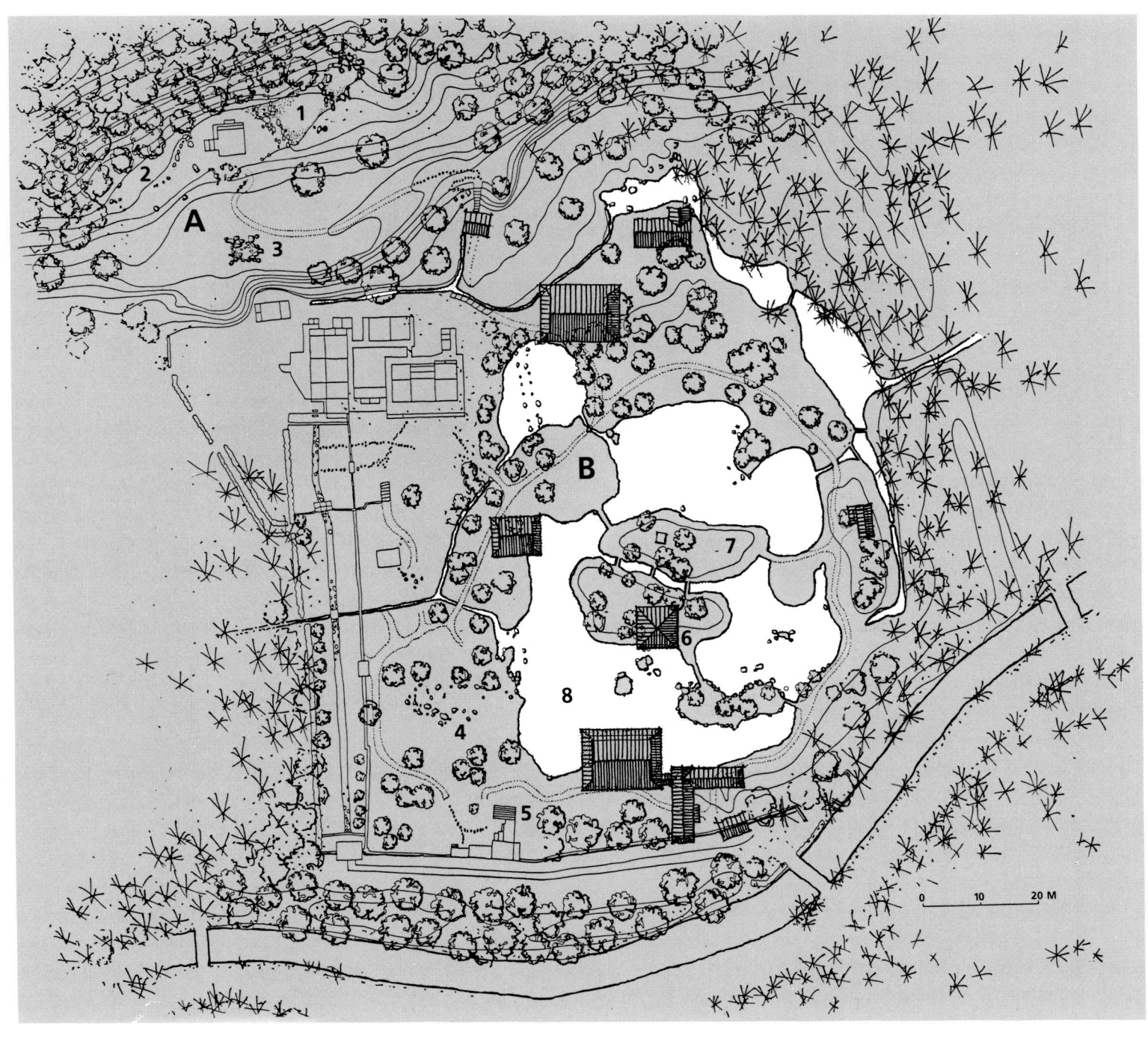

Der Yogo-seki-Stein, der mit einem heiligen Seil
aus Stroh markiert ist; er steht in der Nähe
einer Quelle mit dem Namen »klares Wasser
der Morgensonne«, die in den »Goldenen
Teich« mündet.

Landschaft in der Nähe der beiden zentralen
Inseln, der »Insel der Abendsonne« und der
»Insel der Morgensonne«.

Die geradezu ikonisch wirkenden Steinsetzungen auf der Schildkröteninsel, kame-shima, im Garten des Saiho-ji, des »Tempels der westlichen Düfte«, in Kyoto. Die Schildkröteninsel ist in Wirklichkeit gar keine Insel, sie liegt in einem Trockengarten, in dem das Meer um die Insel herum durch Moos angedeutet ist (Zeichnung unten entnommen aus: Shigemori, M., Zukan, 1938, Bd. 2, Erster Teil, S. 38).

Das nennt man *kare-sansui*. In einem solchen Garten ist ein Teil des Hügels wie ein Felsenkliff geformt oder wie eine Hügellandschaft. Darauf setzt man dann Steine. Wenn man ein Bergdorf nachbilden will, sollte man einen hohen Berg in der Nähe des Hauptgebäudes haben. Dann sollte man Steine in Stufenform setzen, so daß es aussieht, als sei tatsächlich ein Teil des Berges abgetragen worden, um damit ein Gebäude zu errichten. Steine, die man in der Wirklichkeit auf diese Weise aus der Erde ausgräbt, haben eine breite Grundfläche. Deshalb kann man sie nicht ausgraben und transportieren. Man sollte einen Pfeiler des Gebäudes auf einem solchen Stein ruhen lassen.«

Zeitgenössischen Berichten zufolge übernahm der Zen-Meister Muso Kokushi im Jahre 1334 den Saiho-ji-Tempel und machte ihn zu einem Zen-Kloster. *Saiho-ji* heißt wörtlich »westlicher Tempel«, aber durch eine kleine Änderung in der japanischen Schreibweise des Tempelnamens, die seine Aussprache nicht verändert, machte Muso Kokushi aus dem »westlichen Tempel« einen »Tempel der westlichen Düfte«. Muso Kokushi ließ offenbar auch eine große Zahl neuer Gebäude auf dem Tempelgelände errichten, die zusammen mit den vielen neuen Verbindungskorridoren den Tempelgarten mit einem Geflecht von rechten Winkeln überzogen, welche für die ästhetischen Erfahrungen der Betrachter von zentraler Bedeutung gewesen sein müssen. Leider stehen die ursprünglichen Tempelgebäude nicht mehr.

Japanische Kunsthistoriker sind sich allerdings nicht einig über die Frage, ob die Trockenlandschaft im oberen Teil des Saiho-ji-Tempelparks tatsächlich Muso Kokushis eigene Erfindung sei. Wie bereits erwähnt, ist noch nicht geklärt, ob es sich bei diesem Garten um einen neuen Prototyp des Zen-Gartens oder um die konsequente Fortführung eines bereits in der Heian-Zeit bekannten, wenn auch nicht sonderlich bedeutenden Typs handelt.

Folgende Doppelseite:
Der Garten des Tenryu-ji in Kyoto im recht-
winkligen Rahmen der Wohnquartiere des
Hauptpriesters an einem klaren Herbstmorgen.

Die beeindruckenden Steinsetzungen der
dreistufigen kare-taki, der Steinkaskade,
die Generationen von Gartenbauern der
Kamakura- und Muromachi-Zeit beeinflußte.
Die Kaskade befindet sich im oberen Teil
des Saiho-ji-Tempelgartens. (Zeichnung unten
entnommen aus: Shigemori, M., Zukan, 1938,
Bd. 2, Erster Teil, S. 38).

Es wird wohl auch eine unlösbare Frage bleiben, ob der Trockenlandschaftsgarten tatsächlich ausschließlich aus der Zen-Tradition zu erklären ist. Was wir aber sicher sagen können, ist, daß der Garten des Saiho-ji-Tempels unter der Oberhoheit eines Zen-Meisters entstand, dem die Gartenkunst sehr am Herzen lag. Und wir können sagen, daß der Garten von seiner Anlage her zwischen den typischen Paradiesgärten der Heian-Zeit und den schlichteren Gärten der Muromachi-Zeit steht. Der Saiho-ji-Tempel stammt aus der Kamakura-Zeit, steht also auch zeitlich genau zwischen Heian- und Muromachi-Zeit. Dieser Garten lädt noch, im Gegensatz zu den Gärten der Muromachi-Zeit, zu einem Spaziergang ein. Seine Schönheit erfährt man, indem man auf kleinen Pfaden den Teich umrundet oder über eine der vielen Brücken einen Abstecher auf die Teichinseln macht.

Drei besonders eigenwillige Steinsetzungen im samtenen Moosteppich des Tempelgartens hatten und haben eine besonders große Anziehungskraft auf die Garten-liebhaber Japans. Die erste dieser Steinsetzungen heißt *Kameshima*, »Schildkröteninsel«, eine »Insel«, die, wie oben bereits erwähnt, nicht in einem Teich schwimmt, sondern in einem »Meer« aus Moos. *Kameshima* hat wohl den ausgeprägtesten Sinnbildcharakter aller japanischen Steinsetzungen. Die zweite berühmte Steinsetzung im Saiho-ji-Garten ist der große, flache Meditationsstein, der *zazen-seki,* von dem die Ruhe und Stille der Meditation ausgeht. Die dritte Attraktion ist der *kare-taki,* die berühmte Steinkaskade, die ebenfalls hauptsächlich aus flachen Granitblöcken besteht, die treppenartig übereinandergeschichtet sind. Obwohl diese Kaskade ohne einen Tropfen Wasser auskommt, suggeriert sie unübertrefflich das machtvolle Rauschen eines echten Wasserfalls. Die Schönheit dieser Kaskade ist so überwältigend, daß die akademischen Fragen über ihre Entstehungsgeschichte dahinter zurücktreten.

Tenryu-ji: der Tempel des himmlischen Drachen

Tenryu-ji, der »Tempel des himmlischen Drachen«, steht, genau wie der *Saiho-ji,* an der Schwelle zu einer neuen Epoche. Angelegt wurde er auf dem Gelände eines Palastes des mächtigen Kaisers Gosaga. Der Palast hieß im Volksmund *Kameyama dono,* »Haus auf dem Schildkrötenberg«. Das Gelände dieses enormen Palastes reichte ursprünglich vom Fluß Oi bis zum Araschiyama-Berg, einer Gegend, die noch heute während der Zeit der Kirschblüte und im Herbst besonders beliebt ist. Kaiser Gosaga hatte sich im Jahre 1256 in diesen Palast außerhalb der Stadtgrenzen zurückgezogen und regierte, obwohl er offiziell abgedankt hatte, noch vierzig Jahre von hier aus. Schließlich mußte er in die Yoshino-Berge fliehen, wo er als Exilant starb.

Ashikaga Takauji, der den Kaiser aus dem Amt gejagt und die Macht an sich gerissen hatte, fürchtete sich aber vor dem auf Rache sinnenden Geist des Kaisers. Um ihn zu besänftigen, ließ Takauji auf einem Teil des kaiserlichen Palastgeländes ein Zen-Kloster errichten: *Tenryu-ji.* Er ernannte den Erbauer von *Saiho-ji,* Muso Kokushi, zum Hauptpriester des *Tenryu-ji.*

Muso Koskushi zeichnet also auch hier verantwortlich für die Umgestaltung von Palastgebäuden und Lustgärten in ein Zen-Kloster. Ob er allerdings auch Schöpfer der außergewöhnlichen Steinsetzungen an der großen Kaskade ist, scheint mir mehr als fragwürdig: Sie sind hier grundsätzlich verschieden von denen im *Saiho-ji,* die ihm ja auch zugeschrieben werden. Unter den japanischen Kunsthistorikern besteht jedenfalls über die Frage nach der Urheberschaft dieser Steinsetzungen keine Einigkeit. Einig sind sie sich nur in einem Punkt: Sie sind ein erster Beleg für das Aufkommen eines neuen Stils bei der Steinsetzung. Er weist große Ähnlichkeiten mit Steinsetzungen der Song-Dynastie in China auf. So ist sogar die Frage möglich, ob der Künstler, dessen Werk wir hier sehen, nicht vielleicht Chinese war.

Der Tenryu-ji-Garten verfügt noch, wie die Paradiesgärten der Heian-Zeit, über einen Teich. Dieser ist aber zu klein für Bootsfahrten oder Feste, wie man sie in den Paradiesgärten der Heian-Zeit noch feierte. Dennoch laden die Pfade um den Teich herum und die Brücken über Miniaturschluchten zum Lustwandeln ein. Klar scheint auch zu sein, daß der Garten auf den *hojo,* das Wohngebäude des Hauptpriesters, zugeschnitten war. Leider wurden die ursprünglichen Gebäude während der Meiji-Zeit abgerissen und durch neue Bauwerke ersetzt. Es läßt sich aber dennoch erkennen, daß man den Garten am besten vom *hojo* aus betrachtet, durch dessen rechtwinkligen Rahmen man den Garten wie ein riesiges dreidimensionales Gemälde betrachten kann.

Die Landschaftsmalerei der chinesischen Song-Dynastie übte großen Einfluß auf die Gestaltung der Gartenanlage insgesamt und einige ihrer Details aus – zum Beispiel die Steinsetzungen in unmittelbarer Umgebung der Kaskade. Eines der Kennzeichen der Landschaftsmalerei der Song-Dynastie ist, die Tiefendimension eines Raumes zu suggerieren. Genau dieser Effekt schien auch im Tenryu-ji-Garten beabsichtigt. Wenn man den Garten wie ein dreidimensionales Gemälde vom Wohngebäude des Hauptpriesters aus betrachtet, erkennt man, daß hier drei Ebenen übereinandergelagert sind, um einen Eindruck von Tiefe zu erzeugen: Die unterste Ebene ist eine Ebene aus Sand, die sich zwischen der Veranda des *hojo* und dem Ufer des Teiches erstreckt; eine zweite Ebene bildet der Teich mit den Steinsetzungen; und die dritte Ebene bilden die Berge in der Ferne, die hier bewußt in die Komposition mit einbezogen sind. Die Technik, Elemente der Hintergrundlandschaft in die Gartenkomposition mit einzubeziehen, nennt man *shakkei.*

Einen ähnlichen Aufbau in übereinandergelagerten

Ebenen können wir auch an Details des Gartens, insbesondere im *Ryumon taki,* der Kaskade am »Tor des
Drachen«, erkennen. Auch hier dient der »Bildaufbau«
dazu, Tiefenwirkung zu erzeugen. Von der Steinbrücke
unmittelbar vor ihr aus gesehen, nimmt die Kaskade sich
wie ein für die Verhältnisse der Heian-Zeit immenser
Wasserfall aus. Ihre Steinsetzungen sind von solcher
Finesse, daß man an chinesische Landschaftsmalerei als
Vorbild denken darf. Der »Karpfenstein«, ein Stein mit
der Form eines Karpfens, der die Kaskade hochspringt, ist
ebenfalls ein aus China importiertes Motiv. In China galt
der Karpfen, der das »Tor des Drachen« passiert, als
Sinnbild für das Bestehen der Prüfungen, die den Studenten zur Übernahme von Regierungsämtern befähigten.

Williams schreibt dazu: »Der Wildkarpfen gilt wegen
seiner starken Schuppen als ein Symbol kriegerischer
Tugenden. Bewundert wird er unter anderem, weil er
gegen den Strom schwimmt. Er gilt als Sinnbild des
Durchhaltevermögens. Dem Stör sagt man nach, daß er
im dritten Mond eines jeden Jahres den Gelben Fluß bis
in die Quellgebiete in den Bergen hinaufschwimmt. Der
Sage nach verwandeln sich diejenigen Störe in Drachen,
welche die Stromschnellen jenseits des ›Tors des Drachen‹
überwinden. Deshalb gilt dieser Fisch als Symbol für
literarische Könnerschaft und hervorragende Studien-
leistungen.«[32]

Unmittelbar vor der Kaskade steht eine Brücke aus drei
flachen Steinblöcken. Sie führt zu einem kleinen Pfad,
dieser dann zu einer Miniaturschlucht, über die ein einziger Stein als Brücke gelegt ist. Die Kunsthistorikerin
Wybe Kuitert sieht diese Anlage eindeutig als unter
chinesischem Einfluß entstanden an. Chinesisch daran
erscheint ihr die Idee, einen kleinen, ungleichmäßig
breiten Pfad anzulegen, diesen mit Steinen zu begrenzen
und eine Miniaturschlucht am Ufer des Teiches genau
gegenüber des Hauptgebäudes anzulegen.[33]

Es gibt noch mehr im *Tenryu-ji,* was Bezüge zur Gartenkunst der chinesischen Song-Dynastie aufweist: die

sieben Steinsetzungen im Teich in der Nähe der Kaskade. Die sieben großen Steine symbolisieren die »Inseln der Seligen« und sind vermutlich die schönste Steinsetzung dieser Art in dieser Periode. Die gewagte Komposition aus erlesenen Steinen ist eine einmalig schöne Beschwörung der Wunder der Berge auf den mystischen »Inseln der Seligen«.

Sowohl *Saiho-ji* also auch *Tenryu-ji* weisen auf einen neuen Stil der japanischen Gartenkunst voraus. Die Steinkaskade und der flache Meditationsstein des *Saiho-ji* stellen ebenso wichtige Beiträge zur Entwicklung der Gartenkunst in Japan dar wie die der chinesischen Landschaftsmalerei der Song-Dynastie entlehnten Techniken der Komposition von mystischen Inseln, Brücken und der Kaskade im *Tenryu-ji*. Beiden Gartenanlagen ist gemeinsam, daß sie von natürlichen Erscheinungen zunehmend abstrahieren. Damit verweisen sie bereits auf den neuen, unverwechselbaren Muromachi-Stil.

Palastgärten der Kitayama- und Higashiyama-Shogune

Kinkaku-ji

Saiho-ji und *Tenryu-ji* wurden zu Vorbildern für die Palastgärten der Ashikaga-Shogune, die darum bemüht waren, ihrem Land nicht nur politisch, sondern auch als Kunstmäzene neue Richtungen zu weisen. Ihre besondere Vorliebe galt der Kunst, besonders der Malerei Chinas. Sie galten als große Förderer der damals »modernen« Kunst, der Kunst der Song-Dynastie. Überdies waren sie auch dem neu aufkommenden Zen-Buddhismus sehr zugetan. Für die Shogune dieser Familie gehörte es zur Familientradition, sich nach der Abdankung von den politischen und militärischen Ämtern in palastartige Villen zurückzuziehen und ein mönchisches Leben nach den Regeln des Zen-Buddhismus zu führen. Die

Gärten dieser Villen stellen eine weitere Variation des Teich-Insel-Prototyps dar, den wir aus der Tradition der Paradiesgärten der Heian-Zeit kennen. Sie sind bei weitem zu elegant und luxuriös, um als schlichte Zen-Gärten gelten zu können.

Ashikaga Yoshimitsu, der erste der Ashikaga-Shogune, ließ das *Kitayama dono* zu seinem Alterssitz umbauen. *Kitayama dono,* die »Villa in den Bergen«, ist eine palastartige Villa im Shinden-Stil, den Saionji Kintsune in der Kamakura-Zeit errichten ließ. Yoshimitsu nannte das Anwesen von da an *Rokuon-ji,* »Tempel zum Gazellenhain«, in Anspielung auf den berühmten Gazellenhain bei Benares, in dem Gautama Buddha seine erste Predigt nach seiner Erleuchtung hielt. Heute heißt der Palast *Kinkakau-ji,* »Tempel zum Goldenen Pavillon«. Den Namen erhielt er, weil die Deckenkonstruktion eines seiner Pavillons vergoldet war; dieser Pavillon ist übrigens der einzige, der dem Zahn der Zeit nicht zum Opfer gefallen ist.

Das Gebäude ist deutlich nach südchinesischen Vorbildern angelegt. Es handelt sich um eine elegante dreistöckige Holzkonstruktion. Im Erdgeschoß befinden sich Empfangsräume für Gäste, im zweiten Arbeitsräume und im dritten ein privater, für die Zen-Meditation vorgesehener Tempel. In seiner Offenheit und Großzügigkeit im Erdgeschoß erinnert das Gebäude an Shinden-Palastgebäude aus der Heian-Zeit. Besonders das Obergeschoß mit seinen glockenförmigen Fenstern beweist aber, daß hier ein neuer Stil sich Bahn bricht – der Stil der Zen-Tempelarchitektur.

Obwohl sich ein kleiner Pfad rund um den Teich schlängelt, war der Garten doch noch so angelegt, daß man seine Schönheit am besten bei einer Bootspartie erfahren konnte. Insofern steht er also noch ganz in der Tradition der Heian-Zeit. Vielleicht eignete sich seine Anlage auch besonders zur Betrachtung vom »Goldenen

Pavillon« aus, der damals ja noch von feingliedrigen Gebäuden im Shinden-Stil umgeben war, so daß der Garten wie in einem rechteckigen Rahmen lag. Der Teich ist in zwei Teile gegliedert, einen inneren und einen äußeren: Der innere Teil liegt unmittelbar vor dem reich geschmückten Hauptpavillon und ist durch eine große Halbinsel und eine längliche Insel fast völlig vom äußeren Teil abgetrennt, in dem sich nur wenige, kleine Steininseln befinden. Das Ufer des äußeren Teils ist mit Steinen befestigt, und die gesamte Anlage fördert die Illusion, daß er in weiter Ferne läge. Direkt vor der Südseite des »Goldenen Pavillons« liegen die traditionellen Schildkröten- und Kranichinseln. Vor seiner Westseite, gegenüber dem Landungssteg, liegen noch einmal zwei Schildkröteninseln, die sich ikonographisch deuten lassen. Die erste Schildkröte, deren Kopf dem Pavillon zugewandt ist, versinnbildlicht eine ankommende, die zweite, deren Kopf dem Pavillon abgewandt ist, eine scheidende Schildkröte.

Am Fuß der Hügel im Norden des »Goldenen Pavillons« liegen zwei Quellen, die mit einigen Steinsetzungen geschmückt sind. Hier befindet sich auch eine Drachentor-Kaskade mit dem legendären Karpfenstein, den Yoshitsune von Saionji Kitsunes ursprünglicher Gartenanlage übernahm. Nach Yoshitsunes Tod wurde die Palastanlage als buddhistische Tempelstätte genutzt.

Ginkaku-ji

Ashikaga Yoshimasa (1435–1490), der Enkel des Ashikaga Yoshimitsu, wurde schon als Kind in sein Shogunat als achter Ashikaga-Shogun eingesetzt. Allerdings interessierte sich Ashikaga Yoshimasa nie besonders für seine politischen und militärischen Ämter, vielmehr wurde er zu einem der größten Kunstmäzene Japans. Während der blutigen Onin-Bürgerkriege, denen ganz Kyoto mit-

samt seinen eleganten Palästen zum Opfer fiel, übergab Ashikaga Yoshimasa im Jahre 1473 die Regierungsgeschäfte seinem Sohn, um sich ganz dem Ausbau seines prachtvollen Palastes am Stadtrand widmen zu können. Dieser Palast, *Higashiyama dono,* war lange Zeit Mittelpunkt des kulturellen Lebens in Japan, ja gab einer Epoche ihren Namen. Man spricht von der Higashiyama-Kultur. Nach dem Tode von Ashikaga Yoshimasa wurde der Palast in einen Zen-Tempel umgewandelt, der den Namen *Jisho-ji* erhielt. Im Volksmund heißt der Tempel *Ginkaku-ji,* »Tempel zum Silbernen Pavillon«. Wir wissen allerdings nicht, ob der Pavillon tatsächlich versilbert war oder ob es nur ein Traum Yoshimasas blieb.

Der »Silberne Pavillon« entstand etwa achtzig Jahre nachdem Yoshimasas Großvater den »Goldenen Pavillon« hatte errichten lassen, von dem wir ja schon gehandelt haben. Auch für Yoshimasas »Silbernen Pavillon« stand der *Saiho-ji,* der »Tempel der westlichen Düfte« des berühmten Muso Kokushi, Pate. Freilich wird die Grundidee des *Saiho-ji* hier völlig anders interpretiert.

Vorbild für den »Silbernen Pavillon« war der *Ruri-den,* ein Gebäude, das Muso Kokushi für den *Saiho-ji* konzipiert hatte. Im Unterschied zum dreistöckigen »Goldenen Pavillon« des Großvaters Yoshimitsu hat dieses Gebäude nur zwei Stockwerke. Im zweiten Stock befindet sich eine Buddha-Statue, ein Buddha des Erbarmens. Das Erdgeschoß, von dem aus man einen faszinierenden Blick auf den Garten hat, wurde zur Meditation genutzt.

Wie Muso Kokushis Vorbild *Saiho-ji* ist auch die Gartenanlage des *Ginkaku-ji* in Teile gegliedert, deren unterer zum Spazierengehen gedacht ist. Der obere Teil des Gartens ist, ebenfalls wie im *Saiho-ji,* eine Art Trockenlandschaftsgarten an einem steilen Berghang.

Der »Silberne Pavillon« und eine Halle mit einer Statue des Buddha Amida sind die einzigen Gebäude, die von den ursprünglich zwölf Gebäuden des *Ginkaku-ji* bis auf

Der an Heian-Vorbilder erinnernde Teil des Gartens mit Teich und Inseln. Im Mittelpunkt der senkei-hashi, die Judasbaumbrücke, vor der »Halle des Ostens«, togudo. In der »Halle des Ostens« ist ein Raum zu besichtigen, der zu den ältesten Beispielen einer reinen Shoin-Innenarchitektur zählt.

Innerer Teil des Teiches vor dem »Goldenen Pavillon«.

*Der Karpfenstein in der ryumon-taki, der
»Kaskade zum Drachentor«, am Fuß der Hügel
im Norden des »Goldenen Pavillons«.*

Der »Goldene Pavillon« in den Bergen nördlich
von Kyoto wurde um 1394 von Ashikaga
Yoshimitsu erbaut und war bis zum Tode
Yoshimitsus im Jahr 1408 das Zentrum japanischer Kultur.

den heutigen Tag erhalten geblieben sind. Wir können deshalb die ursprüngliche Wirkung der Gartenanlage heute nicht mehr voll nachempfinden. Auch dieser Garten war offenbar wieder von einem rechtwinkligen Rahmen aus Gebäuden umgeben, der dem ganzen Garten seinen Stempel aufdrückte.

Sein unterer Teil ist ein bereits aus der Heian-Zeit bekannter Paradiesgarten mit Teich und Inseln. Dieser Garten eignet sich allerdings nicht sonderlich für Bootspartien und war offenbar als Wandelgarten gedacht. Der ursprüngliche Plan enthält allerdings auch ein Bootshaus. Eine der Attraktionen des Gartens ist die Kaskade *Sengetsu-sen,* die »Quelle, in der sich der Mond wäscht«. Der Name dieser Kaskade gibt uns Aufschluß über ihre mythische Bedeutung: In ihr sollte sich das Spiegelbild des Mondes reinigen.

Der *Ginkaku-ji,* so wie wir ihn heute sehen, ist nur noch ein schwacher Abglanz der ursprünglich von Yoshimasa geplanten Anlage. Leider hat er seine Pläne bis zu seinem Tode im Jahre 1490 nicht alle verwirklichen können. Später ist der Palast verfallen und mehrfach ausgeplündert worden. Erst Anfang des siebzehnten Jahrhunderts hat man begonnen, den *Ginkaku-ji* zu restaurieren und zu erhalten.

Der Garten des *Ginkaku-ji* weist auf die voll entwickelte Technik der Trockenlandschaftsgärten der späten Muromachi-Zeit besonders durch zwei Merkmale voraus: Zum einen durch seine Trockenlandschaft, die der Trockenlandschaft im *Saiho-ji* nachempfunden ist und die sich an einem steilen Abhang im oberen Teil des Gartens in der Nähe der *ocha no i,* der »Teewasser-Quelle«, befindet. Zum anderen durch den Umstand, daß in diesem Garten Meer und Berg nur noch durch eine Sandfläche mit einem Sandberg symbolisiert sind. Man nennt dies *ginshanada,* also wörtlich »silberner Sand und offene See«. Der *ginshanada* ist eine weiße

Sandfläche, die in kunstvolle Wellenformen geharkt ist, um die Wellen des Meeres anzudeuten. In der Mitte befindet sich der *kogetsudai,* »die dem Mond zugewandte Anhöhe«. Der *kogetsudai* ist ein Sandhügel, der dem Berg Fuji nachgebildet ist. Die eigentliche Neuheit dieses Gartens, die die Gartenkunst Japans nachhaltig beeinflußt hat, liegt darin, daß hier Meer und Insel durch eine Art Sandplastik symbolisiert sind. Sandfläche und Sandberg sind noch heute, in der modernen Gartenkunst Japans, zentrale Motive. Ob allerdings diese beiden für seine Zeit höchst ungewöhnlichen Elemente auf Ashikaga Yoshimasa selbst zurückgehen, das wissen wir nicht. Erwähnt werden sie zum ersten Mal beinahe hundert Jahre nach seinem Tod in einem Gedicht, das ein Zen-Mönch im *Tenryu-ji* im Jahre 1578 geschrieben hat.[34]

Der Garten eines Zen-Mönchs und Malers

Joei-ji

Bei der Suche nach weiteren Vorläufern des Gartenprototyps, der die Muromachi-Zeit beherrschen sollte, stößt man auch auf einen Garten, der weit weg von Kyoto in Yamaguchi, im Westen Japans, liegt: *Joei-ji,* der »Garten der ewigen Pracht«. Dieser Garten ist einer der vier Gärten, die dem berühmten Zen-Maler Sesshu (1420–1506) zugeschrieben werden. Den Namen hat er dem Garten allerdings nicht selbst verliehen; er stammt von den Mitgliedern der Rinzai-Zen-Sekte zu Beginn der Meiji-Zeit. Wie der *Saiho-ji* und der *Ginkaku-ji* gliedert sich auch der *Joei-ji* in zwei Teile: Ein Teil ist traditionell von Teich und Insel beherrscht, der andere ist ein Trockenlandschaftsgarten. Aber im Unterschied zum *Saiho-ji* und zum *Ginkaku-ji* befindet sich der Trockenlandschaftsgarten nicht an einem Steilhang, sondern auf einer nur leicht gewellten Ebene direkt vor dem Haupthaus des Tempels, die nur von einigen *karikomi,* kleinen, beschnittenen immergrünen Büschen, akzentuiert wird.

Ich bin geneigt, im Garten des *Joei-ji* einen ersten klaren Vorläufer der klassischen Trockenlandschaftsgärten des *Ryoan-ji* und des *Daisen-in*-Tempels zu sehen, obwohl meine Meinung nicht von allen Gelehrten geteilt wird. Vom Haupthaus des Tempels im Südosten des Gartens aus gesehen, tritt der traditionelle Wassergarten mit Teich und Insel fast völlig in den Hintergrund. So liegt in diesem Garten der Hauptakzent erstmals auf dem Trockenlandschaftsgarten. Von hier ist es nur noch ein kleiner Schritt zur Gartenanlage des *Ryoan-ji:* Man müßte nur eine Mauer um die Trockenlandschaft ziehen und die Steine auf reinen Sand setzen.

Der Wasserlauf beginnt, wie gewohnt, im Norden des Gartens, wo er über eine Drachentor-Kaskade, *ryumon no taki,* geleitet wird. Die Kaskade hat einen besonders schönen Karpfenstein. Wenn man dem Wasserlauf weiter folgt, kommt man an einem kleinen Teich vorbei, sodann zu einer bogenförmigen Brücke, die zwei Halbinseln miteinander verbindet, und schließlich zu einem Teich in der Form des chinesischen Ideogramms für »Herz«, *shinji no ike.* In der Nähe der Brücke findet sich ein riesiger Stein, der *Horai,* der die paradiesische »Insel der Unsterblichen« symbolisiert. Im Teich liegen vier in ihrer Anordnung sehr harmonisch aufeinander abgestimmte Inseln: eine Kranich-, eine Schildkröten-, eine Felsinsel und eine Insel in Form eines Schiffes.

Der Trockengarten zwischen Teich und Haupthaus ist von etwa vierzig sorgfältig ausgewählten Steinen akzentuiert. Die meisten Gelehrten interpretieren die Steinsetzungen als Bearbeitung des Sanzan-gogaku-Motivs, des Motivs der »drei Berge und fünf Gipfel«. Es handelt sich dabei um eine aus China übernommene ikonographische Konfiguration aus sieben idealisierten chinesischen und einem japanischen Berg, dem Fuji. Im Mai beziehungsweise im Juni blühen vor diesen Steinen immer zwei verschiedene Azaleenarten und deuten so Nebel oder Wolken um die Berge an.

Loraine Kuck sieht in den flachen Steinen vor dem Haupthaus des *Joei-ji* das »Charakteristikum des Muromachi-Gartens, zumindest aber einen Beweis dafür, daß dieser Garten bereits unter dem Einfluß des Stils der Muromachi-Zeit steht«. Sie stellt auch Ähnlichkeiten fest zwischen den Steinsetzungen im Trockenlandschaftsgarten des *Joei-ji* und dem »durch gerade Linien und klare Winkel« gekennzeichneten Malstil des Zen-Mönchs und Malers Sesshu. Sie ist der Meinung, daß sich in diesem Garten »der Kreis zwischen Gärten und Landschaftsmalerei schließt, weil die Pinselführung des Malers das Wesen der Steine begriff und umgekehrt Steinsetzungen im Garten an die Pinselführung des Malers erinnern«[35]. Sie prägte deshalb den Ausdruck »gemalte Gärten« für solche Gärten, die, wie der *Joei-ji,* nur in engem Zusammenhang mit der Landschaftsmalerei zu verstehen sind und die einen ähnlich hohen Grad an bstraktion von den äußeren Erscheinungsformen der Natur aufweisen.

Zur Grundidee des Gartens gehört die Überlegung, daß der Betrachter ihn aus drei verschiedenen Perspektiven anschauen sollte. Drei Stellen sind dafür im Gartengelände vorgesehen: die Veranda des Haupthauses, die in ihrer ursprünglichen Form den *kare-sansui,* den Trockenlandschaftsgarten, ins Zentrum des Bildes rückte. Leider ist die ursprüngliche Veranda nicht mehr erhalten, und die später gebaute Veranda liegt ein wenig zu hoch, so daß man den vom Gartenschöpfer beabsichtigten Effekt heute nicht mehr ganz nachvollziehen kann. Eine zweite Perspektive bietet sich dem Betrachter von einem kleinen Teepavillon in einem Bambushain im Westen des Gartens. Von hier aus rückt der Teich mit seinen Inseln, der Brücke und der Kaskade ins Zentrum des Bildes, das sich dem Betrachter bieten soll. Saito Tadakazu ist der

Der Teich vor dem Haupthaus des Joei-ji mit
Wasserlilien und Inseln im Vordergrund.
Im Hintergrund der Trockenlandschaftsgarten
direkt vor dem Haupthaus. Der Teich hat die
Form des chinesischen Ideogramms für »Herz«.

Tsuru-shima, die »Kranichinsel«, im Teich des Joei-ji-Tempelgartens. Der Garten entstand im ausgehenden fünfzehnten Jahrhundert.

Steinsetzung auf Moos und geharktem Sand.

Ansicht, daß an der Stelle des Teepavillons ursprünglich ein Turm stand, von dem aus man den Garten betrachten sollte. Er gründet seine Ansicht darauf, daß die Vorbilder des *Joei-ji,* also der Saiho-ji- und der Kinkaku-ji-Garten, beide von einem zweistöckigen Pavillon aus zu betrachten waren. Man dürfe deshalb annehmen, daß der Erbauer des *Joei-ji* einen ähnlichen Effekt für den Betrachter im Auge hatte. In der Tat kann man sich vorstellen, daß der Ausblick von einem solchen Turm sehr reizvoll wäre.

Eine dritte Perspektive eröffnet sich dem Betrachter von einem Standpunkt im Osten des *kare-sansui,* von wo aus sich der (leider nicht mehr existierende) Aussichtsturm im Wasser des Teiches spiegeln würde.[36] Die drei verschiedenen Perspektiven sind ein Beleg dafür, daß die natürlichen Formen des Gartens in raffiniertem ästhetischem Kalkül mit den rechteckigen Formen der Gebäude kontrastierten. Leider können wir dies heute nicht mehr ganz nachvollziehen, weil die meisten Gebäude nicht mehr existieren.

Der neue Prototyp des Gartens in der Muromachi-Zeit: kare-sansui, der Trockenlandschaftsgarten

Der berühmte japanische Gartenforscher Shigemori Mirei sagt, daß es insgesamt 323 kunsthistorisch bedeutende Kare-sansui-Gärten und 700 kunsthistorisch bedeutende Wassergärten in Japan gebe. Er teilt die Entwicklung des Kare-sansui-Gartens in vier große Zeitabschnitte ein. Im ersten Zeitabschnitt, also in prähistorischer Zeit, sind die Kare-sansui-Gärten gleichzusetzen mit *iwakura* oder *iwasaka,* Steingruppierungen, die im frühen Shintoismus als Göttersitz verehrt wurden. Ein Beispiel für solche Steingärten kann man im Achi-Schrein in Kurashiki betrachten. Im zweiten großen Zeitabschnitt, der die Nara-

und Heian-Zeit umfaßt, sind Trockenlandschaftsgärten sehr selten und kommen nur als integrale Bestandteile der Teichgärten dieser Zeit vor. Als Beispiel hierfür nennt Shigemori Mirei den Motsu-ji-Tempelgarten. Der dritte große Zeitabschnitt umfaßt die ganze Kamakura-Zeit, in welcher der *kare-sansui* zwar noch mit Teichgärten kombiniert vorkommt, aber nicht mehr als bloß untergeordnetes, kleineres Element aufgefaßt wird. Als Beispiel für diese Form der Koexistenz von Teichgarten und Trockengarten hebt er besonders den Saiho-ji-Tempelgarten hervor. Der letzte große Zeitabschnitt reicht nach Shigemori Mirei vom Ende der Kamakura-Zeit bis in die Moderne. Am Beginn dieser langen Phase der Geschichte japanischer Gärten finden wir zum ersten Mal einen Garten ganz im Kare-sansui-Stil angelegt. Die Wende dazu bedeutet nach Shigemori Mirei die Higashiama-Kultur in der Muromachi-Zeit.[37] Der Kare-sansui-Stil dieses letzten großen Zeitabschnitts konstituiert in meinen Augen den zweiten großen Prototyp des japanischen Gartens. Dieser Prototyp diente nicht nur den japanischen Gartenbauern bis zum heutigen Tage als Quelle ständiger Inspiration, sondern auch – und zwar in besonders hohem Maße – den ausländischen, westlichen Gartenbauern.

Shigemori Mirei hat sich eingehend mit der Geschichte des Begriffes *kare-sansui* befaßt und dabei einige interessante Ergebnisse zutage gefördert, die ich hier kurz zusammenfassen will: Der Begriff wird nachweislich zum ersten Mal im *Sakutei-ki* verwendet, wo er kleinere Trockenlandschaften innerhalb eines großen Teichgartens im Stil der Heian-Zeit bezeichnet. Zur Zeit der Abfassung des *Sakutei-ki* war der Begriff *kare-sansui* ein Terminus technicus, der nur in der Fachsprache von Gartenbauern Verwendung fand. Im Lauf der Jahrhunderte übernahm der Begriff *kare-sansui* die Bedeutung von ähnlich klingenden Wörtern, darunter das Wort *ka-sensui,* was wört-

Detail einer Steingruppe im *kare-sansui*, dem
Trockenlandschaftsgarten des Ryoan-ji-Tempels
in Kyoto.

lich »Pseudo-Berg-und-Wasser-Landschaft« bedeutet.
Ka-sensui bezeichnete zumeist einfach einen Garten, der
als »Pseudo-Landschaft«, als nachgestellte Landschaft,
verstanden wurde. Desgleichen wurde die Bedeutung
des Wortes *kare-sensui* von *kare-sansui* aufgesogen.
Wörtlich bedeutet *kare-sensui* »ausgetrocknete Berg-
und-Wasser-Landschaft«. Meist bezeichnete es Miniatur-
landschaften. Schließlich übernahm *kare-sansui* auch
noch die Bedeutung des Wortes *kara-sensui,* welches
wörtlich »Berg-und-Wasser-Landschaft im Stil der Tang-
Dynastie« bedeutet. An diesem Wort können wir erkennen, wie groß der chinesische Einfluß auf die japanische
Gartenkunst gewesen sein muß. Diese verschiedenen
Bedeutungen in sich vereinend, bezeichnet *kare-sansui*
zum Ende der Muromachi-Zeit dann den neuen Prototyp
des japanischen Gartens, den Trockenlandschaftsgarten.[38]

Ryoan-ji

Der Steingarten des Tempels *Ryoan-ji,* des »Tempels zum
friedvollen Drachen«, im Nordwesten von Kyoto ist das
reinste Beispiel eines Kare-sansui-Gartens: ohne alle
Wasserelemente, ohne eine einzige Pflanze oder einen
Baum. Der Garten liegt an der Südseite der Wohnquartiere des Hauptpriesters, des *hojo,* und ist von einer
niedrigen Mauer umgeben. Dieser Garten ist eines der
schönsten Beispiele für das, was ich als zeitloses Kennzeichen des japanischen Formgefühls ansehe: die figura-
tive Symbiose zwischen rechtem Winkel und natürlicher
Form.

Ein Holzschnitt im *Miyako meisho zue,* dem illustrierten Handbuch berühmter Sehenswürdigkeiten in Kyoto
aus dem Jahre 1780, gibt uns einen Überblick über den
gesamten Tempelbezirk: Im unteren Teil liegt ein Teichgarten im Stil der Heian-Zeit. Hier liegt auch der heutige
Haupttempel des Komplexes, *Daiju-in.* Der Garten

wurde zu Beginn des elften Jahrhunderts von Fujiwara
Saneyoshi angelegt. Im Jahre 1450 erwarb Hosokawa
Katsumoto, einer der mächtigsten Männer des Buke-
Klans aus Kyoto, das Gelände des heutigen *Daiju-in,* ließ
sich dort nieder und gründete den Zen-Tempel *Ryoan-ji*
im oberen Teil des alten Tempelbezirks. Während des
Onin-Bürgerkriegs wurde *Ryoan-ji* völlig zerstört. Nach-
dem Katsumoto im Jahre 1473 gestorben war, rekonstru-
ierte sein Sohn, Hosokawa Masamoto, den Tempel im
Jahre 1488. Wahrscheinlich fällt auch die Entstehung des
Steingartens in diese Zeit.

Wer dieses einzigartige Meisterwerk nicht nur der
japanischen Gartenkunst, sondern der Gartenkunst
überhaupt geschaffen hat, wissen wir nicht. Kürzlich hat
Karl Hennig in einer großen Studie über den Kare-sansui-
Garten fünfzehn verschiedene Theorien zusammengetragen, die gegenwärtig in der wissenschaftlichen Literatur
als Antwort auf diese Frage kursieren. Hennig schließt
mit der relativ glaubwürdigen These, daß die Schöpfer
dieses Gartens einige *Kawaramono,* Japans erste professionelle Gartenkünstler, waren. Er schließt nicht aus, daß
die *Kawaramono* mit Zen-Mönchen zusammengearbei-
tet haben. Immerhin hat man an einem der fünfzehn
Steine des Gartens eingemeißelte Signaturen von zwei
Kawaramono gefunden.[39]

Im Laufe der Jahrhunderte wurde der Garten mehr-
mals leicht verändert. Mal hat man seine Grundfläche
etwas geändert, mal die den Garten umschließenden
Mauern und Korridore umgestaltet. Vielleicht änderte
sich auch die Funktion des Gartens während dieser Zeit.
Ein Holzschnitt im *Miyako rinsen meisho zue* von 1799
jedenfalls läßt darauf deuten, daß dieser Garten früher
betreten werden durfte. Heute wäre das undenkbar.

Der Garten war ursprünglich vermutlich so konzipiert,
daß der Betrachter von der Veranda des *hojo* weit über
die Gartenmauer hinausblicken konnte. Wir haben es

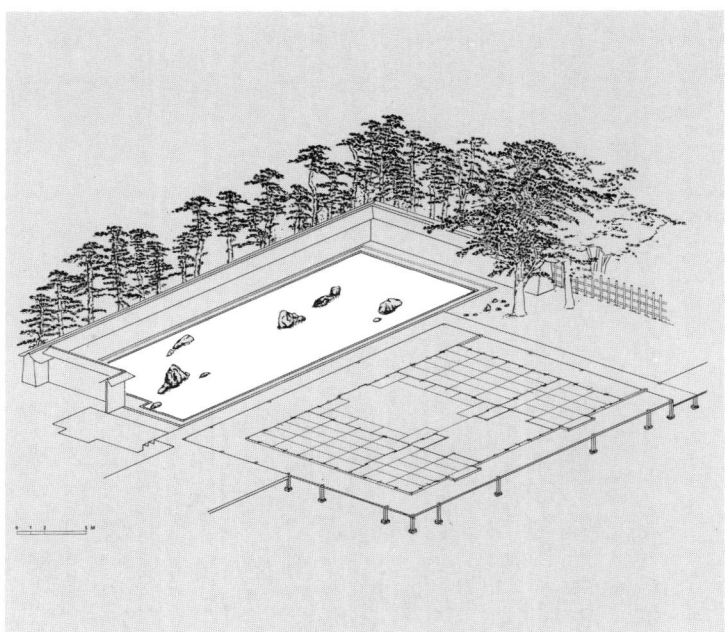

Maßstabgetreue Skizze des Wohnhauses des Hauptpriesters, hojo, und des kare-sansui an seiner Südseite. Dieser Trockenlandschaftsgarten ist berühmt für das ästhetische Kalkül, mit dem fünfzehn Steine auf seiner leeren Sandfläche verteilt sind.

auch hier wieder mit einem Beispiel des *shakkei* zu tun, mit der Kunst also, die Landschaft jenseits des Gartens in die Gesamtkomposition mit einzubeziehen. Heute läßt sich dies leider nicht mehr nachvollziehen, weil die Bäume um den Garten so dicht geworden sind, daß sie einen Blick auf die Landschaft jenseits der Mauer nicht mehr zulassen.

Die Mauer im Osten des Gartens sowie die Veranda sind relativ neu. Sie wurden vermutlich erst nach dem großen Brand im Jahre 1797 angelegt. Alten Quellen zufolge wurde der Garten nach Osten hin ursprünglich von einem seitlich offenen, bedachten Korridor abgeschlossen, der den Durchblick auf einen weiteren Garten ermöglichte.

Soviel zur Geschichte des *Ryoan-ji,* die freilich dieses einzigartige Meisterwerk nicht »erklären« kann, weil es ein Kunstwerk ist, das, wie alle große Kunst, immer wieder neu und kraftvoll auf den Betrachter wirkt.

Der Garten hat eine Grundfläche von etwa 340 Quadratmetern. Seine Neuheit und Einzigartigkeit in der Gartenkunst der Muromachi-Zeit besteht darin, daß diese Fläche vollkommen frei ist. Abgesehen von ein wenig Moos am Fuß der fünfzehn Steine, die in diese freie Sandfläche hineingesetzt sind, findet sich keine einzige Pflanze. Erst in der Edo-Zeit (siebzehntes bis neunzehntes Jahrhundert) findet sich Vergleichbares wieder. Akisato Rito, ein Gartenkünstler, der an der Rekonstruktion des *Ryoan-ji* nach dem Brand im Jahre 1797 mitgearbeitet hat, veröffentlichte damals einen Holzschnitt, der eine Art Stereotyp, eine klischeehafte Nachahmung dieses Gartens, darstellte. Darauf ist eine Sandfläche mit fünfzehn Steinen abgebildet. Wir können also annehmen, daß Gärten im Stil des *Ryoan-ji* gegen Ende des achtzehnten Jahrhunderts in Mode waren.

Beim *Ryoan-ji* sind fünfzehn Steine in die freie Fläche aus geharktem Sand in drei Gruppen von jeweils sieben,

fünf und drei Steinen gesetzt. Die verschiedenen gelehrten Interpretationsversuche dieser Steinsetzungen greifen aber meiner Ansicht nach alle zu kurz. Ob man nun versucht, diese Steinsetzungen mittels einer »geheimen Geometrie« zu erklären oder mittels der »Regeln für den Balanceakt mit ungeraden Zahlen« – das Ergebnis bleibt immer unbefriedigend. Auch die mehrfach vertretene These, der Garten von *Ryoan-ji* symbolisiere das Meer mit einigen Inseln aus der Vogelperspektive, vermag nicht wirklich zu überzeugen. Ganz zu schweigen von der These, die Steinsetzungen im *Ryoan-ji* stellten Tigerbabys dar, die durchs Meer schwimmen. Da scheint es mir denn doch schon angemessener, diesen Steingarten existentiell auf sich wirken zu lassen. Schließlich waren Zen-Mönche an seiner Schöpfung beteiligt, und die ganze Anlage wurde ja zum Zwecke der Meditation gebaut. Nähert man sich dem Garten auf diese Weise, wird man zunächst einmal feststellen, daß seine Komposition völlig flächig angelegt ist. Der Betrachter wird förmlich eingeladen, sich zur Betrachtung hinzusetzen. Das Wort »sitzen« hat übrigens im Japanischen auch die Bedeutung von »meditieren«.

Nach meiner Überzeugung, die freilich ohne Beweis bleiben muß, liegt die Lösung des Rätsels dieses Gartens in einer Technik der Zen-Meditation, bei welcher der Meditierende sich auf einen Punkt konzentriert. Kunst- und Architekturhistoriker sind aber in den seltensten Fällen auch über Meditationstechniken informiert, und so haben sie keinen Zugang zu diesem wunderbaren Schlüssel zu den Geheimnissen von *Ryoan-ji.*

Das Zen hatte immer schon den Charakter einer Wissenschaft in seinem Verhältnis zur Meditation und ist in dieser Hinsicht sehr verschieden von unserer westlichen, abendländischen Philosophie mit ihren Gedankenspielen und unserer westlichen Religion, die nur den »Glauben« kennt. Zen beginnt immer mit den Fakten.

Ryoan-ji, eines der bedeutendsten Beispiele für die Schönheit des leeren Raumes und die Kontrastwirkung von rechtem Winkel und natürlicher Form.

Daisen-in, der »große Eremitentempel« in Kyoto: Gerahmter Blick auf den Stein in Form eines Schatzschiffes und den Stein in der Form des Hiei-Berges gleich dahinter.

Und das allererste Faktum, mit dem ein Mensch zu tun hat, ist sein eigener Körper. Im Zentrum des Körpers liegt das Bewußtsein, die Sinne des Menschen liegen an seiner Peripherie. Mit ihnen kann der körperliche Mensch Daten über Gegenstände der Außenwelt ins Zentrum, das Bewußtsein, vermitteln. Meditationstechniken dienen dazu, die Energie des Menschen, die eigentlich nach außen, auf die Gegenstände der Welt gerichtet ist, nach innen, ins Zentrum, ins Bewußtsein zu lenken. Beim Ryoan-ji sind die Gegenstände – also die Steine – derart perfekt im Raum – also auf der freien Sandfläche – angeordnet, daß für den meditierenden Betrachter allmählich die Umrisse verfließen, und er nimmt schließlich Steine und Sand als eine große Einheit wahr. Auf diese Art kehrt sich der Energiefluß von innen nach außen um, und der Betrachter wird auf sich selbst, auf sein eigenes Bewußtsein zurückverwiesen. Diese Erfahrung der unmittelbaren Rückverwiesenheit auf das eigene Bewußtsein nennt man die Erfahrung des »Nichts«, der »Leere«, des »urteilslosen Bewußt-seins«, der »Selbst-losigkeit«, um nur einige Begriffe zu nennen, mit denen man diese Erfahrung zu beschreiben versucht hat. Man kann einer solchen Erfahrung nicht mit philosophischen Begriffen beikommen, weil sie sich der Logik entzieht, weil sie existentielle Erfahrung des Individuums ist. »Das Bewußtsein ist auf sich selbst zurückgeworfen; der Kreis hat sich geschlossen. Du bist heimgekehrt.«[40]

Ich muß wohl nicht ausdrücklich betonen, daß die leere Sandfläche vor einem buddhistischen Tempel oder die weiße Papierfläche eines Zen-Gemäldes uns ohne unser eigenes Zutun natürlich nicht zu einer solchen Erfahrung verhelfen können. Umgekehrt gilt aber auch, daß ohne das Hilfsmittel des raffiniert kalkulierten Zueinanders von Objekt und Raum, von Form und »Nicht-Form«, uns diese Erfahrung ebenfalls nicht zuteil wird. Vielleicht liegt der tiefste Sinn von Gartenkunst und

Architektur darin, uns die Bedingung der Möglichkeit dieser Erfahrung zu bieten. Der Garten des Ryoan-ji symbolisiert nichts, oder, um der Gefahr des Mißverständnisses vorzubeugen: Der Garten des Ryoan-ji symbolisiert nicht. Er steht auch nicht abbildhaft für eine in der wirklichen oder mythischen Welt vorfindbare Naturschönheit. Ich halte ihn für eine abstrakte Komposition »natürlicher« Objekte im Raum, die den Zweck hat, die Meditation anzuregen. Er gehört in den Bereich einer existentiellen Kunst der Leere und des Nichts.

Daisen-in

Daisen-in, der »große Eremitentempel«, ist ein Subtempel des Daitoku-ji, des größten und bedeutendsten Tempelkomplexes des Zen-Buddhismus in Japan. Der Daitoku-ji liegt im Norden Kyotos, gehört der buddhistischen Rinzai-Sekte und wurde im Jahre 1326 unter dem Zen-Meister Daito Kokushi, einem Zeitgenossen des schon erwähnten Muso Kokushi, gegründet. Der Daisen-in, von dem wir hier im besonderen handeln wollen, wurde im Jahre 1509 von Kogaku Shuko auf dem Gelände des Daitoku-ji gegründet. Wahrscheinlich wurden Garten und Haupthalle des Daisen-in im Jahre 1513 vollendet.

Karl Hennig hat eine Studie zum Daisen-in vorgelegt, die sich eingehend mit der Frage nach dem Schöpfer oder den Schöpfern dieses Gartens beschäftigt. Seine Analyse legt den Schluß nahe, daß die frühesten Gartensegmente von Kogaku Shuko selbst angelegt worden sein müssen. Möglicherweise waren einige Kawaramono, professionelle Gartenkünstler, sowie der berühmte Maler Soami am Entwurf für diesen Garten beteiligt. Von Soami jedenfalls stammen einige der kunsthistorisch bedeutenden monochromen »chinesischen« Landschaften auf den Schiebetüren der Haupthalle.

Die Haupthalle, der *hondo,* ist auf allen vier Seiten von Gärten umgeben. Die Halle selbst ist um eine in nord-südlicher Richtung verlaufende Achse konzipiert, die das Gebäude mittig in zwei Reihen von je drei Räumen teilt. Die Raumaufteilung des *hondo* ist kennzeichnend für den frühen Shoin-Stil der Muromachi-Zeit.

Das ästhetische Kalkül des Gartens verlangt vom Betrachter, daß er seine Augen wie in einer Lese-bewegung von Nordosten nach Südwesten über den Garten wandern läßt. In dieser Richtung verläuft auch der trockene »Wasserlauf«, der somit immer noch, ob bewußt oder unbewußt, nach den geomantischen Prinzipien der Heian-Zeit angelegt ist. Dieser Garten ist unübertroffen in der beeindruckenden Kraft seiner Schlichtheit. Aber im Gegensatz zum Garten des *Ryoan-ji* weist er eine klare symbolische Bedeutung auf. Verein-fachend kann man sagen, daß es sich hier um einen Trockenlandschaftsgarten handelt, der mehrere hoch abstrakte Landschaften auf sehr engem Raum in eine durchdachte Sequenz bringt. Der berühmte, L-förmige Nordostgarten ist eine Abbildung des mythischen Horai-Berges und seiner Flüsse. Der Horai-Berg wird durch beschnittene Kamelienbäumchen symbolisiert. Ein durch weißen Kies angedeuteter Wasserlauf »entspringt« am Horai-Berg, »fließt« über eine »Stromschnelle« und spaltet sich in zwei zunehmend breiter werdende »Wasserläufe«, von denen einer sich an zwei Schild-kröteninseln vorbei nach Westen windet, bis er schließ-lich in den Nordgarten geführt wird. Der Nordgarten, *Chukai* genannt, ist eine freie Kiesfläche, die das Meer symbolisiert. Den *Chukai* im Nordosten kann man wegen seiner geringen Ausbreitung und seiner Begren-zung durch Architekturelemente auch als Binnengarten bezeichnen. In ihm findet sich eine der schönsten triadi-schen Steinsetzungen Japans.

Der andere Teil des gespaltenen »Wasserlaufs« »fließt« über Steine und einen Damm hinweg, um schließlich in den großen Garten an der Südseite des *hondo* zu »münden«. In der südwestlichen Ecke dieser leeren, weißen Kiesfläche steht ein einziger Bodhi-Baum, ein Feigenbaum, unter dem buddhistischer Überlieferung zufolge Gautama Buddha die Erleuchtung erfuhr. Dieser Baum gibt uns einen Hinweis für ein tieferes Verständnis des Gartens.

Hier wird symbolisch das Leben des Menschen dar-gestellt. Es nimmt seinen Lauf von den Gipfeln der Unsterblichen, schäumt über an den Stromschnellen der Jugend und fließt ruhig über die Steine und Dämme der Reife und des Alters hinweg. Ich will hier nur einige der symbolischen Steine nennen, die sich dem Fluß des Lebens in den Weg stellen: Da ist einmal ein Stein in der Form eines Schatzschiffes gleich neben einem kleinen Schildkrötenstein. Die beiden Steine muß man zusammen betrachten: Das Schatzschiff symbolisiert die zunehmen-de Erfahrung des erwachsenen Menschen, die Schild-kröte, die gegen den Strom schwimmt, symbolisiert dessen vergebliche Versuche, in die Jugend zurückzu-kehren. Der Fluß des Lebens endet in der Erfahrung der Leere, durch die große, weiße Kiesfläche im Südgarten symbolisiert. Die allerletzten Hürden, die der Fluß des Lebens zu überwinden hat, symbolisieren nicht mehr Steine, sondern zwei konische Berge aus Kies. Diese Hürden sind viel nachgiebiger als die Steine des Lebens.

Der Garten eröffnet noch tiefere esoterische Interpre-tationsmöglichkeiten, die sich allerdings nur dem Zen-Kundigen erschließen. Der Zen-Kundige versteht die Steine als verschiedene Schwierigkeiten, denen er bei der Lösung des zeitlos-menschlichen *koan* »Wer bin ich?« – der einzigen wichtigen Frage – begegnet. (Ein *koan* ist eine Frage oder Formulierung, über die ein Zen-Mönch so lange meditiert, bis ihm dessen Sinn existentiell aufgeht; Anm. des Übersetzers.)

Die symbolische Bedeutung der einzelnen
Steine im Daisen-in

*1. Kleine Schildkröteninsel. 2. Stein mit Buddhas
Fußabdruck. 3. Stein der Erfahrung. 4. Schildkröteninsel. 5. Kopf der Schildkröte. 6. Zazen-
Stein. 7. Sattelstein. 8. Unverrückbarer Stein.
9. Kannon-Stein. 10. Der Horai-Berg, der durch
beschnittene Büsche symbolisiert wird. 11. Wasserfall. 12. Priesterstein. 13. Aloeholzstein.
14. Gischt der Stromschnelle. 15. Trompeten-
muschelstein. 16. Kranichinsel. 17. Dharma-
Stein. 18. Stein des leuchtenden Spiegels.
19. Eremitenstein. 20. Tigerstein. 21. Stein des
Wassertrolls. 22. Stein, der den Kopf eines
Drachen repräsentiert. 23. Stein für die Alten.
24. Stein der weißen Wolke. 25. Damm.
26. Schildkrötenstein. 27. Stein in der Form
eines Schatzschiffes. 28. Stein in der Form des
Hiei-Berges. 29. Stein in der Form einer Perle.
30. Stein in der Form einer schlafenden Kuh
(nach einem Handzettel, der am Daisen-in
ausgegeben wird).*

Kunstgeschichtlich betrachtet, liegt die Einzigartigkeit dieses Gartens darin, daß er zum ersten Mal die Themen des ursprünglich chinesischen Horai-Mythos mit der Schlichtheit eines Trockenlandschaftsgartens verbindet. Darüber hinaus ist der Garten wohl auch einzigartig insofern, als er eine große Zahl von Steinen verschiedener Größe, Form, Farbe und Beschaffenheit auf engstem Raum zusammenzwingt. Wie schon zuvor stehen die natürlichen Formen des Gartens in Zusammenhang mit dem rechtwinkligen Rahmen der Tempelgebäude und Gartenmauern. Eine Besonderheit des Zusammenklangs von Architektur und Natur ist aber darin zu sehen, daß im *Daisen-in* wie wohl nirgends sonst ein so enges Nebeneinander von gemalter Landschaft und »gebauter« Gartenlandschaft besteht. Im *Ryoan-ji* betrachtet man einen Garten, der wie ein Gemälde aufgebaut ist, im

Daisen-in hingegen ist man völlig von einem teils »gebauten«, teils gemalten Garten umgeben.

Shinju-an

Shinju-an, die »Perlen-Einsiedelei«, befindet sich genau östlich vom *Daisen-in* als ein weiterer Untertempel im Innern des *Daitoku-ji*-Zen-Tempel in Kyoto. Unter diesem Namen wurde der Tempel im Jahr 1491 gegründet. Nach einer gewissenhaften Prüfung verschiedener Theorien japanischer Wissenschaftler zur Urheberschaft dieses Gartens folgert K. Hennig, daß der Garten am wahrscheinlichsten von dem Dichter Socho zu Beginn des 16. Jahrhunderts angelegt wurde[41]. Eine andere Theorie verbindet den Tee-Meister Murata Juko (1423–1502) mit der Gestaltung. Und dieser ist bekannt für seine enge

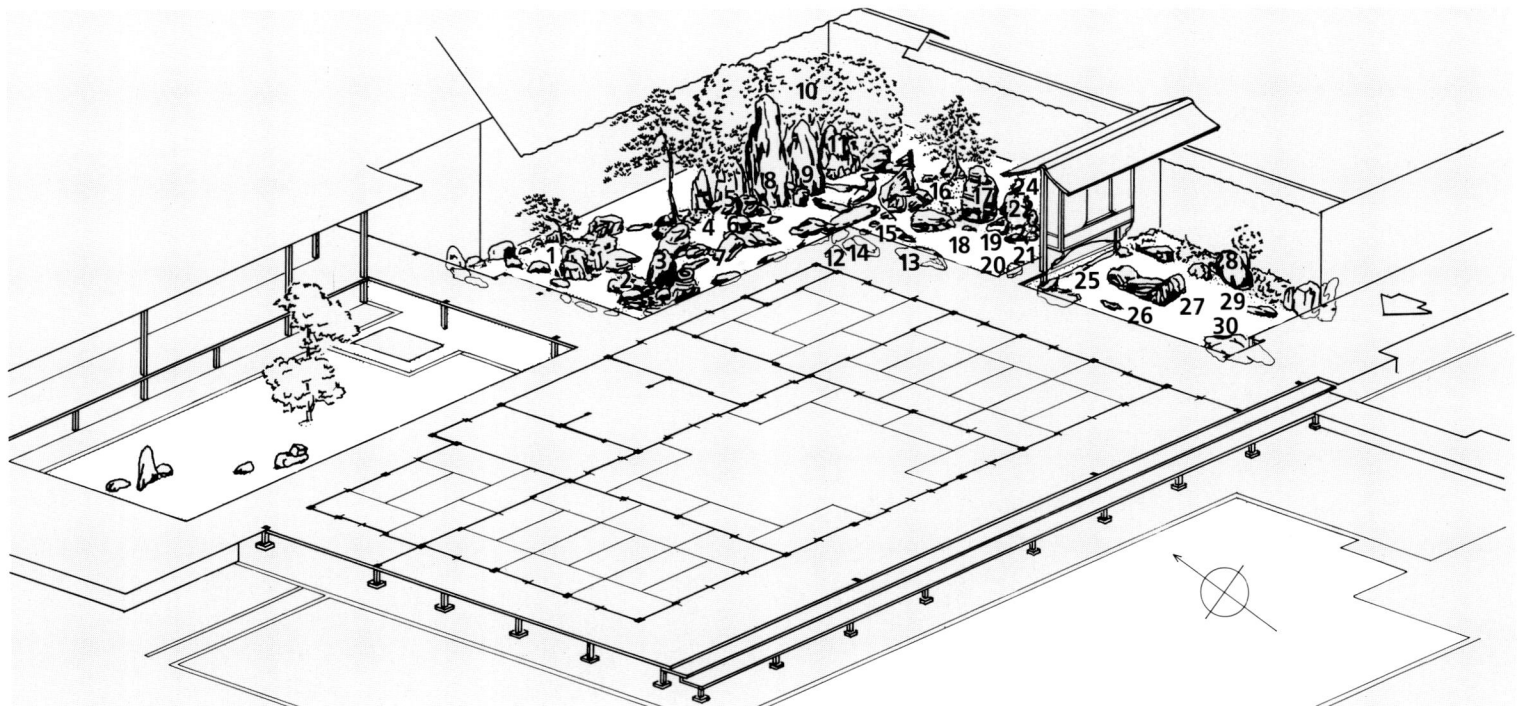

Beziehung zu Ikkyo Osho (1394–1481), einem erleuchteten Meister und vielleicht der herausragenden Kulturpersönlichkeit dieser Zeit.

Der Garten östlich der Priesterquartiere ist ein *kare-sansui*-Garten in schmaler Form. Er ist bedeckt mit Moos, nicht mit Sand, und umzäunt von einer Hecke, nicht von einer Mauer wie der *Ryoan-ji*. Das zahlenmäßige und formale Arrangement von 15 eher kleinen Steinen in einer leicht gekrümmten Anordnung im Verhältnis 7:5:3 ist ähnlich wie im Garten des *Ryoan-ji*. Der Garten folgt jedoch nicht der Tradition des zum *hojo* gehörenden Südgartens, er ähnelt eher dem schmalen Ostgarten des *Daisen-in*. Es ist überliefert, daß man ursprünglich über die Hecke den Berg Hiei sehen konnte, dessen Silhouette dann Teil des Gartenerlebnisses war.

Anders als der *Ryoan–ji* und der *Daisen-in* wird der *Shinju-an* hier vorgestellt, weil dieser Garten in seinem Charakter so einfach und unscheinbar ist, daß viele hier nicht einmal einen Garten vermuten würden, würde man sie nicht darauf hinweisen. Ich muß wiederum denjenigen widersprechen, die den Garten als Inseln, die im Meer schwimmen, interpretieren. Für mich stellt er eine hoch abstrakte, rhythmische Komposition von Natursteinen in einem vorhandenen rechteckigen Raum dar. Allein dies ist eine Freude für unseren Sinn für Schönheit. Wie Noten auf einer Partitur empfindet man die Steine gegen die rechteckig beschnittene Hecke, optisch eingerahmt von den Säulen und Dachvorsprüngen des *shoin*. Die Anordnung der Steine im Verhältnis 7:5:3, einer Möglichkeit, eine ungerade Zahl harmonisch aufzuteilen, kann man seit der Muromachi-Zeit in Gärten finden. Erklärt man diese Aufteilung bloß als Import kosmologischer Spekulationen der chinesischen Song-Zeit, nach Japan eingeführt von Zen-Priestern, wird man der Rolle nicht gerecht, die die 5 und 7 als metrisches Maß in der japanischen Poetik von frühester Zeit an gespielt haben.

Das Verhältnis der Muromachi-Zeit zu Natur und Gartenkunst

Thematische, architekturstilistische und personelle Veränderungen

Ich habe drei verschiedene Ausformungen des neuen Prototyps der Gartenkunst in der Muromachi-Zeit ausgewählt. Sie sollen die Besonderheit des in der Muromachi-Zeit sich ausprägenden Kare-sansui-Gartens verdeutlichen. *Ryoan-ji* ist ein abstrakter Steingarten an der Südseite der Wohngebäude des Hauptpriesters. *Daisen-in* ist ein symbolisch zu deutender Steingarten mit einigen wenigen Pflanzen, der die gesamte Haupthalle des Tempels umschließt, und *Shinju-an* ist ein kleiner mit Moosen bewachsener Steingarten östlich der Wohnquartiere des Hauptpriesters. Die Gärten der Muromachi-Zeit sind, verglichen mit denen der Heian-Zeit, recht klein. Es läßt sich ferner erkennen, daß die Gartenkunst in ihnen wesentliche Neuerungen thematischer und architektonischer Natur erfährt. Klar ist auch, daß die Gartengestaltung in die Hände von Zen-Mönchen und professionellen Gartenkünstlern, den *Kawaramono*, übergeht.

Wir werden im weiteren von folgenden drei Veränderungen kurz handeln: von der Bedeutung der Landschaftsmalerei für die Themen der Gartenkunst, von *Sensui kawaramono* und vom Shoin-Stil der Architektur.

Die Bedeutung der Landschaftsmalerei

Mit dem Maler Sesshu fand die japanische Malerei ihre Eigenständigkeit von der so lange vorbildhaften chinesischen Malerei, indem sie sich die chinesischen Vorbilder durch Interpretation so zu eigen machte, daß aus dem ursprünglich epigonalen Nachahmen allmählich etwas

Der Tenryu-ji-Garten ist vermutlich der erste
Garten in der Geschichte der japanischen
Gartenkunst, der außerhalb des Gartens
liegende Landschaftselemente bewußt in seine
Komposition mit einbezieht. Diese Technik ist
als Shakkei-Technik bekannt.

Eigenständiges sich entwickelte. Sesshu selbst, um 1420
geboren, ging allerdings zu seinen Lebzeiten noch nach
China, um sich in der Kunst der chinesischen Tuschezeichnung weiter zu vervollkommnen. Die Kunst der
chinesischen Song- und Yuan-Dynastien war ursprünglich von chinesischen Zen-Mönchen nach Japan importiert worden, die sich seit der Mitte des dreizehnten
Jahrhunderts in verschiedenen Zen-Tempeln in Kamakura
ansiedelten.

Der Kunsthistoriker Tanaka Ichimatsu erwähnt einen
ersten »Katalog der Schätze des Butsunichi-an«, der von
Mönchen des Subtempels *Engaku-ji* in Kamakura zusammengestellt worden war, und schließt: »Den Gemälden
im Stil der Song-Dynastie nach zu urteilen, die in diesem
Katalog abgebildet sind, darf man annehmen, daß die
chinesische Kunst schon zu dieser Zeit einen gewissen
Einfluß auf Japan hatte.«[42] Zunächst hatte diese Malerei
wohl noch devotionale Funktion; es handelte sich um
Porträts berühmter Zen-Mönche oder Buddha-Figuren,
die man vor einer Landschaft darstellte.

Erst unter den Ashikaga-Shogunen in der Mitte des
fünfzehnten Jahrhunderts wurde eine unabhängige
ga-in, eine Art Kunstakademie, gegründet, deren
Mitglieder oft als Mönche und Maler im *Shokoku-ji-*
lebten. (Der *Shokoku-ji* zählt zu den fünf wichtigsten
Zen-Tempeln in Kyoto.) Den ersten drei Vorstehern dieser
Akademie, Josetsu, Shubun und Sotan, war es relativ
schnell gelungen, einen eigenständigen Stil der japanischen Tuschezeichnung durchzusetzen, der bald überall
im Lande als *der* Stil schlechthin galt.

Die Bedeutung Sesshus liegt nun darin, daß er diesen
etwas akademischen Stil der Tuschezeichnung auflockerte.
Er war in jungen Jahren als Mönch in den *Shokoku-ji*
eingetreten und hatte bei dieser sonderlichen Mischung
aus Zen-Schule und Kunstakademie auch viel gelernt,
brach aber als etwa Vierzigjähriger mit dieser für die

Malerei der Muromachi-Zeit zentralen Institution und lebte als wandernder Zen-Mönch und Maler. Sesshus Ausbruch aus der geradezu geheiligten Tradition chinesischer Landschaftsmalerei steht symbolisch für die heraufdämmernde Unabhängigkeit Japans von seinen chinesischen Vorbildern. Tanaka Ichimatsu urteilt folgendermaßen über die Bedeutung von Sesshus Werk: »Sesshu bildete die Vorhut auf dem langen Weg in die künstlerische Unabhängigkeit Japans, als er mit den Traditionen des *Shokoku-ji* brach, seine Bilder ihrer religiösen Bedeutungen entkleidete und sich mit ihnen in die Sphäre der reinen Ästhetik zurückzog.«[43] Vielleicht hätte er besser sagen sollen: »In die Sphäre des rein Natürlichen«, denn die Natur selbst wird zu Sesshus großem, religiös aufgefaßtem Thema. Sie dient in seinem Werk nicht mehr nur als Hintergrund für fromme Porträts großer buddhistischer Heiliger, wird auch nicht mehr nur in buddhistischen Paradiesvorstellungen idealisiert, sondern gewinnt ihre eigene religiöse Bedeutung. In seiner Auffassung der Natur läßt sich deutlich der Einfluß des Zen auf sein Werk herausspüren: Er akzeptiert, ganz im Sinne des Zen, die Natur als »religiöse« Ikonographie. Man fühlt sich an die Worte des Zen-Mönchs Dogen (1200–1253) erinnert, der gesagt haben soll, daß »die Musik des Tales und die Farbe der Berge die Zunge und der Körper des Buddha« seien.[44] Der Zen-Mönch und Maler Hakuin spricht in ähnlicher, von keinem Dualismus geprägter Weise, wenn er sagt: »Hier ist das Lotus-Paradies, dieser mein Körper ist der Körper des Buddha.« Der Geist solcher Aussagen ist weit entfernt von dem der Heian-Zeit, die in ihrem Denken diesem irdischen Jammertal ein jenseitiges Paradies entgegenstellt. Für den vom Zen geprägten Geist der Muromachi-Zeit hingegen bilden das Heilige und das Profane, der Geist und die Materie, der Buddha und der gewöhnliche Sterbliche, eine Einheit.

Es ist interessant, festzuhalten, daß Sesshu das *zazen* praktiziert, also das Malen und den Gartenbau als eine Art Meditationsübung versteht. Er wird als Schöpfer verschiedener Gärten im Westen Japans genannt, obwohl darüber keine völlige Sicherheit besteht. Wir haben über seine Malerei gesagt, daß sie gewissermaßen eine religiöse Übung für ihn darstellte. Es ist deshalb anzunehmen, daß er den Gartenbau im selben Geiste betrieb.

Schließlich möchte ich noch Sesshus Vorliebe für eine Pinselführung erwähnen, die man als Spritztechnik bezeichnen könnte. Sesshu hat diese Technik in China gelernt. Es ist möglich, daß er für seine Gärten solche Steine auswählte, deren Beschaffenheit ein ähnliches Ergebnis hervorbrachte wie seine Maltechnik.

Wie bereits gesagt, sind die Gärten der Muromachi-Zeit nicht länger als szenische Abbilder der Natur zu verstehen wie noch in der Heian-Zeit. Sie stehen eher in enger Beziehung zu einer aus den religiösen Praktiken des Zen entstandenen Malerei. So ist nicht weiter verwunderlich, daß ihr ästhetisches Kalkül dem der Malerei ähnelt. Die Gärten der Muromachi-Zeit werden nicht angelegt, damit der Mensch sie zu Fuß oder bei einer Bootspartie »er-fahre«, vielmehr sind sie auf einen Betrachter hin entworfen, der sie von einem festen Punkt aus »er-lebt«. Sogar die frühen Teichgärten der Muromachi-Zeit eignen sich, im Gegensatz zu den Teichgärten der Heian-Zeit, besonders zur Betrachtung von einem festen Punkt aus. Die späten Gärten verfügen oft nur noch über einen »trockenen« Teich oder »Wasserlauf« und dürfen meist gar nicht betreten werden.

So ist der Muromachi-Garten eigentlich dreifach von der Natur entfernt. Erstens, weil er wie ein Landschaftsgemälde »konstruiert« ist, zweitens, weil er dazu angelegt ist, aus der Entfernung betrachtet zu werden, und drittens, weil er sich zusehends der monochromatischen Sehweise der chinesischen Landschaftsmalerei angleicht.

Die Bedeutung der Ishitateso und Kawaramono

Wer waren die Menschen, die die Gärten der Kamakura- und Muromachi-Zeit schufen? In der Heian-Zeit wurden sie ja meist von ihren Besitzern, also Leuten aus der Adelsschicht, angelegt. Tachibana Toshitsuna, der Autor des *Sakutei-ki,* ist ein gutes Beispiel für die Haltung der Adligen der Heian-Zeit, die die Gartenkunst als eine Art eleganten Zeitvertreib betrachteten. Das *Sakutei-ki* selbst enthält eine Bemerkung, die uns dies verdeutlichen kann: »Als die Gebäude des *Kaya-in* wieder instand gesetzt waren, verschwanden alle, die bei der Gartenanlage helfen sollten. Sogar diejenigen, die zufällig eingeladen waren und denen man die Arbeit hätte zutrauen können, gefielen dem Herrn des *Kaya-in* nicht. Also verrichtete Fujiwara Yorimichi die Arbeit ganz allein.«

Um diese etwas rätselhafte Passage zu erklären, muß man zwei Dinge vermuten: daß der Adlige Fujiwara Yorimichi seinen Garten selbst entworfen hat und daß es schon zur Heian-Zeit einen Berufsstand von Gartenbauern gab, deren Dienste man gegen Entgelt in Anspruch nehmen konnte. Wer waren diese Leute?

Um diese Frage zu beantworten, muß ich etwas weiter ausholen. Während der Kamakura-Zeit sind es nicht mehr die Aristokraten selbst, die die Gartenanlagen entwerfen. Wir wissen zum Beispiel, daß das *Sansui narabini yakei-zu,* ein wichtiges Handbuch der Gartenkunst der Kamakura-Zeit aus dem Jahre 1466, im *Shin-ren-in,* einem Subtempel des *Ninna-ji* in Kyoto, entstanden ist. Der *Ninna-ji* aber war ein Zentrum der sogenannten *Ishitateso,* im Gartenbau engagierter Mönche der Shingon-Sekte des Buddhismus, die es zu einer gewissen Professionalität in der Gartenkunst gebracht hatten. Die *Ishitateso* hatten viele Gärten dieser Zeit geschaffen; daher ist es nicht verwunderlich, daß sie die Geheimnisse der Gartenkunst in einem Buch tradierten.

Im Laufe der Jahre nahm dieses halbprofessionelle Interesse an Gärten so zu, daß die Gartenkunst in der Muromachi-Zeit eine Domäne besonders der Zen-Mönche wurde. Dabei spielte gewiß auch eine Rolle, daß die herrschende Samurai-Schicht das Zen förderte, wo sie nur konnte. Insbesondere der Zen-Mönch Muso Kokushi machte sich als Gartenbauer einen Namen. *Saiho-ji* und *Tenryu-ji,* zwei der berühmtesten Gärten aus dieser Zeit, wurden vermutlich von ihm geschaffen. Gelegentlich ehren japanische Kunsthistoriker ihn sogar mit der Vermutung, er sei der Erfinder des Trockenlandschaftsgartens dieser Zeit.

An der Schaffung der japanischen Gärten waren aber nicht nur der Adel, Zen-Mönche und Zen-Maler, die alle aus den privilegierten Klassen Japans kamen, beteiligt, sondern auch Menschen, die am ganz anderen Ende der Skala gesellschaftlicher Wertschätzung standen: die *Kawaramono,* also wörtlich die »Leute vom Flußufer«. Mit diesem Wort bezeichnete man die Menschen, die entlang der Flußufer ein karges Dasein fristeten. Gesellschaftlich hatten sie beinahe den Status von Ausgestoßenen, von Asozialen. Geduldet wurden sie auf dem schmalen Landstreifen entlang der Flußufer nur, weil niemand darauf Besitzansprüche erhob. Dort lebten sie entweder von niedrigsten Knechtarbeiten oder von Arbeiten, die aus meist religiösen Gründen als unfein angesehen wurden, zum Beispiel vom Schlachten von Tieren.

Anfänglich wurden diese *Kawaramono* auch zu den schweren Gartenarbeiten, vor allem zu Erdarbeiten herangezogen — meist als Zwangsarbeiter. Ebenfalls ließ man sie in der ganzen Gegend um Kyoto nach Steinen und Bäumen suchen, um diese in den Gärten zu verwenden. Mit der Zeit müssen die *Kawaramono* bei dieser Arbeit einen so reichen Erfahrungsschatz im Anlegen von Gärten erworben haben, daß die Ashikaga-Shogune sie

wegen ihrer Fertigkeiten bewunderten und diese so ein
höheres gesellschaftliches Ansehen genossen. Einer der
bedeutendsten unter den *Sensui Kawaramono,* den zu
Gartenkünstlern aufgestiegenen »Leuten vom Flußufer«,
war ein Mann namens Zenami. Am Suffix »-ami« können wir erkennen, daß Zenami zur buddhistischen Jishu-
Sekte gehörte, deren Gründer Ippen Shonin eine besondere Anziehungskraft auf das »einfache Volk« ausgeübt
hatte, als er die Sekte im dreizehnten Jahrhundert gründete. Zenami wird allgemein für den Schöpfer von Yoshimasas *Ginkaku-ji* gehalten, der palastartigen Villa in den
östlichen Bergen. Er starb im Jahre 1482, über neunzig-
jährig, als ein von den Shogunen wegen seiner einzigartigen gartenbaulichen Fertigkeiten umworbener Mann.

Karl Hennig hat vermutlich recht, wenn er sagt, daß
der neue Prototyp des Trockenlandschaftsgartens der
Muromachi-Zeit während der Lebens- und Schaffenszeit
von Zenami, also zwischen 1433 und 1471, »erfunden«
wurde.[45] Ob allerdings dieser Gartentyp das geistige
Produkt der *Kawaramono,* der Zen-Mönche oder der
Shogune selbst war, ist bis heute nicht geklärt.

Die Bedeutung des shoin-zukuri und des Hojo-Gartens

Während der Kamakura- und der Muromachi-Zeit ging
die politische Macht in Japan auf die Klasse der Samurai
genannten Krieger über. Sie stellten die Shogune, die die
Macht im Lande innehatten. So standen denn auch nicht
mehr der Kaiser- und die Adelspaläste im Zentrum des
kulturellen Lebens in Japan, sondern die der Samurai und
die von ihnen geförderten Zen-Tempel. Entsprechend
veränderte sich die Funktion und Form des Gartens in
dieser Zeit. Der Prozeß dieser Veränderung währte lang,
war überaus kompliziert und dauerte bis weit in die
Muromachi-Zeit. Die *shinden-zukuri* genannte Palast-
und Gartenarchitektur der Heian-Zeit wurde nur langsam
zur *shoin-zukuri,* der Palastarchitektur der Samurai und
Zen-Priester.

Die Japaner kopierten während der Kamakura- und
der Muromachi-Zeit die chinesische Zen-Philosophie und
die von ihr inspirierte chinesische Architektur. Bei zwei
frühen Tempeln der Rinzai-Zen-Sekte, dem *Daitoku-ji*
und dem *Myoshin-ji* in Kyoto, ist zu beobachten, wie die
chinesischen Vorbilder allmählich der japanischen
Mentalität anverwandelt wurden. Beide Tempel wurden
in der Muromachi-Zeit gegründet und sind in ihrer
Gesamtanlage klar an chinesischen Vorbildern orientiert.
Der streng entlang einer Achse gegliederte Gebäudekomplex im Zentrum des Tempelbezirks (Eingangstor,
Lotos-Teich, Haupttor, Vorlesungshalle, Buddha-Halle,
Badehaus und Abort) wird von einer Anzahl weniger
streng gegliederter, beinahe labyrinthischer Subtempel
umgeben. Die Wohnquartiere des Hauptpriesters liegen
im Norden des zentralen Tempelkomplexes. Die umliegenden Subtempel wurden von herausragenden Mönchen gegründet und besaßen in Japan eine recht große,
nicht nur ökonomische Autonomie vom Haupttempel.
Sie waren überdies durch hohe Mauern vom Rest des
Tempelkomplexes und gegeneinander abgetrennt.
In diesen Merkmalen erkennt man den spezifisch japanischen Charakter der Zen-Tempel der Muromachi-Zeit.
In den kleinen Binnenhöfen zwischen den unsystema-
tisch angegliederten einzelnen Subtempeln sowie vor
dem Wohngebäude des Hauptpriesters, *hojo,* und vor
der Gasthalle, *kyakuden,* liegt der eigentliche architektonische Ort des Gartens der Muromachi-Zeit.

Wichtig für die Herausbildung des für die Muromachi-
Zeit charakteristischen Shoin-zukuri-Architekturstils war
das *kaisho,* ein Gebäude, das die inzwischen mächtig
gewordene Schicht der Samurai für Feste oder andere
Zusammenkünfte nutzte. Das *kaisho* hatte sich schon in
der noch vom Shinden-zukuri-Stil der Heian-Zeit gepräg-

111

Joza no ma, der größte Raum im Gästehaus des Kojo-in, einem klassischen Beispiel der Shoin-Architektur. Ein etwas erhöhter Alkoven ragt in den Garten hinein. Hier befinden sich auch tokonoma und tsuke-shoin, der Holz-schreibtisch, von dem aus man einen Blick auf den Garten hat. Das polychrome Gemälde auf Goldgrund im tokonoma stellt einen Garten-bach mit Wasserfall dar. Das Bild ist so gemalt, daß es aussieht, als flösse der Gartenbach nach draußen in den Garten. Shoin und Garten sind also völlig integriert.

ten Kamakura-Zeit herausgebildet. Dort feierte man Bankette oder traf sich zur Teezeremonie, um Verse vorzutragen oder sich in der Kunst des Blumensteckens zu üben. Anfänglich stand das *kaisho* typischerweise an der Nordseite des *shinden,* also im verschwiegensten Teil der Palastanlagen.

Die beiden größten Autoritäten auf dem Gebiet der Shoin-Architektur, Itoh Teiji und Hashimoto Fumio, sind übereinstimmend der Auffassung, daß die Veränderungen in der Palastarchitektur, die das *kaisho* mit sich brachte, »ein wichtiger Faktor für die Veränderungen des Baustils waren, die schließlich zur Formalisierung des Shoin-zukuri-Stiles im sechzehnten Jahrhundert führten«[46].

Im folgenden eine Liste der charakteristischen Eigenarten des Shoin-zukuri-Stiles, die, besonders zu Beginn der Muromachi-Zeit, nicht unbedingt *alle* an einem Bauwerk zu erkennen sind:

Tsuke-shoin, ein in eine Nische eingebauter niedriger Holztisch, der zum Schreiben und Lesen benutzt wurde und der dem ganzen Stil seinen Namen gab.

Tokonoma, eine Ziernische, in die man Blumenarrangements oder kleinere dekorative Gegenstände plazierte. Besonders beliebt waren die aus China importierten Gemälde auf Längsrollen.

Chigaedana, Regale, in denen man Bücher und wertvolle Utensilien für die Teezeremonie aufbewahrte. Beides wurde damals meist aus China importiert.

Chodaigamae, bemalte Schiebetüren, die dem Hausherrn bequemen Zutritt zum *shoin* verschafften.

Andere wichtige Elemente der Shoin-zukuri-Architektur waren die verschiebbaren Trennwände. Innenwände heißen *fusuma* und sind häufig bemalt. Die Wände, die das Hausinnere vom Garten abtrennen, heißen *shoji* und sind meist lichtdurchlässig. Da man diese Wände einfach zur Seite schieben konnte, war es möglich, den Garten

durch die aufgeschobene Wand wie durch einen Rahmen zu betrachten. Der Garten wurde gewissermaßen zu einem gerahmten Teil der Shoin-Architektur. Dies ist ein Charakteristikum der Häuser von Samurai und Zen-Mönchen.

Die Bedeutung ästhetischer Ideale der Muromachi-Zeit für die Gartengestaltung: monomane – yugen – yohaku no bi

Für den berühmten Gartenspezialisten Shigemori Mirei reflektiert der Kare-sansui-Garten folgende für die Muromachi-Zeit charakteristische ästhetische Ideale: *yugen,* eine zugleich tiefe und elegante Schlichtheit, die mit einem vielschichtigen Symbolismus einhergeht, und *yohaku no bi,* die Schönheit der leeren Fläche.[47]

Für Hisamatsu Shinichi, einen Gelehrten, der sich besonders mit Fragen der Ästhetik beschäftigt, ist die Gartenkunst nur eine von mehreren Künsten, die vom Zen-Buddhismus inspiriert sind. Alle diese Künste, sagt Hisamatsu, weisen dieselben Charakteristika auf. Ich finde, daß die von ihm aufgestellten, mittlerweile zu Berühmtheit gelangten »sieben Charakteristika« es wert sind, ein wenig bedacht zu werden. Sie heißen:

Asymmetrie
Schlichtheit
karge Erhabenheit oder erhabene Trockenheit
Natürlichkeit
raffinierte Tiefe oder tiefe Verschlossenheit
schwebende Losgelöstheit
Ruhe

Die Disziplin der Zen-Meditation hat zum Ziel, den Menschen »seinem eigentlichen Antlitz« zuzuwenden. Dieses eigentliche Antlitz, die wahre Natur des

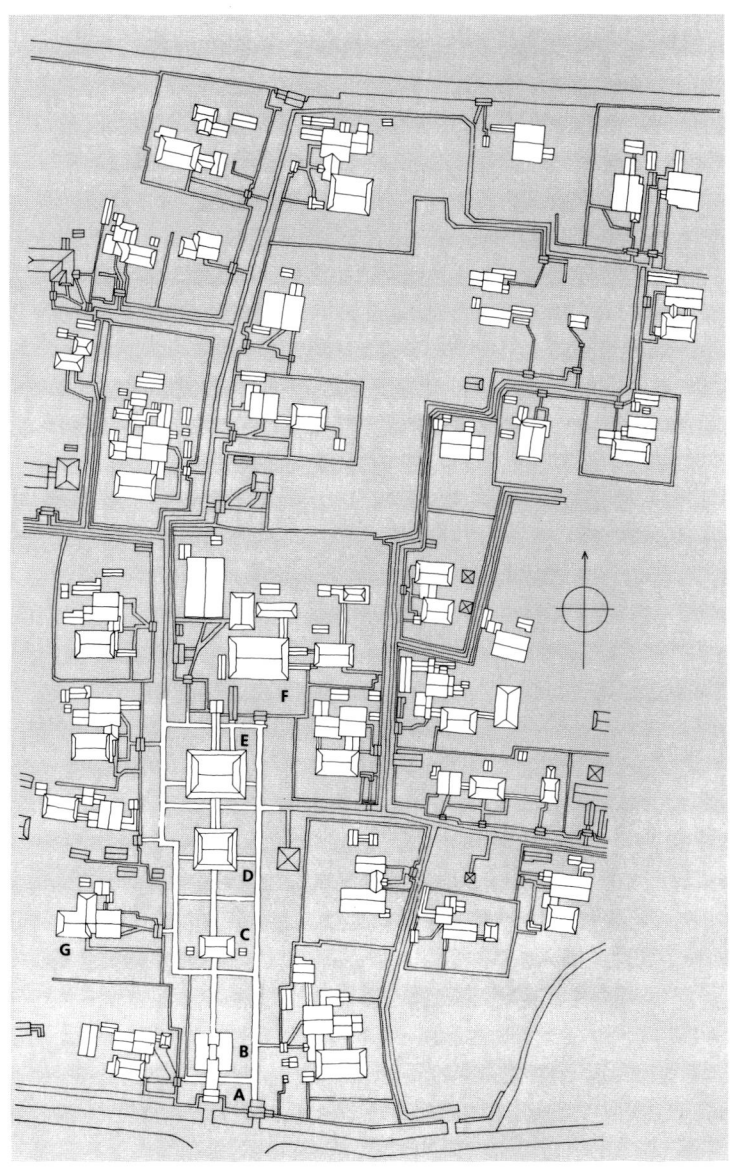

Gesamtplan des Myoshin-ji, einer der großen Zen-Tempel in Kyoto, der in der Muromachi-Zeit erbaut wurde. Die wichtigsten Gemeinschaftsräume des Gebäudes sind streng symmetrisch entlang einer Nord-Süd-Achse angeordnet. A: Eingangstor; B: Lotos-Teich; C: Haupttor; D: Vorlesungshalle; E: Buddha-Halle; F: Wohngebäude des Hauptpriesters; G: der Subtempel Taizo-in. Die nicht näher bezeichneten Bezirke sind Subtempel, die locker um den Tempel gruppiert sind.

Menschen, ist aber das formlose »Nicht-Ich«. Hisamatsu ist der Auffassung, daß die Probleme, die der in eine Form gebrachte Ausdruck des formlosen »Nicht-Ich« mit sich bringt, »fast zwangsläufig zu Kunstformen führen, welche die oben aufgeführten sieben Charakteristika aufweisen«[48].

Wybe Kuitert und in gewisser Hinsicht auch Karl Hennig bezweifeln hingegen, daß man den Ausdruck »Zen-Kunst« zu Recht auf die mittelalterlichen Kare-sansui-Gärten anwendet. Sie sind der Auffassung, daß es sich hier um ein (Miß-)Verständnis einer im wesentlichen anderen Quellen entspringenden Kunst handelt. Dieses Mißverständnis sei vor allem dem wirklichen Lebenswerk von Suzuki D., Nishida Kitaro an der Universität von Kyoto und dem bereits erwähnten Hisamatsu Shinichi zu verdanken, sei also ein Mißverständnis des zwanzigsten Jahrhunderts. Kuitert glaubt, daß man den Zen-Buddhismus als Wurzel des *kare-sansui* zu stark akzentuiert habe und daß es durchaus hinreiche, den Kare-sansui-Garten in der Muromachi-Zeit aus dem Imitationsdrang Japans zu erklären. Kuitert schreibt in diesem Zusammenhang, daß der Muromachi-Garten sowohl unter »kompositorischen wie würdigenden Aspekten seine Wurzel in der chinesischen Landschaftsgartenkunst hat«. An anderer Stelle führt sie weiter aus: »Das Wort Zen-Garten können wir ernsthaft ohnehin nur auf solche mittelalterlichen Gärten anwenden, die von der Kultur der Song- oder Yuan-Dynastie in China inspiriert sind. Dann stellt sich aber die Frage, ob es überhaupt sinnvoll ist, von Zen-Gärten zu sprechen.«[49]

Kuiterts Zweifel mögen berechtigt sein. Aber trotz allem bleibt die Tatsache, daß die Kultur der Song- und Yuan-Dynastie selbst tief vom Zen-Buddhismus beeinflußt war. Außerdem möchte ich zu bedenken geben, daß fast alle Trockenlandschaftsgärten der Muromachi-Zeit Teil von Zen-Tempelanlagen sind.

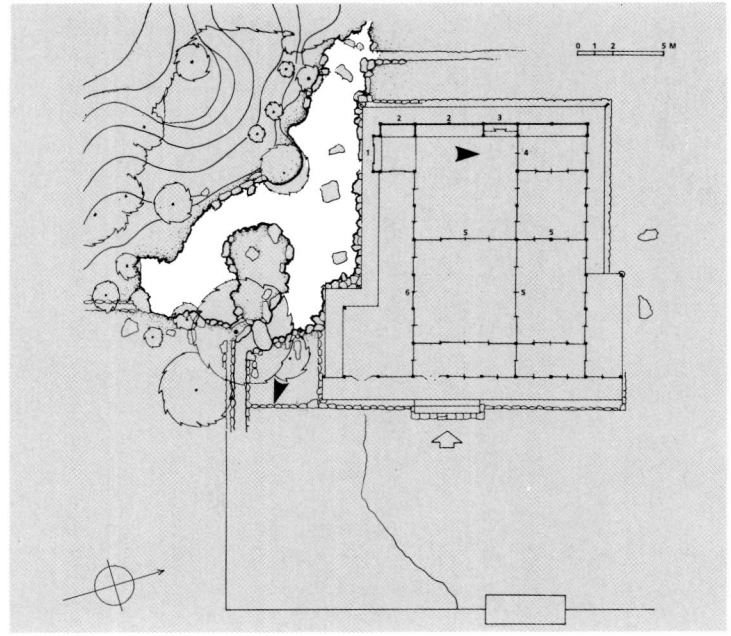

Für mich offenbart sich in den *kare-sansui* der Muromachi-Zeit jedenfalls der Wille der Gartenschöpfer, die Natur auf eine neue, tiefere Weise zu imitieren. Der Übergang von der Heian-Zeit zur Kamakura- und Muromachi-Zeit manifestiert sich bei den Gärten als ein Übergang von vornehmlich an äußeren Erscheinungen der Natur sich orientierenden zu an der »inneren Qualität« der Natur sich orientierenden Gärten.[50] Dabei müssen sich diese beiden Orientierungen natürlich nicht gegenseitig ausschließen. Mir will auch scheinen, daß der Kare-sansui-Garten der Muromachi-Zeit mehr als nur imitiert: Er will die Natur in ihrem innersten Wesen, will die Gesetzmäßigkeiten ihrer Energien, Rhythmen, Proportionen und Bewegungen verstehen und abbilden. Deshalb auch der Hang zur Abstraktion mit »natürlichen« Mitteln. »Abstraktion« ist hier eben nicht mit »Unnatürlichkeit« gleichzusetzen, Abstraktion heißt hier, daß wir Steinsetzungen, wie wir sie in Kare-sansui-Gärten finden, zwar so nicht in der Natur finden können, was aber nicht heißt, daß sie nicht natürlich seien. Es scheint vielmehr so, daß das Auge des Gartenkünstlers der Muromachi-Zeit etwas Tiefes über die Natur der Steine erkannt hat, was er durch seine Steinsetzungen sichtbar machen will.

Das Wort *monomane* bedeutet wörtlich »Imitation der Dinge«. Es war der Zen-Priester Zeami, der Vater des klassischen Noh-Theaters und ein großer Gartenkünstler, der als erster systematisch von der *monomane,* der Imitation der Dinge, in einer theoretischen Schrift gehandelt hat. Dort schreibt er, es sei zunächst einmal die Aufgabe des Noh-Schauspielers, »ein jedes Ding nach seinem Wesen zu imitieren«[51]. Die Imitation ist also *die* Technik schlechthin, mittels deren man in das Wesen der Dinge einzudringen vermag.

Wenn es dem Schauspieler gelungen sei, die Dinge ihrem Wesen gemäß zu imitieren, so solle er sich mit ihnen völlig identifizieren. »In der Kunst der Imitation gibt es nämlich ein Stadium, das wir ›Nicht-Imitation‹ nennen können. Wenn der Schauspieler seine Kunst bis zum allerletzten auskostet und wirklich zu dem Gegenstand wird, den er darstellt, dann wird er vergessen haben, daß er diesen Zustand durch Imitation erreicht hat«, sagt Zeami.[52]

Nur so könne er mit seiner Kunst *yugen* erreichen, diesen vieldiskutierten Begriff aus dem ästhetischen Vokabular der Muromachi-Zeit. Die Bedeutung des Wortes *yu* umfaßt einen Komplex, den wir mit den Worten »Tiefe« und »Dunkelheit« bezeichnen. Das Wort *gen* hat die Bedeutung von »Tiefsinn«, aber auch »Dunkelheit« und »Erhabenheit«. Das Kompositum *yugen* bedeutet so etwas wie »eine zugleich tiefe und elegante Schönheit«, also eine innerliche Schönheit, die auf äußere Form wenig Wert legt und so die tiefe Trauer der flüchtigen Welt einzufangen vermag.

In Zeamis Theorie hat der Schauspieler diese letzte Stufe der Vervollkommnung seiner Kunst erklommen, wenn er »über-natürliche« Schönheit im »Stil einer tiefen Blume« darzustellen vermag. Diese übernatürliche oder verborgene Schönheit der Natur, also eine Schönheit, die jenseits des mit den Sinnen allein Wahrnehmbaren liegt, sehe ich in den Gärten des *Ryoan-ji* oder *Shinju-an*.

Das Noh-Theater und der Muromachi-Garten haben noch ein anderes Charakteristikum gemeinsam: ihre symbolische Polivalenz. Was heißt das? Um genau zu sein, möchte ich Max Bense zitieren, der folgendermaßen definiert: Das Verhältnis zwischen bezeichnetem Gegenstand und Symbol ist durch den Umstand gekennzeichnet, daß das »Symbol ... konventionell seinen Gegenstand unabhängig von ihm [dem Gegenstand] und ohne reale Beziehung zu ihm repräsentiert«[53]. Die Bedeutung eines Symbols muß also gelernt werden, sie ist nicht aus dem Symbol heraus verständlich, sondern ein ihm durch gesellschaftliche Konvention Gegebenes.

  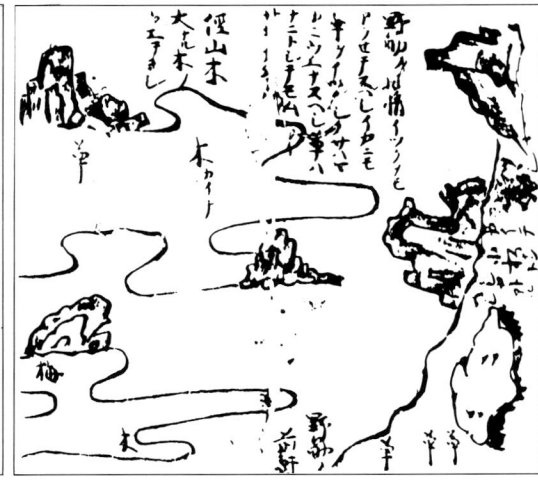

Im *Daisen-in* wird Wasser durch weißen Kies symbolisiert. Wie wir gesehen haben, könnte man auch sagen, daß Wasser von ihm ersetzt wird. Dieser weiße Kies, der auf einer ersten Ebene Wasser symbolisiert, symbolisiert aber auch das menschliche Leben beziehungsweise das eines Menschen, der das Zen studiert. Nicht der Wechsel der Jahreszeiten oder die Schönheit berühmter Naturwunder, sondern die inneren Geheimnisse der Natur oder der menschlichen Existenz sind Thema der Karesansui-Gärten. Deshalb geht es in diesen Gärten auch eher um eine abstrakte Komposition von Volumen, Flächen und Rhythmen. Später werden wir sehen, daß auch das Benennnen von Steinen eine Möglichkeit ist, tiefere Bedeutung zu symbolisieren.

Was den *kare-sansui* überdies von den Gärten der Heian-Zeit unterscheidet, ist die große, leere Fläche, die zu einem Mittelpunkt der Gartenanlage wird, so zum Beispiel bei den Gärten des *Ryoan-ji* oder des *Daisen-in*. Aus dieser signifikanten Veränderung können wir ein verändertes Verhältnis zum Raum ablesen. Dieses neue Verhältnis zum Raum ist schon in den Gemälden der Kamakura-Zeit erkennbar; diese sind nicht mehr wie in der Heian-Zeit mit vielen kleinen Details angefüllt. Die Flächen in diesen Bildern sind viel großzügiger angelegt. Oft finden wir große Flächen, die Nebel, Wolken oder einfach den freien Himmel darstellen. Für die Japaner haben diese Bilder etwas, was sie *yohaku no bi* nennen, die »Schönheit des leeren Raums«. *Yo* heißt soviel wie »Rest« oder »Überbleibsel«, und *haku* heißt »weiß«. Der Zen-Garten hat dieses Gefühl gemein mit den großen, unbemalten Flächen der Zen-Bilder, den Momenten der Stille in der Noh-Musik oder den Momenten der Erstarrung im Noh-Tanz.

Man fühlt sich gleich an die Worte des Dichters Shinkei erinnert, der sich im fünfzehnten Jahrhundert folgendermaßen über die Bedeutung der Stille, des leeren Raumes für die Dichtung seiner Zeit äußerte: »Im Gedicht sollst du deinen Geist dem zuwenden, was nicht ist.« Man kann leicht erkennen, wie verwandt dieser Satz dem berühmten Satz des Zeami ist, der über das Noh-Theater gesagt hat: »*Senu tokoro ga omoshiroki*«, »Wichtig ist nur, was der Schauspieler *nicht* tut«[54]. Mies van der Rohes »weniger ist mehr« oder ein Satz wie »je weniger man explizit macht, desto mehr bleibt der Phantasie des Betrachters überlassen« sind vielleicht für uns Menschen des Okzidents leichter verständliche Weisen, die Kunst des *yohaku* zu beschreiben.

Sansui Narabini Yakei-zu: Eine illustrierte Lehre der Gartenformen

Das *Sansui Narabini Yakei-zu* ist ein Text, der wie sein Vorgänger, das *Sakutei-ki,* die Bedeutung der geheimen mündlichen Überlieferung für die Gartenkunst hervorhebt. Der Text stammt aus dem Jahre 1466 und wurde von dem Priester Shingen zusammengetragen. Shingen war, wie bereits erwähnt, ein *Ishitateso*, ein in der Gartenkunst engagierter Shingon-Priester im Ninna-ji-Tempel in Kyoto. Sein Buch enthält zwar noch einige Anweisungen, die auch in einem Buch der Heian-Zeit hätten stehen können, ist aber in der Hauptsache mit dem neuen, für die Muromachi-Zeit typischen Garten und der ihn umgebenden Architektur befaßt. Im Gegensatz zum *Sakutei-ki* enthält Shingens Buch erklärende Skizzen. Zwei Charakteristika dieses Buches weisen besonders darauf hin, daß sich die symbolische Qualität der Steinsetzungen der Muromachi-Zeit zunehmend verdichtet.

Gleich zu Beginn des Textes wird ausdrücklich darauf hingewiesen, daß man Steine nur nach den Regeln der sino-japanischen Geomantie, dem Prinzip des Yin und Yang und den Vorstellungen der fünf evolutiven Phasen, setzen sollte. Im Text heißt es:

»Wenn du Steine setzt, mußt du immer die Zyklen gegenseitiger Zerstörung und gegenseitiger Intensivierung beachten. Halte dir immer die fünf Farben der Steine vor Augen. Im Zyklus gegenseitiger Zerstörung ist es das Holz, welches Erde zerstört. Erde zerstört Feuer, Feuer Metall, und Metall zerstört Holz. Die Farbe eines Menschen mit Holz-Naturell ist grünblau. Deshalb solltest du keinen gelben Stein in seinen Garten legen, denn Holz zerstört Erde ...«[55].

Wenn man bedenkt, daß die sino-japanische Naturwissenschaft der Muromachi-Zeit jedes Ding zwischen Himmel und Erde nach dem Schema der fünf evolutiven Phasen klassifizierte, so liegt nahe, daß man auch Steine im Lichte dieses kosmischen Gesetzes verstand und sie gemäß ihrer Farbe, Größe, Form und Beschaffenheit zu klassifizieren versuchte. Aus diesen Klassifizierungen ergaben sich dann die Regeln für das Setzen von Steinen ganz logisch. Vor dem Hintergrund dieses Denkens erscheinen einzelne Steinsetzungen als etwas anderes denn nach rein ästhetischen Kriterien erstellte Imitationen berühmter Naturschönheiten oder in Stein gesetzte Metaphern für Berge und Inseln. Sie erscheinen vielmehr als Ausdrücke energetischer Konstellationen in der Natur. Für den Gartenkünstler sind sie eine symbolische Sprache, mit der er tiefe Wahrheiten über die Natur ausdrücken kann.

Der Text des *Sansui Narabini Yakei-zu* scheint voll mit apokryphen Namen für bestimmte Steinsetzungen. Da ist die Rede vom »niemals alternden Stein«, vom »Stein der zehntausend Äonen«, vom »Stein des Geistkönigs«. Die meisten dieser rätselhaften Namen entstammen wohl dem chinesisch-taoistischen Mythos von den »Inseln der Seligen«. Andere, auf den ersten Blick genauso rätselhafte Namen beschreiben wohl den beabsichtigten szenischen Effekt der Steinsetzung. Da kennen wir beispielsweise den »Stein der wabernden Nebel«, den »Stein, der das Boot verbirgt« oder den »Brückenankerstein«. Eine dritte Gruppe von Namen bezeichnet schlicht die Lage der Steine: »Nach oben wachsender Stein« oder »aufrechter und liegender Stein« sind Beispiele dafür. Durch die Namensgebung wurde den Steinen, die ja als natürliche Objekte von sich aus keine Bedeutung haben, eine Bedeutung gegeben. David Slawson hat die Namen der Steine analysiert und ist zu dem Schluß gekommen, daß man sie in vier Gruppen untergliedern kann: Er sieht eine Gruppe von Namen, die auf den intendierten szenischen Effekt einer Steinsetzung verweist, des weiteren eine, die auf die Lage der Steine, eine dritte, die auf kulturelle Werte, und schließlich eine Gruppe von Namen, die auf das geologische Umfeld der Steine verweist.[56] Mir scheint seine Analyse zu szientistisch und rational, als daß sie die Natur der Gärten und Steinsetzungen in ihrem Innersten erfassen könnte. Gärten wurden schließlich nie nach ausschließlich rationalen Methoden angelegt. Im übrigen bin ich der Meinung, daß seine Unterscheidung zwischen intendiertem szenischem Effekt, Lage der Steine und kulturellen Werten sehr fragwürdig ist. Sind nicht unsere Formen der Wahrnehmung selbst schon durch unsere Kultur konditioniert? Ich vermag jedenfalls in den vielen Namen für Steinsetzungen nur ein Indiz dafür zu sehen, daß die Gärten der Muromachi-Zeit immer stärkeren symbolischen Charakter erhielten; ein Indiz dafür also, daß der Natur der Gärten ein Zeichensystem übergestülpt wurde, welches der an sich »bedeutungslosen« Natur einen einsehbaren Sinn verlieh.

Steingruppierungen einer trockenen Kaskade
im Ichijodani-Tal nordöstlich des Biwa-Sees.
Photo: Mizuno, Katsuhiko

*Steingruppierungen um einen ehemaligen
Teich mit Inseln im Ichijodani-Tal.
Photo: Mizuno, Katsuhiko*

Senshu-hashi, die »Brücke des Eremiten-
ärmels«, eine Brücke aus zwei Steinblöcken
im Ginkaku-ji-Tempel.

Der Garten als dreidimensionales Gemälde.
Ein kleiner mittelalterlicher Trockenlandschafts-
garten im Zen-Tempel: Daisen-in in Kyoto.

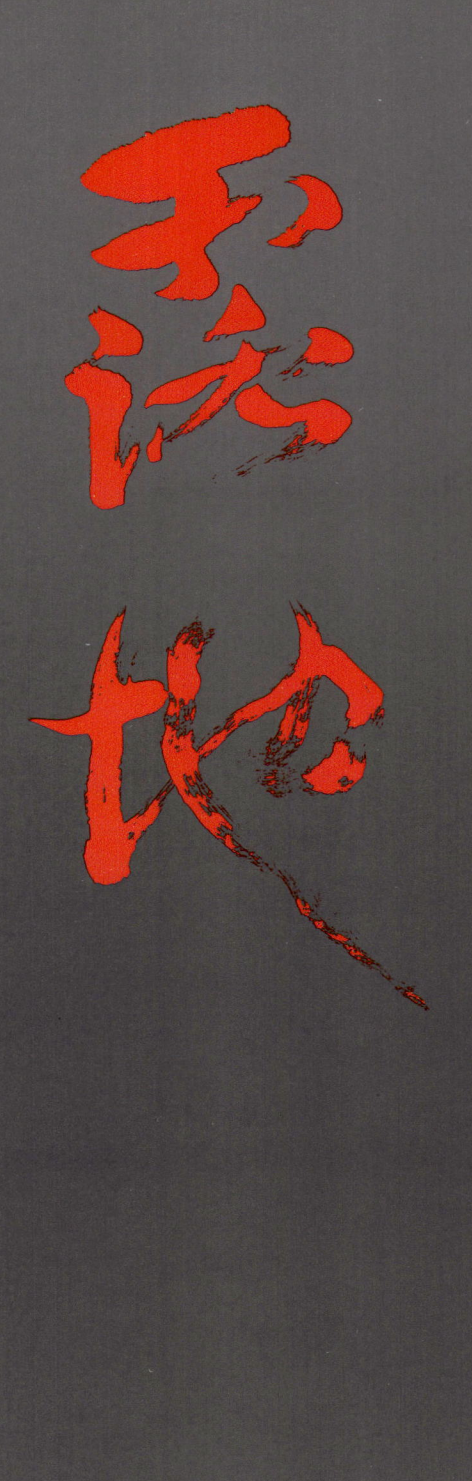

Weg und Ziel
Gärten der Einkehr

Die Gärten der Azuchi-Momoyama- und der frühen Edo-Zeit sind vornehmlich stereotypische Nachahmungen des Teichgartens oder Variationen des Trockenlandschaftsgartens. In der dritten Welle chinesischen Einflusses auf Japan gründete die soziale Ordnung zunehmend auf einer neokonfuzianischen, praktischen Ethik. Die typische Szenerie für den neuen Gartenprototyp dieser Zeit ist die des *roji,* des »Pfades« zum *so-an,* der »grasgedeckten Hütte«. Der typische Tee-Garten ist recht klein und gibt der Tee-Zeremonie ihren Rahmen. Diese Art von Gärten wurde in der Regel von ihren Besitzern, die meist aus der aufsteigenden Klasse der städtischen Kaufleute stammten, selbst angelegt. Ganz im Zeichen des Tee-Hauses steht auch ein neuartiger Architekturstil, der Sukiya-Stil. Zu Beginn waren die Materialien und die Kulissen der Tee-Gärten noch »natürlich«. Die von Sen no Rikyu entworfenen Gärten zum Beispiel sollten die Natur noch in ihren inneren Zusammenhängen darstellen. Erst später schafft Furuta Oribe eine zweite Natur, indem er künstliche Formen und Landschaften in die Gartenanlagen einführt. Diese zweite Natur gründet in den persönlichen Vorlieben ihres Schöpfers.

Vorhergehende Seite:
Der neue Gartenprototyp der Momoyama-Zeit: roji, der rustikale Tee-Garten. Die Trittsteine und die Steinlaterne weisen den Pfad zum Tee-Haus im kleinen inneren roji des Fushin-an in Kyoto.

Shoin des Konchi-in in Kyoto. Das kostbare, mit Blattgold verzierte Gemälde ist gerahmt vom rechtwinkligen Holzrahmen der Wände, der Schiebetüren und des für die Shoin-Architektur der Momoyama- und Edo-Zeit typischen Alkovens.

Die Azuchi-Momoyama-Zeit

Während der ersten Hälfte des sechzehnten Jahrhunderts verfiel die politische Autorität des kaiserlichen Hofes und der Ashikaga-Shogune zusehends. Mit dem Machtverfall dieser beiden zentralen Institutionen zerfiel das Land in zahllose politische Kleinstterritorien, die von machthungrigen und kriegslüsternen Fürsten, den Daimyo, regiert wurden. Das Land verkam in einer Reihe von kriegerischen Machtkämpfen zwischen einzelnen Daimyo, den Samurai und verschiedenen religiös inspirierten Gruppen, die alle um die Vorherrschaft im Lande kämpften.

Die Geburt der joka-machi,
der »Stadt unter der Burg«

Sengoku, die »Nation im Krieg«, heißt diese Phase japanischer Geschichte auf japanisch. Sie hob an mit den bürgerkriegsähnlichen Onin-Wirren, die 1477 mit der völligen Zerstörung Kyotos endeten. Der letzte der Ashikaga-Shogune, Ashikaga Yoshiaki, wurde zwar erst 1573 aus Kyoto vertrieben, doch machte diese Vertreibung nur offensichtlich, was vorher schon politische Realität im Lande war: daß die Muromachi-Zeit zu Ende war.

Während der zweiten Hälfte des sechzehnten Jahrhunderts bekriegten sich die verschiedenen Daimyo-Fürsten in häufig wechselnden politischen Allianzen, und erst gegen Ende des sechzehnten Jahrhunderts kam wieder so etwas wie ein geeinigtes Japan zustande, als die Fürsten Tokugawa Nobunaga (1534–1582), Toyotomi Hideyoshi (1536–1598) und Tokugawa Ieyasu (1542–1616) in einem langsamen Prozeß wieder eine Zentralgewalt in Japan herstellten, der sich alle anderen Daimyo unterwarfen. Der Prozeß der Einigung endete im Jahre 1603 mit der Ernennung Ieyasus zum neuen

Shogun. Ieyasu etablierte sich in Edo, dem heutigen Tokyo.

Kulturell war die relativ kurze Azuchi-Momoyama-Zeit vor allem durch den Pomp und die Prunksucht der drei sogenannten »großen Einiger« Japans gekennzeichnet, die sich politisch durch ihre (meist verschwiegene) Brutalität hervorgetan hatten. Am Anfang dieser Epoche steht der Bau von Nobuganas großem befestigtem Palast in Azuchi am östlichen Ufer des Biwa-Sees im Jahr 1576. Ein weiterer markanter Abschnitt dieser Epoche ist der Bau von Hideyoshis pompöser Palastanlage in den Momoyama-Bergen südöstlich von Kyoto. Mit der Zerstörung von Hideyoshis Palast in Osaka durch Ieyasu, der mit diesem Akt Hideyoshi seiner letzten Machtbasis beraubte, findet die Azuchi-Momoyama-Epoche schließlich ihr Ende. Das politische und kulturelle Zentrum Japans war nun endgültig in Edo.[57]

Es ist kein Zufall, daß die Namen von befestigten Palästen auch zum Namen dieser Epoche japanischer Kulturgeschichte wurden. Denn die mehrstöckigen Daimyo-Paläste dieser Zeit dienten nicht nur als Trutzburgen und Aushängeschilder der neugewonnenen Macht der Daimyo-Fürsten, sondern standen auch Pate bei der Geburt einer neuen Form der Stadtanlage, der *joka-machi,* der »Stadt unter der Burg«. Diese Städte wurden in der nun folgenden Edo-Zeit zu Zentren einer neuen, sich säkularisierenden städtischen Kultur. Die befestigten, burgähnlichen Paläste über der Stadt wurden zu den neuen Zentren der Momoyama-Kultur, in denen die Künste dieser Zeit (Architektur, Gartenkunst, Malerei, Poesie, Tee-Zeremonie und Noh-Theater) gepflegt wurden. Von hier aus wurden die Künste ins Land gebracht. Die befestigten Paläste der Daimyo übernahmen also die Funktion, die die Adelspaläste und Tempel der Heian-Zeit, die Villen der Shogune und die Zen-Tempel der Muromachi-Zeit innegehabt hatten.

Die frühe Edo-Zeit

Nachdem Tokugawa Ieyasu im Jahre 1603 vom Kaiser als neuer Shogun eingesetzt und Edo endgültig zum politischen und kulturellen Zentrum des Landes geworden war, erlebte Japan eine zweieinhalb Jahrhunderte währende Friedenszeit. Der in dieser Zeit regierende Tokugawa-Klan schottete das Land fast vollständig von allen äußeren Einflüssen ab, um die nationale Identität und zudem ihre eigene Herrschaft zu sichern. Zum Teil läßt sich diese Abschottung als Reaktion auf die »unjapanischen Umtriebe« europäischer Christen verstehen, die von Hideyoshi und Ieyasu anfänglich willkommen geheißen, aber zwischen 1614 und 1640 äußerst grausam verfolgt wurden.

Neokonfuzianismus: die dritte – indirekte – Welle chinesischen Einflusses auf Japan

In der Edo-Zeit erlebten die schönen Künste eine in der Muromachi-Zeit nie gekannte Blüte. Mit dieser Renaissance der Künste ging die Renaissance des Konfuzianismus in Japan einher. Natürlich hatte Japan seit seiner frühesten Kontakte mit China auch Bekanntschaft mit der Lehre des Konfuzianismus gemacht, aber diese Philosophie vermochte hier nicht so recht Fuß zu fassen, weil die japanischen Intellektuellen sich weit eher vom chinesischen Buddhismus angezogen fühlten. Einige Zen-Mönche der Muromachi-Zeit brachten schließlich eine erste ernsthafte Auseinandersetzung mit dem chinesischen Neokonfuzianismus des Philosophen Chu Hsi (1130–1200) in Gang. Während der Edo-Zeit, die sich aus politischen Gründen gegen jeglichen fremden Einfluß abzuschotten versuchte, erlebte – welche Ironie der Geschichte – gerade die wissenschaftliche Beschäftigung mit den chinesischen Klassikern und insbesondere das

Interesse an der neokonfuzianischen Ethik eine Blüte. Das neokonfuzianische Denken war gleich in zweifacher Hinsicht attraktiv für die Menschen der Edo-Zeit: Erstens brachte der Verfall des Buddhismus, der die Geister und Herzen Japans über mehr als tausend Jahre bewegt hatte, ein spirituelles Vakuum mit sich, das gefüllt sein wollte.

Zweitens schien, wie Reischauer und Fairbank ausführen, die »konfuzianische Vorstellung einer menschlichen Gesellschaft, die sich auf den unveränderlichen Prinzipien eines Naturrechts gründet, die großen sozialen Unterschiede und den rigiden Absolutismus des politischen Systems dieser Zeit zu rechtfertigen. Besonders nützlich erschien den Herrschern des Tokugawa-Klans die Tatsache, daß der Konfuzianismus Loyalität und intellektuelle Orthodoxie als hohe Tugenden pries und sich dem chinesischen Ideal einer bürokratischen Obrigkeitsstaatlichkeit verschrieben hatte. Eine solche Philosophie gab ihrer Herrschaft eine feste ideologische Basis, deren Festigkeit auf zwei Pfeilern ruhte: auf der Autorität, die diese Lehre aufgrund ihres Alters ausstrahlte, und auf dem hohen Prestige, das alles Chinesische seit jeher in Japan genossen hatte.«[58]

Die dritte und letzte Welle chinesischen Einflusses auf Japan war also nicht auf äußere Einflüsse zurückzuführen, sondern sie war vor allem eine Funktion der innerjapanischen Machtverhältnisse und Machtinteressen. Kobori Enshu, der einer der einflußreichsten Gartenkünstler und Tee-Meister der späten Momoyama- und frühen Edo-Zeit war, entwickelte sogar eine neokonfuzianische Interpretation der Tee-Zeremonie, die für ihn eine Art ethischen Imperativ bedeutete: »Verhalte dich loyal zu deinem Fürsten und Vater; komme gewissenhaft deinen Familienpflichten nach; pflege deine Freundschaften.«[59]

Stereotypische Formen des Teichgartens der Momoyama-Zeit

Dem befestigten Palast in Azuchi, dem ganzen Stolz des Fürsten Tokugawa Nobunaga, war keine lange Lebensdauer beschieden. Nobunaga bezog ihn 1579 als seine offizielle Residenz. Als er 1582 ermordet wurde, brannte man auch seinen Palast nieder. Zeitgenössische Quellen sagen diesem Palast eine noch nie dagewesene Größe und Pracht nach. Kano Eitoku (1543–1590), der beste Maler seiner Zeit, war mit der Ausgestaltung der großen Wandgemälde in den im Shoin-Stil gehaltenen Innenräumen des Palastes betraut worden. Seine kostbar mit Goldgrund unterlegten Gemälde sind – und das ist typisch für den Geschmack der Momoyama-Zeit – sehr farbenfroh. Der Garten am Ufer des Biwa-Sees war berühmt für seine Sammlung ungewöhnlicher Steine, die man aus anderen berühmten Gärten Kyotos herbeigeschafft hatte.

Den Teichgarten kennt die Gartenarchitektur Japans seit der frühen Heian-Zeit, also seit gut tausend Jahren. Ich nenne die folgenden Ausformungen dieses Gartenprototyps Stereotype oder stereotype Wiederholungen, weil sie dieser alten Gartenidee nichts wesentlich Neues hinzufügen konnten. Weder die Prinzipien der Anlage noch die visuellen Erfahrungen des Betrachters ändern sich im Laufe der Zeit entscheidend.

Der berühmte Gartenforscher Shigemori Mirei und sein Sohn Kanto heben jedoch die Teichgärten der frühen Momoyama-Zeit als beachtenswerte Variation hervor. Dieser Garten kann vom Teichgarten der Muromachi-Zeit sowohl in seiner Aufteilung als auch in Hinsicht auf seine Steinsetzungen unterschieden werden. Die Teiche dieser Gärten zeichnen sich durch eine kunstvoll verkurvte Uferlinie aus. Zu keiner anderen Zeit in der Geschichte des japanischen Gartens hat es Teiche mit so vielen kleinen Buchten, Flußmündungen und Halbinseln gegeben.

Aber sie weisen noch andere Besonderheiten auf: Die Daimyo dieser Zeit sammelten mit Leidenschaft ausgefallene Steine und zeigten dabei ihre Vorliebe für besonders große Steine. Die Steinsetzungen selbst allerdings werden schlichter, jedoch auch kraftvoller, und ihre Dreidimensionalität wird deutlicher zum Ausdruck gebracht. Verglichen mit dieser recht maskulinen Art der Steinsetzung wirken die Steinsetzungen der Edo-Zeit geradezu feminin. Vermutlich hatte man die für die Plazierung solch großer Steine notwendigen, überaus aufwendigen Techniken bei der Errichtung der großen Steinwälle um die befestigten Palastanlagen der Daimyo entwickelt. Für diese schweren Arbeiten wurden wahrscheinlich Söldner eingesetzt, die in den nur kurz andauernden Friedensperioden dieser von Kriegen geplagten Zeit beschäftigt werden mußten.

Diese Gärten waren nicht nur dazu angelegt, durchschritten zu werden. Ihr ästhetisches Kalkül zielte vielmehr darauf ab, dem Betrachter einen möglichst beeindruckenden Blick vom *shoin* aus zu gewähren. Um diesen Blick so dramatisch wie möglich zu gestalten, wurden die Teiche oft tief unterhalb des *shoin* angelegt, was allerdings immer stärkere Uferbefestigungen notwendig machte. Für diese Uferbefestigungen benötigte man noch mehr Steine.[60]

Taga Taisha

Vielleicht war es der Ausblick, der sich den Japanern von den mehrstöckigen Festungstürmen ihrer befestigten Palastanlagen bot, der das Bedürfnis in ihnen hervorrief, ihre Gartenanlagen aus der Vogelperspektive zu betrachten. Mehrstöckige Gebäude wie die Festungstürme der Momoyama-Paläste waren eine Neuheit in Japan. So

Der Hauptturm des Hikone-Palastes spiegelt
sich im großen Teich des herbstlichen
Genkyu-en, eines Daimyo-Gartens in Hikone.

Die 10,50 Meter lange Brücke zwischen der Schildkröten- und der Kranichinsel im Trockenlandschaftsgarten des Senshu-kaku, eines Parks unterhalb des Tokushima-Schlosses auf der Insel Shikoku.

hatten die veränderten Wahrnehmungsmöglichkeiten, die sich aus ihrer Existenz ergaben, auch sichtbare Folgen für die Anlage der Gärten. Ein typisches Beispiel hierfür ist der Teichgarten im Norden des *oku no shoin,* des inneren *shoin* des Taga-Taisha-Schreins in der Präfektur Shiga. Der Teichgarten hatte ursprünglich zwei Inseln, die im Laufe der Zeit allerdings zu Halbinseln geworden sind. In der nordöstlichen Ecke des Gartens befindet sich eine sehr realistisch erscheinende Trockenkaskade, davor eine Brücke aus Natursteinen sowie ein Shumi-Berg und eine Steingruppe, die den Horai-Berg versinnbildlicht. Diese ganze Szene wiederum befindet sich drei Meter unterhalb des *shoin,* so daß man sie von oben betrachten muß.

Senshu-kaku

Eines der herausragenden Beispiele für die neue Gartenart, die dominiert ist von den übergroßen Steinsetzungen und den tiefgelegten Teichen — Merkmale, die mehr über die Prunksucht ihrer Besitzer als über die Geheimnisse der Natur aussagen —, ist der Garten des *omote shoin,* des vorderen *shoin* des Schlosses Tokushima auf der Insel Shikoku. Die Schloßanlage, die heute nicht mehr existiert, wurde 1587 erbaut; der Garten wurde vermutlich erst 1592 fertiggestellt. Seinen gegenwärtigen Namen, *Senshu-kaku,* wörtlich »Pavillon der tausend Herbste«, erhielt der Garten erst im Jahre 1908. In diesem Garten mischen sich die Formen des Teichgartens und des Trockenlandschaftsgartens mit traditioneller Horai-Thematik zu einem harmonischen Ganzen. Teichgarten wie auch Trockenlandschaftsgarten sind so angelegt, daß man sie sowohl als Wandelgärten erfahren als auch vom *shoin* aus betrachten kann.

Während der Muromachi-Zeit widmete man gewöhnlich dem Kare-sansui-Teil eines Gartens die größere Aufmerksamkeit. In der Momoyama-Zeit dagegen war man bestrebt, Teich- und Trockenlandschaftsgarten gleichwertig nebeneinander bestehen zu lassen. Der Übergang vom einen Garten zum anderen sollte dabei so natürlich wie möglich erscheinen. Der Trockenlandschaftsgarten im Osten des *omote shoin* kann sich als Besonderheit der vermutlich größten japanischen Natursteinbrücke rühmen. Sie ist 10,50 Meter lang und wird nur einmal, in der Mitte, durch einen Pfeiler abgestützt. In dem Garten befindet sich noch eine weitere Brücke, leicht gebogen und aus behauenen Steinen gebaut. Sie hat eine Länge von etwa sechs Metern und wurde zu einem typischen Merkmal der Gärten der Momoyama-Zeit. Den Teichgarten kennzeichnen die vielen Steinsetzungen aus aufrecht stehenden Steinen und die Trockenmauern aus

Steinsetzungen am Teichufer und Natursteinbrücke im Teichgarten desselben Parks.

drei bis vier Lagen von Natursteinen rund um den etwa 1,20 Meter tiefen Teich.

Im weiteren werde ich in knapper Form drei Teichgärten der späten Momoyama-Zeit beschreiben. Diese Gärten sind der Einschätzung von Shigemori Mirei und Shigemori Kanto zufolge bei weitem nicht so expressiv und technisch nicht so ausgefeilt wie die Gartenanlagen der frühen Momoyama-Zeit. Überdies sind die Steinsetzungen in diesen Gärten nicht von der alten Schwere. Die Teichufer sind weniger verkurvt, und auch die Ufersteinsetzungen sind weniger prononciert. Die Teiche sind flacher, und die Steinsetzungen der echten oder »trockenen« Kaskaden zeugen von geringeren technischen Fertigkeiten ihrer Erbauer. Die Pfade durch den Garten

sind so angelegt, daß sich die Szenerie, durch die man spaziert, niemals abrupt oder überraschend verändert, sondern allmählich, aber beständig wandelt. Diese Technik der Gartengestaltung gelangt erst in der Edo-Zeit zur vollen Blüte.[61]

Juraku-dai

Als Nobugana ermordet wurde, kam sein treuester Gefolgsmann, Toyotomi Hideyoshi, der Sohn eines einfachen Bauern, an die Macht. Es gelang ihm, Japan unter seiner Hegemonialmacht zu vereinigen. Wichtige Stationen auf dem Weg zu seiner Vormachtstellung bilden der Frieden mit Ieyasu, den er 1558 schloß, die Unterwerfung Kyushus im Jahre 1587 und die Eroberung Honshus im Jahre 1591. In Kyoto ließ er sich ein Schloß auf dem Gelände des ehemaligen Kaiserpalastes der Heian-Zeit bauen, womit er wohl seinen Machtanspruch demonstrieren wollte. Er nannte es *Juraku-dai,* »Haus der vielen Freuden«. Von dieser prachtvollen Anlage mit ihren beeindruckenden Gärten um einen großen Teich ist allerdings nichts mehr erhalten. Nur der *Hiun-kaku,* der »Pavillon der fliegenden Wolke«, wurde vor langer Zeit in den Nishi-Hogan-ji-Tempel im Süden Kyotos gebracht, wo er die Zeiten überdauert hat. Vermutlich war der *Hiun-kaku* Teil der Privatgemächer Hideyoshis. Der *Juraku-dai* wurde wenig später abgerissen, und Hideyoshi zog sich in sein 1583 erbautes Schloß im nahe gelegenen Osaka zurück.

Im Jahre 1594 ließ er sich ein neues, palastartiges Schloß in Fushimi bauen, einer Stadt in den Momoyama-Bergen, südöstlich von Kyoto gelegen. Aber auch diese vermutlich großzügigste und prunkvollste Palastanlage der Momoyama-Zeit ist zwanzig Jahre nach dem Tod Hideyoshis durch Erdbeben und Feuer vollständig zerstört worden.

Die Skizze des Sambo-in verdeutlicht die Lage
des Teichgartens zum Gebäudekomplex.
A: Omote Shoin; B: Junjokan; C: Halbinsel mit
einer Steinsetzung, die die Horai-Insel darstellt;
D: Kranichinsel; E: Schildkröteninsel; F: der
schmale Gartenstreifen zwischen Teich und
Gebäudekomplex; G: dreistufiger Wasserfall;
H: Chinryotei-Teehain

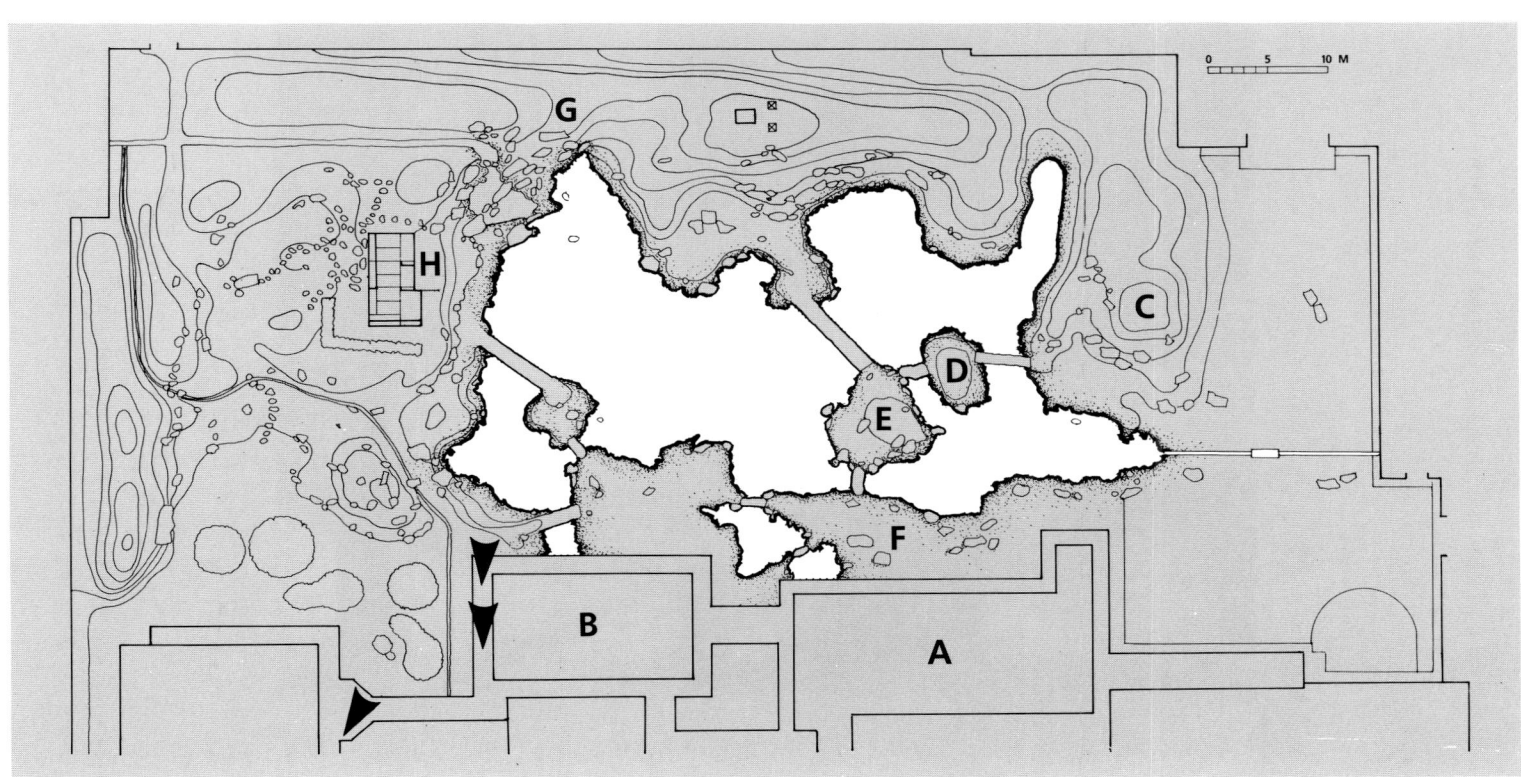

Sambo-in

Ein Garten, der uns Hideyoshis Macht und Vorlieben vor
Augen führt, ist erhalten geblieben: Er ist Teil der Tempel-
anlage des *Sambo-in*, des »Tempels der drei Schätze«;
er ist aber angelegt wie ein Palastgarten. Hideyoshi ließ
diesen Garten im Jahre 1598 für eines seiner extravagan-
ten Kirschblütenfeste anlegen. Fertiggestellt wurde er
allerdings erst, nachdem das Fest gefeiert war. Fast sieben-
hundert Steine und unzählige Bäume ließ Hideyoshi für
diesen Zweck in den Garten bringen. Einige kamen sogar
aus dem Garten seines ersten Palastes, des *Juraku-dai*:
Es war inzwischen üblich, ihrer Form, Größe oder Farbe
wegen berühmte Steine vom einen in den anderen Gar-

ten zu transportieren. Angeblich arbeiteten dreihundert
Kawaramono an dem 540 Quadratmeter großen Teichgarten. Unter ihnen war einer, dessen Namen wir noch
öfter erwähnen werden: Kentei – der »weise Gärtner«.
Der Garten war recht traditionell mit einem Horai-Insel-
motiv und Schildkröten- und Kranichinseln gestaltet.
Zweifellos war er aber nicht als Wandelgarten gedacht,
sondern sollte von der Veranda des *omote shoin*, des
shoin im Nordwesten der Anlage, oder vom noch höheren *Junjokan*, der »Halle des reinen Blickes« im Zentrum
der Anlage, aus betrachtet werden. Die Tatsache, daß
es einen Pfad durch den Garten gibt und daß wir aus
Berichten über Bootsfahrten auf dem Teich wissen,
ändert nichts daran, daß dieser Garten in erster Linie zur

*Der Garten erscheint durch die rechten Winkel
der Holzkonstruktion der Gebäude wie
eingerahmt.*

*Blick vom Junjokan auf den Wasserfall im
Teichgarten des Sambo-in.*

Betrachtung von festen Punkten aus geschaffen war. Auf der westlichen Halbinsel befindet sich eine Steinsetzung, die die Horai-Insel darstellt. Von dort geht man über eine hölzerne Brücke zunächst zu einer Kranichinsel, von der aus man über eine kleine Steinbrücke zu einer Schildkröteninsel gelangen kann. Die Schildkröteninsel wiederum ist durch eine mit Erde bedeckte Brücke mit der Halbinsel verbunden. Die Anordnung der drei Brücken wurde zu einem Kennzeichen der Gärten der Momoyama-Zeit: Die ersten beiden Brücken liegen auf einer Linie, während die dritte in einem stumpfen Winkel zu ihnen steht. Eine weitere Besonderheit dieser Gärten ist, daß *shoin* und Teich recht nahe zusammentreten. Die Teichgärten der Kamakura- und Muromachi-Zeit ließen an dieser Stelle viel Raum. Die Gartenanlage der Momoyama-Zeit hingegen verbreitert sich um den *shoin* herum, läßt aber nur wenig Tiefe in Richtung des Teiches zu. Am tiefsten Punkt des Gartens, am Fuße des höchsten bewaldeten Hügels, befindet sich ein dreistufiger Wasserfall. Ein weiteres Charakteristikum der Teichgärten der Momoyama-Zeit sind Tee-Lauben, die sich in den kleinen und geheimnisvollen Tee-Gärten befinden.[62]

Ob Hideyoshi den Garten, an dessen Baufortschritt er regen persönlichen Anteil genommen hatte, jemals in fertigem Zustand gesehen hat, ist angesichts seines plötzlichen Ablebens im Jahre 1598 ungewiß. Der Garten wird aber gewiß ein Denkmal für den Versuch bleiben, die Tradition des Teichgartens in bislang unbekannter Pracht wiederaufleben zu lassen. Bei aller Größe und Pracht der Steine und Bäume, die Hideyoshi in diesem Garten versammelte, und dem wirklich beeindruckenden Ausblick, den dieser Garten gewährt, bleibt doch festzuhalten, daß sich in ihm vor allem Hideyoshis Prunk- und Verschwendungssucht dokumentiert; und die, so scheint mir, ist denn doch das markanteste Kennzeichen der Momoyama-Zeit.

Der Garten des Schlosses Nijo

Einen ähnlich prunkvollen, wenn auch ebenso stereotypischen Teichgarten finden wir vor dem *ni no maru*, dem »zweiten Turm« des Schlosses *Nijo,* das etwas südlich von Hideyoshis Juraku-dai-Palast liegt. Auch im Zentrum dieses Gartens findet sich eine große Horai-Insel neben kleineren Kranich- und Schildkröteninseln. Das Schloß wurde 1601 von Tokugawa Ieyasu während seiner seltenen Visiten in Kyoto als Residenz benutzt. Nachdem er die Schlacht bei Sekigahara im Jahre 1600 für sich entschieden hatte, war er der unumschränkte Herrscher des wiedervereinigten Japan. Und wie sein Vorgänger Hideyoshi dem Kaiser Goyozei im Juraku-dai-Palast einen feierlichen Empfang bereitet hatte, um sich seine Machtstellung, die er durch brutale Gewalt gewonnen hatte, absegnen zu lassen, so empfing auch der dritte Tokugawa-Shogun Iemitsu (1604–1651) den Kaiser Gomizuno-o. Für diesen Zweck ließ er das Schloß *Nijo* von 1624 bis 1626 komplett umbauen. Verantwortlich für den Umbau war Kobori Enshu, der sich bereits in allen Künsten seiner Zeit – vor allem der Tee-Zeremonie und der Gartenkunst – hervorgetan hatte. Südlich des Teiches ließ dieser eine »erlauchte Halle für den Besuch des Kaisers«, *gyoko goten,* errichten, die gleich nach der Abreise des Kaisers im Herbst 1626 abgebrochen und an anderer Stelle wieder aufgebaut wurde. Jetzt befindet sich an dieser Stelle eine Wiese mit Wandelpfaden.

Aus Anlaß des kaiserlichen Besuches ließ er ferner fast alle Steine nach Süden ausrichten, wo des Kaisers Haus lag. Der Garten ist ein klassisches Beispiel für eine Anlage, die ganz auf den rechteckigen Rahmen der Gebäude ringsum zugeschnitten ist: auf den *gyoko goten* im Süden, Iemitsus eigene Residenz *ohiroma* im Osten und den prachtvollen *kuro-shoin* im Norden. Die Aufgabe der Gärtner bestand darin, einen Garten

Die massiven Steinsetzungen im Teichgarten des Schlosses Nijo harmonieren in ihrer Größe mit der prunkvollen Architektur des shogunalen Ohirama, der großen Empfangshalle.

zu schaffen, der von allen drei Seiten gleich schön anzusehen war.

Das Grundmotiv des Gartens ist das bekannte Motiv der Horai-Insel in der Mitte des Teiches, deren Steinsetzungen besonders massiv ausgefallen sind. Flankiert wird diese Insel von den kleineren Kranich- und Schildkröteninseln. Es paßt zu diesem Garten eines Shogun, dessen Macht sich vornehmlich auf das Militär stützte, daß man ihm auch den Namen *Hachijin no niwa,* »Garten der acht Militärlager«, gab: Die Gartenanlage spiegelt nämlich auch die traditionelle Anlage eines Shogun-Hauptquartiers mit sieben Militärlagern darum herum wieder. Das Hauptquartier selbst würde in diesem Fall durch die Horai-Insel in der Mitte des Teiches repräsentiert. Der Wasserfall im Nordwesten, den der Besucher heute bewundern kann, stammt nicht aus der Momoyama-Zeit, sondern wurde erst in der Meiji-Zeit angelegt. Der ursprüngliche Wasserfall, der sowohl mit Wasser wie auch als »trockener« Wasserfall »funktionierte«, lag etwas südlich davon.

Da der Grund des Teiches mit Kieseln gefüllt ist, nimmt Shigemori Mirei an, daß der ganze Garten wahlweise als Wasserlandschaft oder als Trockenlandschaft betrachtet werden konnte. Wichtig in diesem Zusammenhang ist auch, daß die Horai-Insel in der Mitte des Teiches durch eine Brücke für den Besucher zugänglich gemacht wurde: Hierin äußert sich ein tiefer Wandel im Verhältnis Japans zu einem seiner bedeutendsten Archetypen, dem Mythos vom Berg Horai, also dem Mythos von der »Insel der Unsterblichen«. In dieser Gartenlandschaft liegt die »Insel der Unsterblichen« nicht mehr weit draußen im Ozean, und somit unerreichbar für die Sterblichen, sondern sie kann bequem zu Fuß über eine Brücke erreicht werden: »Deshalb«, so argumentiert Shigemori Mirei, »kann man sagen, daß seit der Momoyama-Zeit Gärten von Menschen für Menschen gemacht werden. Das aber

signalisiert einen neuen Trend in den Künsten.«[63]

War Hideyoshis Sambo-in-Tempelgarten vor allem für die Pracht seiner ausgewählten Steine bekannt, so fällt der Garten des Schlosses *Nijo* vor allem wegen der schieren Menge der Steine auf, die hier verwendet wurden. Man muß allerdings zugeben, daß diese prunkvolle Gartenkomposition gut zu dem Pomp der Shogun-Wohnquartiere paßt.

Genkyu-en

In vielerlei Hinsicht nimmt der *Genkyu-en,* der »Park am geheimnisvollen Palast«, die großen Teichgärten der Edo-Zeit vorweg. Er wurde zwischen 1615 und 1624 am Fuße des Schlosses *Hikone* in der Präfektur Shiga angelegt und ist mit 20850 Quadratmetern größer als alle bisher beschriebenen Teichgärten. In ihm befinden sich zwei große und zwei kleine Inseln, die von enormen Steinsetzungen geschmückt sind. Das Westufer des Teichs, hinter dem sich ein steiler Hügel erhebt, ist mit Pavillons bebaut, die zum Teil auf Stelzen ins Wasser hineinragen. Von diesen Pavillons bietet sich der schönste, von der Holzarchitektur gerahmte Ausblick auf den Teich. Im Norden des Teichs liegt ein *Hosho-dai* genannter Hügel, was man wörtlich mit »der Berg, von dem der Phönix wegfliegt« übersetzen könnte. Auf dem *Hosho-dai* steht ein Tee-Haus, von dem man einen Überblick über den ganzen Garten hat. Die drei Holzbrücken — zwei auf einer Linie hintereinander, die dritte im stumpfen Winkel zu ihnen — erinnern an die Brücken im *Sambo-in* und *Senshu-kaku.* Diese Art, die Brücken anzuordnen, ist eine der Besonderheiten der Momoyama-Gärten.

Am Südufer der nördlichen »Strandinsel, wo die Kraniche singen« befinden sich besonders große Steinsetzungen und besonders große, beschnittene Sträucher. Die

Holzbrücke zur zentralen Insel des Genkyu-en,
des Parks am Fuß des Schlosses von Hikone.

Eine Kranichinsel im Teich des Genkyu-en, des
Schloßgartens eines Daimyo-Fürsten.

Insel insgesamt ist wiederum dem Horai-Motiv gewidmet und gewiß eine der schönsten ihrer Art, die uns aus der Momoyama-Zeit erhalten geblieben sind. In einer Zeit, die wie die Momoyama-Zeit von Krieg und Tod heimgesucht wurde, erschien eine »Insel der Unsterblichen« wie ein in Stein gesetztes Gebet für ein friedliches und besseres Leben.

Die Grundidee des Gartens spiegelt die Wertewelt seiner Schöpfer, der Daimyo, wider, die ja sowohl *bushi,* das heißt Krieger, als auch *bunjin,* Gelehrte, waren. Diese beiden auf den ersten Blick so widersprüchlichen Interessen fallen in der Tee-Zeremonie zusammen: An den enormen Ausmaßen des Gartens und seiner kühnen Steinsetzungen erkennt man den *Krieger* im Daimyo wieder; die verschiedenen kleinen Tee-Lauben um den See herum, die man nur auf verschwiegenen kleinen, mit Schrittsteinen gepflasterten Pfaden erreichen kann, lassen hingegen den *gelehrten Kenner* der Tee-Zeremonie erkennen.

Variationen des kare-sansui oder Trockenlandschaftsgartens der Momoyama-Zeit

»Erfunden« wurde der *kare-sansui* als neuer Prototyp des Gartens in Verbindung mit einem neuen Architekturtyp erst in der Muromachi-Zeit. Die *Kare-sansui*-Gärten der Momoyama-Zeit weisen ebenfalls die Tendenz zu zahlreicheren und größeren Steinsetzungen auf, die wir schon bei den Teichgärten, die in dieser Zeit entstanden, beobachten konnten.

Der Matsuo-Schrein

Einer der bedeutendsten Kare-sansui-Gärten der Momoyama-Zeit ist der Trockenlandschaftsgarten am Matsuo-Schrein in Yokaichi, Präfektur Shiga. Shigemori

Mirei hat diesen Garten im Jahre 1936 wiederentdeckt. Er glaubt, daß dieser Garten zwischen 1570 und 1590 als Südgarten eines heute nicht mehr existierenden *shoin* entstanden ist. Außergewöhnlich ist der Garten wegen seines Grundrisses: Er ist sehr schmal und sehr tief, weshalb seine Kranich- und seine Schildkröteninsel direkt hintereinander angeordnet sind. Die Schildkröteninsel befindet sich auf relativ niedrigem Niveau direkt vor dem *shoin,* während die Kranichinsel dahinter auf einem künstlichen Hügel liegt. Diese Anordnung weicht von der traditionellen Anordnung der Inseln insofern ab, als man die Inseln bislang vor dem *shoin* nebeneinandergesetzt hatte, so daß der Betrachter sie von dort aus gleichzeitig im Blick hatte. Ein besonders hoher, aufrecht stehender Stein auf der Kranichinsel soll den Flügel des Kranichs symbolisieren. Verglichen mit den *kare-sansui* der Muromachi-Zeit fällt auf, daß dieser Garten weniger abstrakt gestaltet ist und auch wesentlich weniger Bezugspunkte zur chinesischen Landschaftsmalerei aufweist.[64]

Shinnyo-in

Der Trockenlandschaftsgarten des *Shinnyo-in* in Kyoto, des »Tempels der absoluten Wahrheit«, ist einer der für die Momoyama-Zeit typischen, querformatigen Gärten vor der südlichen Front eines *shoin.* Man nimmt an, daß dieser Garten von Ashikaga Yoshiaki angelegt wurde, der sein Shogunat im Jahre 1568 antrat und wie alle Ashikagas ein großer Gartenliebhaber war. Der Garten, wie wir ihn heute vorfinden, befindet sich nicht mehr an seiner ursprünglichen Stelle und ist nur noch eine verkleinerte Version des ursprünglichen Gartens. Mit seinem trockenen Wasserfall im Westen, von dem ein trockener Flußlauf zum *shoin* führt, ist dieser Garten eigentlich noch ein spätes Beispiel für den Zen-Garten der Muromachi-Zeit. Aber es gibt durchaus auch einige Neuerungen in

Der trockene Wasserfall des Kanji-in in Kyoto
nach einem Holzschnitt im ersten Band des
Tsukiyama teizoden aus dem Jahre 1735.

Unten:
Grundriß des Trockenlandschaftsgartens des
Hompo-ji-Tempels in Kyoto (nach einer Skizze
in Shigemori, M. und K., Taikei, Bd. 9, 1972).
A: shoin; B: Vorratshaus; C: Lotos-Teich;
D: Sonnen-Symbol aus zwei beschnittenen
Steinen; E: trockener Wasserfall.

ihm: zum Beispiel die kleinen bläulichen Kiesel, fein
säuberlich wie die Schuppen eines Fisches aufeinander-
geschichtet, die hier das lebendig fließende Wasser
symbolisieren sollen. Dieser doppelte Symbolismus ist
etwas ganz und gar Neues.

Kanji-in

Der L-förmige Garten vor dem *shoin* des *Kanji-in* in
Kyoto wurde im Jahre 1780 ein Opfer der Flammen.
In unserem Jahrhundert wurde der mittlerweile rekon-
struierte Garten Opfer eines häßlichen Apartment-
Blocks an seiner Südseite: Dieser wirkt bei der Betrachtung
des Gartens sehr störend. Dennoch lassen sich an ihm
beispielhaft zwei besondere Charakteristika des Gartens
der Momoyama-Zeit aufzeigen: Das eine ist eine Brücke
oberhalb eines zweistufigen trockenen Wasserfalls mit
einer Stein-Dreiergruppe dahinter, die Berge in weiter
Ferne versinnbildlicht. Die Steinsetzungen auf beiden
Seiten des trockenen Flußlaufs sind außergewöhnlich gut
erhalten. Ähnliche Kompositionen mit trockenen Wasserfällen, die wir aus der Muromachi-Zeit kennen, wie zum
Beispiel die Komposition im *Tenryu-ji,* setzten die Brücke
immer unterhalb des Wasserfalls. Außerdem können wir
in dem Wasserfall Steine erkennen, die das nur symbolisch vorhandene, gedachte Wasser teilen. Die zweite
Besonderheit des Gartens der Momoyama-Zeit ist, daß
die Mitte des Gartens von einer Art Bucht beherrscht
wird, die mit einer Natursteinbrücke optisch abschließt.
Ein rund behauener Stein, wie er für tragende Säulen
von Brücken verwendet wird, liegt in der Mitte dieser
Bucht. Er symbolisiert eine kleine Insel. Behauene Steine
wären in der Muromachi-Zeit im Trockengarten undenkbar gewesen.

Hompo-ji

Das Nebeneinander von Natursteinen und zu geometrischen Figuren geschnittenen Steinen in einer Komposition ist ein Kennzeichen der Gartenkunst der
Momoyama-Zeit. *Hompo-ji,* der »Tempel des ursprünglichen Gesetzes«, enthält ein weiteres, noch gewagteres
Beispiel für ein solches Nebeneinander. Wir wissen nicht
genau, wann oder von wem dieser Garten geschaffen
wurde, weil es darüber keine Quellen gibt. Shigemori
Mirei glaubt, daß der Stil dieses Gartens auf eine Entstehungszeit zwischen 1570 und 1590 verweist. Der Garten
hat die für diese Zeit typische L-Form, das heißt, er ist wie
ein L um Ost- und Südseite des gegenwärtigen *shoin*
geschlungen. Ursprünglich muß der Garten sich auch
nach Nordosten erstreckt haben, aber dort steht heute
ein Vorratshaus. Ganz nach dem Schema der Gärten der
Momoyama-Zeit liegt im Südosten ein trockener Wasserfall mit einer Brücke davor. Vor dem *shoin* befindet sich
ein trockenes Meer; der weiße Sand oder Kies, der diese

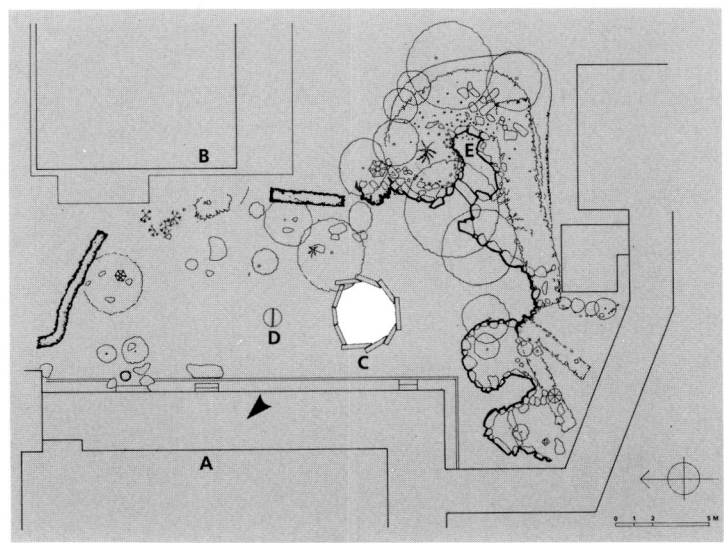

Flache, bläuliche Kiesel, die angeordnet sind wie die Schuppen eines Fisches, symbolisieren in diesem Garten das lebendige Fließen des Wassers. Shinnyo-in-Tempel, Kyoto.

Fläche ursprünglich bedeckt haben muß, ist aber verschwunden. Wenn wir Akisato Ritoken, dem Autor des
Miyako rinsen meisho zue, des illustrierten Handbuchs
berühmter Gärten in Kyoto, glauben dürfen, dann hatte
der Garten ursprünglich drei künstlich angelegte Berge in
der Form eines Kommas. Shigemori Mirei vermutet aber
eher, daß der Sand auf dem trockenen Meer vor dem
shoin in einer an ein Komma erinnernden Wirbelform
geharkt war. Außergewöhnlich ist, wie behauene und
beschnittene Steine in diese Gartenkomposition eingefügt sind: Zehn längsformatige, rechteckige Steine sind
so arrangiert, daß sie einen (echten) Lotus-Teich umschließen, und zwei halbkreisförmige Steine sind so arrangiert,
daß sie das alte chinesische Schriftzeichen für »Sonne«
ergeben. Der Tempel gehörte der buddhistischen
Nichi-ren-Sekte, und das Wort *nichi-ren* heißt soviel wie
»Sonnen-Lotus«; es symbolisiert sowohl Licht (Shinto) als
auch buddhistische Reinheitsideale. Diese Praxis, ein
Schriftzeichen in den Trockengarten einzufügen, verweist uns vielleicht doch darauf, daß der Garten nicht in
der Momoyama-Zeit, sondern erst in der Edo-Zeit entstanden ist.[65]

Als zu gewagt für die Momoyama-Zeit erscheint auch,
daß die Schöpfer dieses Gartens einen echten Teich in
den trockenen Teich vor dem *shoin* einfügten.

Nishi Hongan-ji

Der am besten erhaltene ebene Kare-sansui-Garten aus
der Momoyama-Zeit ist der *Kokei no niwa,* der »Garten
der Tigerschlucht«. Er befindet sich jetzt im Tempelbezirk
des *Hompo Nishi Hongan-ji* in Kyoto. Hier hat die buddhistische Jodo-shinshu-Sekte ihr Hauptquartier. Diese
Sekte wurde von Shinran Shonin gegründet, der zwischen 1173 und 1263 lebte. Man nimmt an, daß sich der
Tempelgarten ursprünglich in Hideyoshis Fushimi-Schloß
befand und erst später hier am Tempel neu angelegt
wurde. Der Garten hat in seinem jetzigen Zustand eine
Grundfläche von etwa 760 Quadratmetern. An seinem
östlichen Ende liegt ein künstlicher Berg mit einer den
Shumi-Berg symbolisierenden Steingruppe. Im Norden
befindet sich ein trockener Wasserfall sowie eine Schild-
kröten- und Kranichinsel inmitten eines trockenen Sand-
Meeres. Der Garten ist so gestaltet, daß der Betrachter
den besten Blick von der Veranda der Empfangshalle
des Tempels aus hat. Offenbar soll man ihn von dort
aus wie ein Bild betrachten. Das Gartensegment zwischen Veranda und Trockenteich ist hier auffällig klein
geraten, was laut Shigemori Mirei daran liegt, daß man
die Empfangshalle nach einem Brand im siebzehnten
Jahrhundert um 5,50 Meter nach vorne verlängert hat.
Die Anlage dieses Trockenlandschaftsgartens weist
unverkennbare Ähnlichkeiten mit der Anlage des Gartens am Sambo-in-Tempel auf; darunter sind besonders
die Positionierung des Wasserfalls sowie die Lage der
Kranich- und der Schildkröteninsel zu nennen. Erwähnenswert ist außerdem das Arrangement der drei Brük-
ken, von denen zwei wieder auf einer geraden Linie

Eine Bogenbrücke aus einem einzigen Stein
zwischen Schildkröten- und Kranichinsel.
Solche aus einem einzigen Stein geschlagenen
Brücken sind eine technische Neuerung der
Momoyama-Zeit. Die Sagopalmen auf dem
Bild sind schon in ihr Winterkleid gehüllt.

*Eine Insel in einer Bucht wird hier zum
erstenmal durch einen rund geschnittenen
Stein symbolisiert, wie er sonst als Fundament
für Brückenpfeiler verwendet wird.*

*Der trockene Wasserfall im Kanji-in, wie wir
ihn heute sehen. Oberhalb des Wasserfalls:
eine Natursteinbrücke.*

Eine Kranichinsel in der Sandfläche des
»Gartens der Tigerschlucht« vor der großen
Empfangshalle des Nishi-Hogan-ji-Tempels
in Kyoto. Man nimmt an, daß der Garten
ursprünglich in Hideyoshis shogunaler
Residenz in Fushimi aufgebaut war.

*Variationen des Trockenlandschaftsgartens in
der Momoyama-Zeit. Eine ungewöhnliche
Anordnung der Schildkröten- und Kranichinsel
am Matsuo-Schrein in der Präfektur Shiga.*

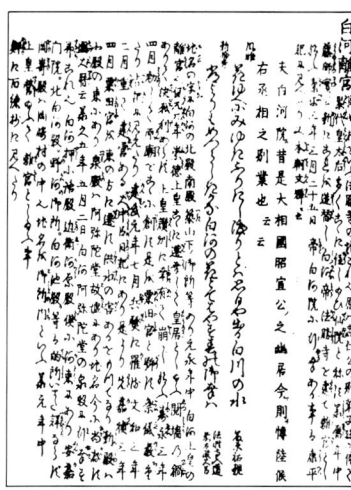

hintereinanderliegen, während die dritte einen – diesmal allerdings spitzen – Winkel zu ihnen bildet. Zwei der Brücken sind dabei aus behauenem Stein, die dritte aus Naturstein gearbeitet.

Wir sehen hier einen *kare-sansui* im Stil eines Teichgartens. Dies ist bemerkenswert, weil damit der Trend des Kare-sansui-Stils zu immer größerer Abstraktion unterbrochen ist. Die Trockenlandschaftsgärten der Momoyama-Zeit weisen eine wesentlich stärker versinnbildlichende, abbildende Form der Symbolik auf als zum Beispiel der abstrakte Steingarten des *Ryoan-ji* oder der vielschichtig symbolische Steingarten des *Daisen-in*.[66]

Galt für den Trockenlandschaftsgarten der Muromachi-Zeit noch das »weniger ist mehr«, so werden die Trockenlandschaftsgärten der Momoyama-Zeit eher vom umgekehrten Prinzip bestimmt: Die Gärten sind beinahe überfüllt mit Steinen und exotischen Pflanzen; an die Stelle der Schlichtheit ist Protz getreten.

Die Verbindung des kare-sansui mit dem o-karikomi

In der Momoyama-Zeit ergaben sich überraschend neue Ausdrucksformen für den Kare-sansui-Garten durch die Einführung des *o-karikomi,* das sind in bestimmten Formen beschnittene Sträucher und Bäume. *Karikomi* war von jeher eine in der japanischen Gartenarchitektur gepflegte Tradition, aber erst jetzt wird es zu dem beherrschenden Kennzeichen der japanischen Gartenanlagen.

Wir erinnern uns, daß am Anfang der japanischen Gartentradition, also in der Nara- und Heian-Zeit, bereits eine Art Trend zur Abstraktion bestand: Man selektierte einige wenige aus der unendlichen Zahl der Elemente der Natur, friedete sie mit einer Mauer ein und nannte das so entstandene Gebilde einen Garten. In der Kamakura- und Muromachi-Zeit setzte sich dieser Trend weiter

fort: Der buddhistische Weltenberg *Shumi-sen* oder auch Schildkröten und Kraniche wurden durch Steingruppen symbolisiert. Das Meer deutete man nicht mehr durch einen Teich an, sondern durch eine Fläche von weißem Sand oder weißen Kieseln. Während der späten Momoyama- und frühen Edo-Zeit nimmt dieser Trend zur Abstraktion eine neue Wendung: Hier beginnt man die Formen des Horai-Berges, eines Schatzschiffes oder die wilden Wellen des Meeres durch beschnittene Sträucher und Bäume heraufzubeschwören. Man nennt diese Kunst, einen ganzen Garten durch beschnittene Bäume und Sträucher zu gestalten, die Kunst des *o-karikomi*. Es ist das Verdienst eines einzigen Mannes, des Gartenkünstlers Kobori Enshu (1579–1647), diese Kunst vervollkommnet zu haben.

Shigemori Mirei resümiert schlicht, daß die Kunst des *o-karikomi* ihren Höhepunkt und ihr Ende mit dem Leben dieses Mannes gefunden habe.[67]

Raikyu-ji

Mündlicher Überlieferung zufolge baute Kobori Enshu im Jahre 1617 den Garten des *Raikyu-ji,* eines Zen-Tempels in der Präfektur Okayama. Der Garten kombiniert einen *kare-sansui,* wie er für traditionelle Zen-Tempel typisch ist, mit einer Gartenlandschaft, worin der Horai-Berg sowie die Kranich- und die Schildkröteninsel zentrale Motive bilden. Das Ungewöhnliche ist eine große, skulpturartige Szenerie, die die Wellen des Ozeans vor dem Hintergrund eines steilen Hügels darstellt: Die ganze Szene besteht aus lebenden *tsubaki,* Kameliensträuchern, und *satsuki,* Azaleensträuchern. Die Kameliensträucher stehen im Hintergrund und sind gerade beschnitten, während die Azaleen im Vordergrund in Wellenform beschnitten sind. Selbst wenn man von der technischen Schwierigkeit absieht, eine solche

Darstellung des Trockenlandschaftsgarten des Konchi-in nach einem Holzschnitt aus dem Miyako rinsen meisho zue aus dem Jahre 1799.

Typische Brückenanordnung für die Gärten der Momoyama-Zeit: Zwei Brücken liegen auf einer geraden Linie hintereinander, eine dritte steht in einem meist stumpfen Winkel dazu. A: Natursteinbrücken; B: Brücken aus behauenen Steinen; C: Holzbrücken; D: Brücken, die mit Erde bedeckt sind.

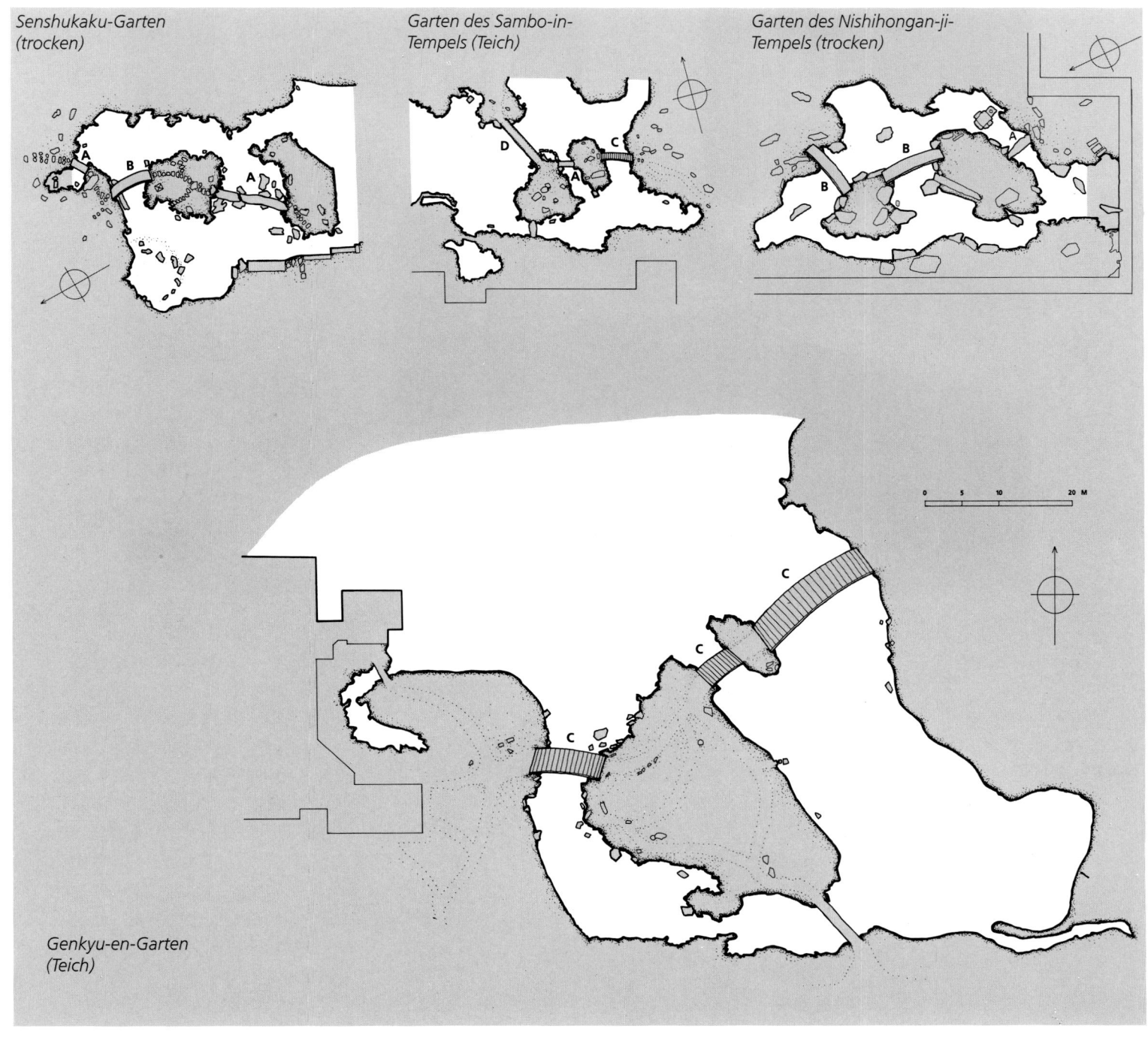

Senshukaku-Garten (trocken)

Garten des Sambo-in-Tempels (Teich)

Garten des Nishihongan-ji-Tempels (trocken)

Genkyu-en-Garten (Teich)

Die Nord-Veranda des Shokin-tei-Pavillons der Villa Katsura.

Blick auf das o-karikomi im Garten des Daichi-ji-Tempels.

Die Kunst des o-karikomi im Garten des Daichi-ji-Tempels. Schatzschiff aus beschnittenen Sträuchern vor dem shoin.

*Ein wirklicher Teich innerhalb eines trockenen
Teiches. Die beiden Teiche sind durch
geschnittene Steine voneinander getrennt.
Hompo-ji-Tempel in Kyoto.*

*Die Kunst des o-karikomi im Garten des
Daichi-ji-Tempels. Beschnittene Sträucher unter
den Zweigen eines großen Nadelbaumes.*

aus lebenden, immer neu zu beschneidenden Pflanzen
bestehende Skulptur über Jahrhunderte zu erhalten, ist
diese Darstellung des Horai-Motivs eine der erstaunlich-
sten ihrer Art. Hier ist das o-karikomi ein eigenständiges
Ausdrucksmittel in der Gartenkunst geworden.

Direkt vor dem shoin befindet sich eine Kranichinsel
aus beschnittenen Azaleen und ungewöhnlich schönen
Steinen, und vom shoin aus entdeckt man dann im
Zentrum dieser aus Steinen und Sträuchern gebildeten
Insel den Shumi-sen, den buddhistischen Weltenberg.
Wenn man die Insel aber von der im Norden gelegenen
Haupthalle aus betrachtet, erscheint sie wie eine Stein-
Dreiergruppe, die sich gegen den »geborgten« Hinter-
grund des Arago-Berges, der sich am Horizont mächtig
gen Himmel reckt, abhebt.

Die Schildkröteninsel im Süden des Gartens ist leider
zerstört, und wir wissen nicht mehr, wie sie ausgesehen
hat. Shigemori Mirei glaubt, daß der kleine Flußlauf und
der Teich vor den beschnittenen Sträuchern im Süden
des Gartens Hinzufügungen aus der späten Edo- oder
der Meiji-Zeit sind. Unter den breiten Dachtraufen des
hondo, der Haupthalle im Norden des Tempelbezirks,
befindet sich ein rechteckiges Feld, das mit Kieseln
bedeckt ist. Darin sind mit einem guten Blick für Proportionen Schrittsteine ausgelegt. In der Mitte befindet sich
ein Wasserbassin, das denjenigen des Konchi-in-Tempels
und des Koho-an-Tempels sehr ähnlich ist. Von diesen
beiden Tempeln wissen wir mit Bestimmtheit, daß Kobori
Enshu sie geschaffen hat.

Daichi-ji

Der Daichi-ji-Tempel liegt in Minakuchi in der Präfektur
Shiga. Im Garten an der Ostfront des Daichi-ji, des »Tempels zum großen Teich«, befindet sich ein o-karikomi
aus beschnittenen Azaleen, welches Kobori Enshu oder
einem seiner Nachfahren zugeschrieben wird. Man sagt,
dieses o-karikomi stelle ein Schatzschiff dar, welches die
sieben Götter des Glücks an Bord habe, die wir aus dem
chinesischen Mythos kennen. Einer anderen Interpretation zufolge stellt es eine große Kranichinsel dar, die von
einer kleineren Schildkröteninsel direkt vor dem shoin
ästhetisch kontrapunktiert wird. Der Körper der Schildkröte besteht aus einem karikomi, einem allein stehenden beschnittenen Strauch, und einem Stein, der den
Kopf der Schildkröte symbolisiert. Diese Komposition ist
ein wenig weicher in ihren Konturen als die des Raikyu-
ji. Es liegt vielleicht daran, daß hier die Steine nicht ganz
so augenfällig gesetzt sind. Bemerkenswert sind auch
der Garten am Tee-Haus und das karikomi am Eingang
zum Tempel unter einem altehrwürdigen Baum.

Der Garten des Konchi-in, eines Subtempels des Nanzen-ji-Tempels in Kyoto. Der Kopf der Schildkröteninsel wird durch einen mächtigen diagonalen Stein symbolisiert.

Direkt vor dem *hojo* befindet sich eine geharkte Sandfläche in der Form eines Bootes. An ihren östlichen beziehungsweise westlichen Ecken sind jeweils eine Kranich- und eine Schildkröteninsel errichtet, symmetrisch zur gedachten Zentralachse des *hojo* plaziert. Zwischen den beiden Inseln, genau auf der gedachten Zentralachse, liegt ein *reihaiseki,* ein zum kultischen Gebrauch bestimmter Stein, in einem Feld von bläulichen Kieseln. Der *reihaiseki* gehört eigentlich zum Toshogu-Schrein, dessen Dach man von hier aus gerade noch erspähen kann, wenn man sich nach Westen wendet. Dieser Schrein wurde errichtet, um für die Seele des Shogun Ieyasu zu beten.

Nach Süden hin ist der Garten optisch durch ein *o-karikomi* abgeschlossen, welches so geschnitten ist, daß es den steilen Abfall des Geländes verbirgt. Die hiesigen Schnittformen der Sträucher sind jedoch nicht vergleichbar mit den Schnittformen in den weiter oben besprochenen Tempelgärten: Sie haben keinerlei Sinnbildcharakter und scheinen lediglich dekorativen Zwecken zu dienen. Allenfalls könnte man diese Schnittform als eine Art Wellenbewegung interpretieren, in deren Mitte sich zwei »Inseln der Seligen« befinden.

Konchi-in

Der *Konchi-in* ist ein Subtempel des Zen-Tempels *Nanzen-ji* am Fuß der Berge östlich von Kyoto. Für die Anlage dieses Subtempels, insbesondere für die des *hojo,* der Wohnquartiere des Hauptpriesters, des Tee-Hauses daneben und des Toshogu-Schreines, zeichnet Kobori Enshu verantwortlich. Er plante die Baulichkeiten und überwachte ihre Errichtung im Auftrage eines einflußreichen Zen-Mönches namens Suden. Die Arbeit selbst wurde von mehreren zur Momoyama-Zeit berühmten *Kawaramono* ausgeführt — der berühmteste unter ihnen dürfte wohl Kentei gewesen sein, der auch an der Anlage des *Sambo-in* beteiligt war. Der Südgarten vor dem *hojo,* der ebenfalls von Kobori Enshu entworfen ist, wurde im Jahre 1632 fertiggestellt.

Der Teich-Insel-Garten des Senshu-kaku unterhalb des Tokushima-Schlosses zeigt sicherlich die dramatischste Steingruppierung der Momoyama-Zeit.

Der neue Gartenprototyp der Momoyama-Zeit: Roji, der rustikale Teegarten

Tee:
Elixier der Unsterblichen und gemeinschaftstiftendes Getränk. Von der ästhetischen Zeremonie und dem religiösen Ritual des Teetrinkens.

Daß die »Erfindung« des bäuerlichen Tee-Gartens ausgerechnet in die prunkliebende Momoyama-Zeit fällt, mag verwunderlich scheinen, ist aber unbezweifelbar. Dieser Garten stellt in der Tat einen völlig neuen Gartenprototyp dar, dessen Anlage und Gebrauch sich nicht unmittelbar von einem Gartenprototyp früherer Zeit ableiten läßt. Seine Entstehung hängt mit dem *wabi-cha,* dem »verinnerlichten und schlichten Tee-Ritual«, zusammen, das gegen Ende des sechzehnten Jahrhunderts in Japan Fuß faßte. Der Garten sollte dem *so-an,* der »Grashütte«, einer schlichten rustikalen Tee-Laube, als angemessene Umgebung dienen. Hier vollzog man die Rituale des *sado* oder *chado* genannten »Tee-Weges«, der Tee-Zeremonie.

Der Tee-Garten selbst heißt auf japanisch *roji,* was, je nach Schreibweise, mit »Durchgang«, »Pfad«, »Hüttenland« oder »Taugrund« zu übersetzen ist. Anders als die Gärten, von denen wir bisher gehandelt haben, hatte dieser Garten nicht die Funktion, einfach nur betrachtet zu werden. Vielmehr sollte er im ganz wörtlichen Sinne das Stück des Weges sein, das man passieren mußte, um an sein Ziel zu gelangen – die Tee-Laube. Der Garten war also von Beginn an zum Durchwandern angelegt. Im Laufe der Zeit entwickelte sich der Gang durch den *roji* zu einem regelrechten Durchschreitungsritus, einem wesentlichen Bestandteil der quasireligiösen Tee-Zeremonie.

Das *wabi-cha,* das Tee-Ritual, ist eine rein japanische Erfindung, die aber, wie so vieles in Japan, chinesische Wurzeln hat. Im südlichen China war das Tee-Trinken als sozialer Akt und als Teil eines religiös-ästhetischen Rituals schon seit langer Zeit bekannt. Schon im China der Han-Dynastie (206 v. Chr. – 220 n. Chr.) schätzte man Tee wegen seiner Heilwirkung für Leib und Seele. Man schrieb dem Tee auch Zauberkräfte zu. Seit dem siebten Jahrhundert war der Tee auch in buddhistischen Klöstern Teil des religiösen Rituals, und man verwendete ihn wegen seiner anregenden Wirkung bei Meditationen. Theodore M. Ludwig hat eine interessante Studie über die religiösen und ästhetischen Einflüsse auf die japanische Tee-Zeremonie geschrieben, in der er auch die Einflüsse der chinesischen Tee-Zeremonien auf Japan behandelt. Wichtig sind, so Ludwig, »die Assoziation des Tees mit Zauberkräften und den Unsterblichen des taoistischen Mythos, ein Gefühl für natürliche Selbstzucht und Schlichtheit, die man vielleicht mit dem astringenten Geschmack des Tees in Verbindung brachte. Übernommen hat die japanische Kultur aber auch die Vorstellung, daß man das Tee-Trinken bei Zusammenkünften mit großem Sinn für Etikette und Umgangsformen zelebrieren sollte oder bei religiösen Zeremonien den Sinn für Gemeinschaft fördern kann, und die Vorstellung, daß die ästhetischen Qualitäten des Tee-Trinkens einem Menschen die Erfahrung der Erleuchtung ermöglichen könnten«[68].

Während der ersten Welle des chinesischen Einflusses auf Japan, also zur Nara-Zeit, führten buddhistische Priester die Sitte des Tee-Trinkens in Japan ein, die aber gegen Ende der Heian-Zeit wieder in Vergessenheit geriet. Erst in der Kamakura-Zeit ließ ein Mann namens Eisai, der Gründer der buddhistischen Rinzai-Sekte, die Sitte wiederaufleben, als er neue Tee-Samen und auch neue Methoden der Tee-Zubereitung von China mitbrachte. Sein Interesse an Tee war aber weniger sozial als

Holzschnitt aus dem *Miyako rinsen meisho zue*
aus dem Jahre 1799.

vielmehr medizinisch und moralisch begründet. Er hielt Tee für ein gesundes Getränk und betrachtete die Erhaltung der Gesundheit als eine buddhistische Tugend.

Während der Muromachi-Zeit entwickelten sich allerlei längst in Vergessenheit geratene Riten und Feste um den Tee: So veranstaltete man zum Beispiel festliche »Tee-Proben«, bei denen allerdings nicht nur verschiedene Tee-Sorten, sondern auch manch andere (alkoholhaltige) Getränke goutiert wurden. Daneben konnte sich der Connaisseur auch anderweitig unterhalten: Wer Spiele liebte, konnte um Geld oder mit Damen spielen. Auch Badehäuser standen zur Verfügung. Den Ashikaga-Shogunen der vornehmen Higashiyama-Kultur erschien dieses Treiben ein wenig unkultiviert, und sie setzten ihre eigenen, sehr formalen Tee-Zeremonien dagegen. Diese waren ihrem Geiste nach den frühen buddhistischen Tee-Ritualen verwandt, aber aus deren religiösem Umfeld ganz herausgelöst und rein säkularer Natur. Sie gehen vermutlich auf die Idee eines Mannes namens Noami (1397–1471) zurück, der einer der wichtigsten Berater des Ashikaga Yoshimasa in ästhetischen Fragen war. Yoshimasa jedenfalls ließ seine Zeremonien im *shoin* durchführen, dem kultiviertesten der Räume in den Wohngebäuden der nun zu Macht und Ansehen gelangten Samurai und Zen-Mönche. Beim Ritual im *shoin* drehte sich alles um den *daisu*, ein Regal, auf dem Tee-Utensilien und kleine Kunstgegenstände standen – die meisten davon stammten natürlich aus China. Diese überaus manierliche Art des Tee-Trinkens nannten die Japaner *shin*. Dieser Begriff stammt aus dem klassifikatorischen System der sino-japanischen Kalligraphie, wo er die höchste, die formal reinste der drei Arten der Kalligraphie bezeichnet. *Shin* ist also auch die formal reinste Art des Tee-Genusses.

Sehr wahrscheinlich war es der Mönch Murata Shuko (1422–1502), der den *wabi-cha,* die heute noch gültige formalisierte Art des Tee-Trinkens, »erfand«. Murata Shuko war ein Jünger des erleuchteten und einflußreichen Zen-Meisters Ikkyu, der durch sein Leben beispielhaft zu verdeutlichen suchte, daß die »Selbstlosigkeit« der Lehre Buddhas auch im alltäglichen Leben verwirklicht werden könne. Shuko baute eine kleine rustikale Tee-Hütte in der Innenstadt von Kyoto, deren geringe Ausmaße und bescheidene Ausführung seinem asketischen Denken entsprachen. Den eleganten *shoin* vertauschte er also mit dem *so-an,* der kleinen, bäuerlichen Grashütte. An diesem Ort hielt er seine Tee-Zeremonien ab, für die er dann auch nicht mehr chinesische, sondern japanische Utensilien benutzte. Die Ästhetik seiner Tee-Zeremonie hieß *gyo* und hatte einen etwas offeneren und unverkrampfteren Charakter.

Der Tee-Meister Takeno Joo (1502–1555) verfeinerte die asketisch-schlichte Atmosphäre des *gyo* noch weiter. Er war der Sproß einer Krieger- und Kaufmannsfamilie aus der nahe gelegenen Hafenstadt Sakai und hatte sich schon früh einen Namen als Meister des *renga*, einer japanischen Gedichtform, gemacht. Als Poet war ihm natürlich klar, wie groß die Anziehungskraft des romantischen Bildes einer grasbedeckten Eremitenhütte und der poetischen Einsamkeit auf seine Zeitgenossen sein mußte. Als Sohn einer Kaufmannsfamilie und Adept des Zen-Buddhismus verband er in seiner Tee-Zeremonie die Kultur der bürgerlichen Kaufmannsklasse mit der Zen-Kultur, die sich vor allem im *Daitoku-ji* in Kyoto entwickelt hatte. Diese Verbindung von bürgerlicher Kultur und Zen-Philosophie können wir übrigens auch bei Takeno Joos Schüler Sen no Rikyu beobachten, der ebenfalls aus der Kaufmannsschicht stammte. Im oben erwähnten klassifikatorischen System der sino-japanischen Kalligraphie wird Takeno Joos Tee-Zeremonie in die Klasse des *so* eingeordnet, was man mit »Gras-Stil« übersetzen könnte.

Im Jahre 1501 mußte Sen no Rikyu auf Befehl von oben Selbstmord (Harakiri) begehen. Sein Nachfolger als »Hohepriester« des Tees unter den Tokugawa-Shogunen wurde Furuta Oribe (1544–1615). Er änderte den Stil seines Vorgängers und gab der Tee-Zeremonie einen Hauch von Erlesenheit, *suki,* und ein spielerisches Element, *asobi.* Unter seiner Ägide erhielt die Tee-Hütte wieder etwas größere Ausmaße. Besonders zu erwähnen ist, daß er den *roji,* den »Taugrund«, der bislang lediglich als Durchgang gedient hatte, in einen *cha-niwa,* einen »Tee-Garten«, verwandelte.

Nachdem auch Oribe sich auf Befehl das Leben nehmen mußte, wurde Kobori Enshu — den wir ja bereits als wichtigen Gartenarchitekten erwähnt haben — der renommierteste Tee-Meister Japans. Seine Interpretation des *chado,* des Tee-Weges, war sehr stark vom Neokonfuzianismus seiner Zeit geprägt. Die Ästhetik des Tee-Weges, die er nunmehr entwickelte, basiert im übrigen auf der klassischen Ästhetik der Heian-Zeit. Man kann diese mit dem Wort *kirei-sabi,* »Eleganz und Patina«, kennzeichnen. Dabei setzte er sich unmißverständlich von Sen no Rikyus Wabi-Ästhetik der Zucht und Schlichtheit ab.

Um meinen viel zu kurzen historischen Abriß der Entwicklung der japanischen Tee-Zeremonie zu komplettieren, muß ich noch Sen no Sotan, einen Enkel Sen no Rikyus, erwähnen. Sen no Sotan war ein Zen-Mönch im *Daitoku-ji.* Auch für ihn galt, daß »Tee und Zen eins sind«, und er schuf in diesem Geiste die *wabi-suki* genannte Tee-Zeremonie, in der er die Ideale seines Großvaters, Zucht und Schlichtheit *(wabi),* mit dem Erlesenheitsideal *(suki)* des Furuta Oribe zu kombinieren suchte. Nach Sen no Sotan spaltete sich die von Sen no Rikyu begründete Tradition der Tee-Zeremonie in drei Schulen, die bis heute seine Lehre von Generation zu Generation weitergeben.[69]

Roji:
Der Weg durch den Taugrund zum so-an, der grasbedeckten Hütte.

Seit Anfang des sechzehnten Jahrhunderts bauten sich reiche Kaufleute in Sakai und anderen Städten Japans kleine, freistehende Tee-Hütten in die Gärten ihrer recht beengten Stadthäuser. Diese Hütten waren natürlich viel kleiner als die, welche die mächtigen Daimyo-Fürsten sich später in ihre großspurigen Gärten bauten. Die Daimyo-Fürsten und die Shogune sollten aber im Laufe der Zeit zu großen Förderern der Tee-Zeremonie werden. Wie hoch die Shogune Nobunaga, Hideyoshi und Ieyasu die Tee-Meister schätzten, mag man daran erkennen, daß diese zu ihren wichtigsten politischen Beratern zählten. Die japanische Kulturgeschichte betrachtet traditionell Sen no Rikyus Wabi-Stil der Tee-Zeremonie als den Gipfelpunkt japanischer Tee-Kultur. Ich werde die verschiedenen Elemente von Sen no Rikyus Stil der Tee-Zeremonie im folgenden anhand der Beschreibung des *fushin-an* einführen. *Fushin-an,* die »Laube der Urteilslosigkeit«, liegt auf dem Gelände der berühmten Teekunst-Schule *Omote Senke.*

Rikyu selbst hat dort niemals gelebt, aber sein Adoptivsohn Sen no Shoan (1546–1614) errichtete sich dort um 1594 ein Haus, wozu auch eine kleine Tee-Laube mit einer Grundfläche von nur drei Tatami-Matten gehörte (ein Tatami mißt 90 mal 180 Zentimeter; Anm. d. Übers.). Er nannte die Laube *fushin-an.* Nach seinem Tode schuf sein Sohn Sen no Sotan (1578–1658) dort eine noch kleinere Tee-Laube, deren Grundfläche nur anderthalb Tatami-Matten maß. Er nannte sie ebenfalls *fushin-an.* Das *fushin-an,* welches der heutige Besucher besichtigen kann, hat wieder einen Grundriß von drei Tatami-Matten und stammt von Soshin Sosa, einem Nachfahren des Sen no Sotan in der vierten Generation. Das Anwesen, auf dem das *fushin-an* ursprünglich stand, die Schule *Omote Senke,* brannte beim großen Feuer von 1788 bis auf die Grundmauern nieder. Es wurde erst 1913 wiederaufgebaut, wobei man sich Mühe gab, Rikyus ursprünglicher Idee von einer bäuerlichen Tee-Laube mit Garten gerecht zu werden.

Das Wort *roji* bedeutet nicht nur »Weg« oder, genauer, »Durchgang«, sondern wird innerhalb der strikt buddhistischen Diskussion auch als Terminus technicus verwendet, wo er näherungsweise mit »freier Raum« übersetzt werden könnte. Gemeint ist damit der Raum jenseits des von Leidenschaften und Illusionen verzehrten menschlichen Lebens. So jedenfalls hat sich Sen no Rikyu über den *roji* geäußert. Im *Namporoku,* einem von Nampo Sokei verfaßten Buch über die Lehre Rikyus,

heißt es: »*Roji* ist das wunderbare Reich der Vollkommenheit von Leib und Seele. Niemals ist der Garten des Laien als *roji* bezeichnet worden. Rikyu gebrauchte das Wort, wenn er die Reinheit des Geistes meinte, der sich von allem weltlichen Leid und aller weltlichen Unreinheit befreit hat. ... Äußerlich findet die innere Reinheit, welche mit *roji* eigentlich gemeint ist, ihren Ausdruck im naturbelassenen Garten mit seinen Bäumen und Steinen.« Und an einer anderen Stelle schreibt Nampo Sokei: »Die Tee-Zeremonie in dem kleinen Raum dient hauptsächlich der Einübung des Buddhismus und hat die Erleuchtung zum Ziel.«[70]

Omote Senke, die berühmte Teekunst-Schule im Herzen von Kyoto, betritt man von einer schmalen Seitenstraße aus, auf die sich das weite Holztor der

Schule öffnet. Es ähnelt den Toren der Samurai-Häuser (A). Tritt man durch dieses Tor hindurch, so befindet man sich in einem Vorhof, der von einer zwei Meter hohen Hecke aus immergrünen Sträuchern völlig umschlossen ist. Der Hof ist mit großen, behauenen Steinen gepflastert. Der offene, freie und lichte Charakter dieser Hofarchitektur bildet einen starken Kontrast zu dem Raum im Inneren der Schule, in den man anschließend gelangt. Zunächst kommt man zum Eingang des *roji*, dem sogenannten *roji-mon*, einem Tor (B), welches so schmal ist, daß man sich in einer Art Zickzackbewegung hindurchschlängeln muß. Dies hat den Sinn, daß jeder, der in den *roji* hinein will, seinen Schritt verlangsamen muß und so gezwungen ist, den kleinen, äußeren *roji* wenigstens einen Augenblick lang durch den Torrahmen zu betrachten.

Geht man nun weiter, so lädt das *soto-koshikake*, das äußere bedachte Wartehäuschen (C), dazu ein, einen Augenblick betrachtend zu verweilen. Seit dem Ende des sechzehnten Jahrhunderts ist der japanische Tee-Garten durch Zäune und Tore in einen äußeren und einen inneren *roji* unterteilt. Der äußere *roji* dient als der Raum, an dem die zur Tee-Zeremonie geladenen Gäste empfangen werden, während der innere *roji* als Ort der Erholung bei Pausen in der Tee-Zeremonie gedacht ist. Gelegentlich findet man auch Gärten, die in drei oder mehr Teile unterteilt sind. Von der Wartebank im *soto-koshikake* aus kann man einen Garten betrachten, der sich von den Gärten, die wir bisher besprochen haben, grundlegend unterscheidet. In diesem Garten lassen sich keine klaren ikonographischen Elemente wie zum Beispiel Schildkröten- oder Kranichinseln mehr ausmachen. Der Raum ist vielmehr durch in Muster gelegte Schrittsteine, *tobi-ishi*, gegliedert, wobei es sich ohne Ausnahme um unbehauene Natursteine handelt. Für die Tee-Zeremonie reinigt der Gastgeber die Steine und benetzt sie ein wenig

mit Wasser, bevor die Gäste eintreffen. Man weiß nicht genau, wer diese Schrittsteine »erfand«, aber sie sind zu einem zentralen Element aller japanischen Gärten seit der Edo-Zeit geworden. Vermutlich hatten sie zunächst eine ganz praktische Funktion: Da die Gärten mit sehr feinen Moosen bewachsen waren, sollte man die Schrittsteine zum Durchqueren des Gartens nutzen, um das Moos nicht zu zertrampeln. Ein einziger, fester Schritt darauf kann ein solches Moos für lange Zeit ruinieren. Aber die *tobi-ishi* haben auch die Funktion, den Gang des Besuchers durch den Garten zu manipulieren: Das Gehen über die Schrittsteine verlangsamt dessen Schritt, und es lenkt ihn auf einer Route durch den Garten, die ihm seine Schönheiten am besten eröffnet.

Wir sollten dabei nicht vergessen, daß der *roji* ja nicht nur ein Objekt der ästhetischen Wahrnehmung ist, sondern auch der Ort, an dem sich die Tee-Zeremonie vollzieht. Alles ist deshalb dazu angetan, den Menschen sich seiner selbst und seiner Umgebung bewußtzumachen, was sonst im Alltag so ja kaum stattfindet: Gewöhnlich nehmen wir kaum wahr, wo wir gehen, was wir essen oder trinken. Der Tee-Garten und die Laube sind so angelegt, daß sie den Besucher einladen, ja mit sanftem Zwang dazu bewegen, sich all dieser Aktivitäten bewußt zu werden. Die Tee-Zeremonie ist eine Methode der Meditation; Tee-Laube und Tee-Garten sind ein Tempel, vielleicht der einzig wahre Tempel, den die Menschheit je geschaffen hat. Je mehr der Mensch sich seiner alltäglichen Tätigkeiten bewußt wird, desto bewußter wird er sich seiner selbst. Könnte ein Tempel eine höhere Funktion haben?

Vermutlich war es Sen no Rikyu, der den *roji* von einem schlichten Gärtchen, das man auf dem Weg zur Tee-Zeremonie lediglich durchschritt, zu einem Ort machte, an dem sich ein regelrechter Durchschreitungsritus vollzieht. Seinem Einfluß ist wohl auch zu verdan-

ken, daß die *tobi-ishi* zu eigenständigen ästhetischen Gestaltungsmitteln im Garten über ihre praktische Funktion als Schrittsteine hinaus wurden. Ob die *tobi-ishi* aber nun überwiegend nach funktionalen oder nach ästhetischen Gesichtspunkten gesetzt worden waren: fest steht, daß sie den Menschen eine der simpelsten und alltäglichsten Handlungen der Welt bewußtmachen sollten: das Gehen. Insofern stehen sie im Geiste Buddhas, dessen Meditationsmethode aus zwei Phasen bestand: Der Meditierende sollte sich zunächst im Sitzen seines Atems und sodann beim Gehen seiner Füße und Fußsohlen bewußt werden. Im Lauf der Zeit verdrängen die *tobi-ishi* die dekorativen Steinarrangements, die wir aus früheren japanischen Gärten kennen, und werden zu *dem* Stil der Steinkomposition schlechthin.

Auch werden die Funktionen der *tobi-ishi* zusehends ausdifferenziert. So kennen wir eine Untergruppe, die man in Japan *yaku-ishi* nennt. Wörtlich könnte man das mit »Steine für besondere Zwecke« übersetzen. Dazu gehört zum Beispiel der »Stein für Gäste«, auf dem der höchstrangige oder besonders verehrte Gast einer Tee-Zeremonie seine Füße ausruhen darf. Ebenfalls dazu gehört auch der »Stein für den Gastgeber«, auf dem der Gastgeber seine Gäste empfängt. In der Nähe des Tee-Hauses befindet sich oft noch ein Steinpaar, das »Schwertstein« genannt wird. Unmittelbar in seiner Nähe befand sich nämlich ein Ständer, an den man sein Schwert hängen konnte.

Doch zurück zum *roji* in der Omote-Senke-Schule. Vom *soto koshikake*, dem äußeren bedachten Wartehäuschen, fällt der Blick auf eine Reihe von Schrittsteinen, die zu einem *shitabara setchin*, einer kleinen Toilette (D), führen. Dort befindet sich auch ein *tsukubai*, ein Steinarrangement mit einem steinernen Wasserbassin (E). Dort soll sich der Besucher körperlich und rituell reinigen. Ich werde auf dieses wichtige neue Element des

japanischen Gartens später noch einmal zurückkommen. In der Nähe des *tsukubai* ist eine *chiri-ana*, eine kleine Abfallgrube (F), in den Boden eingelassen. Bevor die Gäste eintreffen, füllt der Gastgeber sie mit Laub und Tannennadeln aus dem Garten. Damit soll symbolisch verdeutlicht werden, daß der Garten gereinigt ist. Aus demselben Grund läßt der Gastgeber auch an bestimmten Stellen des Gartens Besen und Harken stehen. Natürlich sind das nicht die Besen, mit denen er den Garten gekehrt hat. Direkt neben dem Eingang zum Tee-Haus befindet sich eine weitere *chiri-ana*. Beide *chiri-ana* sind keine wirklichen Abfallgruben; sie sind symbolisch zu verstehen: als Stellen, an denen die Gäste ihre unreinen Gefühle und Gedanken zurücklassen sollen. Innere und äußere Reinheit stellt eines der Gebote der Wabi-Tee-Zeremonie dar. Rikyu zufolge soll man die folgenden »Beschwernisse« fortwerfen, bevor man den *roji* betritt: »deine Religion, Gedanken an deines Nächsten Hab und Gut, Gedanken an deine Schwiegereltern, Gedanken an die Kriege im Lande und die Tugenden und Laster der Menschen«[71].

Vom *soto koshikake* fällt der Blick noch auf eine zweite Reihe von Schrittsteinen, die zu einer Art Tor im Zaun zwischen äußerem und mittlerem Garten führt. Dieses Tor heißt *naka-kuguri*, was man wörtlich mit »mittleres Durchkrabbeltor« übersetzen könnte (G). Dort empfängt der Gastgeber die Gäste einer Tee-Zeremonie und führt sie von dort zur Tee-Laube. Das *naka-kuguri* hat eine Größe von etwa 60 mal 60 Zentimetern und kann mit einer hölzernen Schiebetür geschlossen werden. Rikyu machte es zu einem Teil der Tee-Zeremonie und überhöhte so den ästhetisch-sozialen Zeitvertreib des Tee-Trinkens zu einer religiösen Erfahrung: Wer durch dieses Tor will, wird sich seines Körpers intensiv bewußt, indem er gezwungen ist, niederzuknien, um durchzukrabbeln.

Baiken-mon, das »Tor, von dem aus man die
Pflaumenblüten sehen kann«, zwischen mittlerem und inneren roji des fushin-an.

Der *naka-roji,* der mittlere Garten, den man durch das *naka-kuguri* betritt, ist eigentlich der innere Tee-Garten für den *zangetsu-tei,* den »Pavillon des abnehmenden Mondes«. Es handelt sich hierbei um ein größeres Tee-Haus im Shoin-Stil. Zu diesem Tee-Haus gehören Schrittsteine eigener Art und ein besonderes *tsukubai.* Das *naka-kuguri* ist der einzige Zugang zum *zangetsu-tei.* Es wurde von Rikyus Adoptivsohn in Anlehnung an Rikyus Wohnhaus in Hideyoshis Juraku-dai-Palast erbaut. Ito Teiji urteilt über dieses Haus: »Der Adel dieser Architektur macht es zu einem Pionierwerk des Sukiya-Stils«[72]. Wir werden auf diesen neuen Architekturstil im nächsten Kapitel näher eingehen. Das Gebäude, das wir heute sehen, ist übrigens eine Rekonstruktion aus dem Jahre 1913.

Folgt man der zweiten Reihe von Schrittsteinen durch den Mittelgang, so gelangt man zu einem quadratischen Brunnen (H). Seine Abdeckung und seine Hebevorrichtung sind von ausgesuchter Schönheit. In den Städten war die Wasserversorgung fast ausschließlich durch solche privaten Brunnen gewährleistet, und daß der Brunnen eine so zentrale Lage im Garten hat, unterstreicht die Wichtigkeit des Wassers für die Tee-Zeremonie. Am Ende des mittleren Gartens tritt man durch ein weiteres, recht einfach gestaltetes Tor, das *baiken-mon* (I), und betritt sodann den *uchi-roji,* den innersten Tee-Garten. Dieser weist in seinem Aufbau große Ähnlichkeit mit dem äußeren Tee-Garten auf. Je mehr Hindernisse man jedoch auf dem Wege zum *so-an,* der Tee-Laube, zu überwinden hat, desto sakraler erscheint einem der Ort.

Hinter dem *baiken-mon* liegt gleich zur Rechten das *uchi-koshikake,* das innere Wartehäuschen, eine Art Bank mit einem Dach darüber. Eine streng nach den Regeln durchgeführte Tee-Zeremonie dauert etwa vier Stunden. Sie ist in zwei Teile aufgegliedert, deren erster

ein leichtes Mahl einschließt. Anschließend werden zwei verschiedene Sorten Tee gereicht, zunächst ein starker, dann ein schwacher. In der kurzen Pause zwischen den beiden Teilen ziehen sich die Gäste gewöhnlich zum *uchi-koshikake* zurück.

In der Nähe des *uchi-koshikake* befindet sich eine weitere kleine Toilette, *suna setchin* oder *kazari setchin,* was man mit »dekorative Toilette« übersetzen könnte (K). Sie ist nicht für den Gebrauch gedacht, sondern zum Anschauen. Die *tobi-ishi* führen den Besucher dann zu einer Steinlaterne (L) und einem kleinen Waschbecken aus Stein (M), welches vor dem Eingang des *fushin-an* steht.

Da Tee-Zeremonien auch am Abend stattfanden, brauchte man Laternen, um den Weg durch den Garten

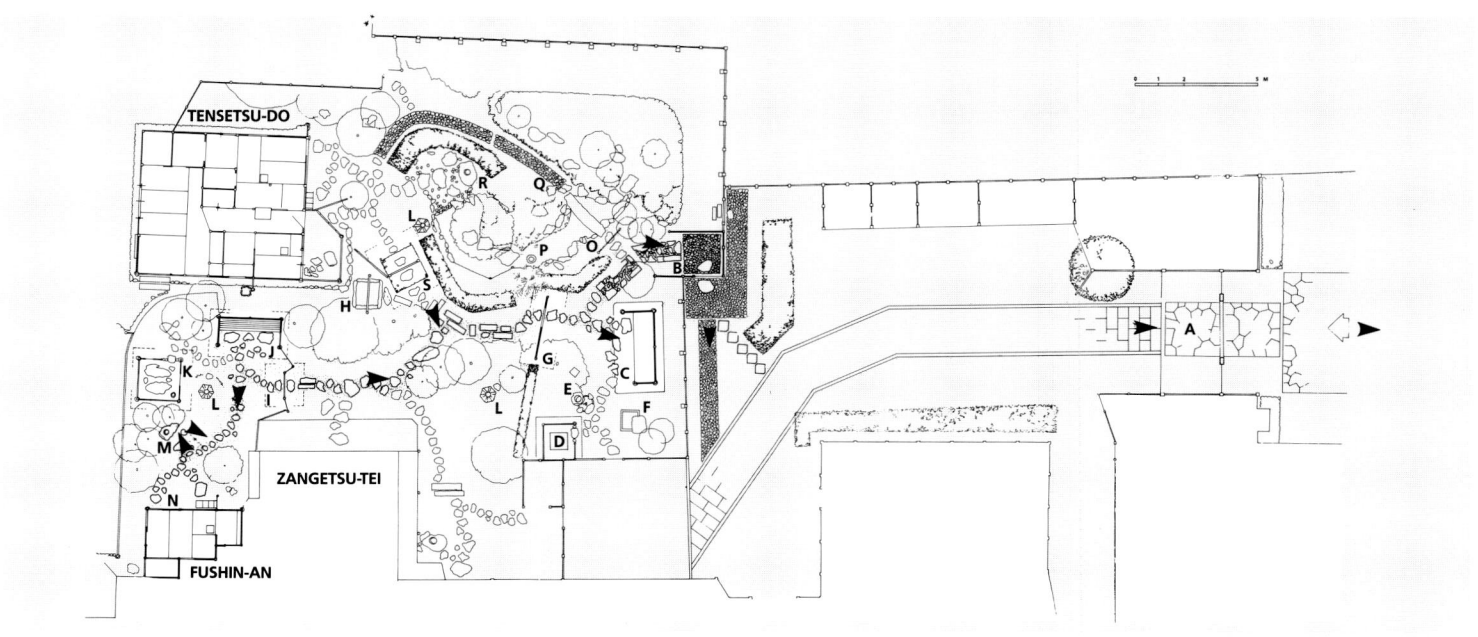

zu erleuchten. Meist standen die Laternen in der Nähe der Tore, an Stellen, wo der Pfad eine unerwartete Biegung machte, und in der Nähe der Waschbecken. Die *ishi-doro,* die Steinlaternen, welche die Tee-Meister des sechzehnten Jahrhunderts für diesen Zweck einführten, waren schon seit langem in Tempeln und Schreinen gebräuchlich. Die Steinlaterne im innersten *roji* des *fushin-an* ist im Stil der Steinlaterne am Kasuga-Schrein in Nara gehalten.

Bevor ein Gast die Tee-Laube betritt, wäscht er sich die Hände und spült sich den Mund am Waschbecken aus. Diese Waschung hat mehr symbolische Bedeutung als praktischen Nutzen. Hier wäscht man alle Sorgen und spirituellen Unreinheiten weg, die einen im alltäglichen Leben begleiten. Ähnliche Waschbecken zum Zwecke symbolischer Waschungen finden sich seit dem dreizehnten Jahrhundert übrigens auch vor den Shinto-Schreinen und an buddhistischen Tempeln.

Das Waschbecken heißt *tsukubai,* was wörtlich übersetzt »Ort, wo man sich niederknien muß« bedeutet (M). Der Akt des Niederkniens ist also auch hier von besonderer Bedeutung. Deshalb liegt das *tsukubai* immer in einer Art Senke, so daß man sich tatsächlich tief knien muß. Die Senke, in der das *tsukubai* liegt, nennen die Japaner Meer. Der größte Stein des *tsukubai* heißt *chozubachi,* »Handwasserbecken«. In den Teegärten, die in Sen no Rikyus Wabi-Stil gehalten sind, ist das *chozubachi* normalerweise ein sehr schlichter, ausgehöhlter Naturstein. Gewöhnlich liegt eine Bambuskelle zum Wasserschöpfen auf dem Stein. Rechts und links vom *chozubachi* befinden sich zwei flache Steine. Auf dem einen steht bei der Tee-Zeremonie ein Eimer mit heißem Wasser, auf dem anderen eine Steinlaterne. Auf einen dritten Stein direkt vor dem *chozubachi* soll sich der Gast für die rituelle Waschung stellen. Das Steinensemble des *tsukubai,* ursprünglich mehr nach seiner praktischen Funktion

zusammengestellt, rückte im Laufe der Zeit immer mehr ins Zentrum der ästhetischen Aufmerksamkeit. Die Formgebung wurde zusehends wichtiger als die praktische Funktion, und heute sieht man auch *tsukubai* in Gärten, die gar nicht für die Tee-Zeremonie entworfen sind.

Vom *tsukubai* ist es nicht weit bis zur Tee-Laube *fushin-an.* Man betritt sie durch das *nijiri-guchi,* ein weiteres »Krabbeltor« (N). Das *nijiri-guchi* hat dieselben Maße wie das *naka-kuguri* zwischen äußerem und mittlerem Garten: es ist etwa 60 mal 60 Zentimeter groß. Man kann es also nur passieren, indem man sich seines Körpers intensiv bewußt wird, da man gezwungen ist, sich tief zu bücken. In dem Augenblick also, in dem man das innerste Heiligtum des Tee-Gartens, die Tee-Laube, betritt, wird man noch einmal daran erinnert, sich seinem Körper gegenüber bewußter zu verhalten und demütig zu werden. Alle sozialen Rangunterschiede sind in der Tee-Laube und im Tee-Garten für die Dauer der Zeremonie aufgehoben. Ist man nun durch dieses kleine Tor »gekrabbelt« und schaut zum ersten Mal im Inneren der Laube auf, so erblickt man zuallererst den *tokonoma,* einen dekorativen Alkoven, der gewöhnlich mit einer Bildrolle und einem Blumengesteck geschmückt ist, welche der Gastgeber eigens für die Gelegenheit der Tee-Zeremonie auswählt.

Man nimmt an, daß es Sen no Rikyu war, der dieses »Tor zum Durchkrabbeln«, das er aus der Architektur von Vorratshäusern und Scheunen in Korea gekannt haben könnte, erstmals in die Architektur des japanischen Tee-Gartens integrierte.

Der psychologische Effekt, den das *nijiri-guchi* auf den Gast hat, ist dialektischer Natur: Der kleine Raum mit einer Grundfläche von drei Tatami-Matten erscheint dem Betrachter, der sich gerade so klein wie möglich gemacht hat, sehr geräumig. Beträte er den Raum aufrecht gehend, so würde er ihm gewiß als sehr klein erscheinen.

Leider können wir hier den Innenraum des *so-an,* der Tee-Laube, nicht detailliert schildern; und auch der Versuch, die Tee-Zeremonie, *cha-no-yu,* wie sie von Sen no Rikyu oder einem späteren Tee-Meister überliefert ist, zu schildern, würde den Rahmen dieses Buches sprengen. Von außen sieht die Tee-Laube aus wie eine Eremitenhütte, bei deren Errichtung größter Wert auf Schlichtheit gelegt wurde. Einige ihrer gestalterischen Elemente sind der Architektur des traditionellen japanischen Bauernhauses entlehnt. Von innen könnte man sie als eine begehbare Skulptur bezeichnen. Die Raumaufteilung, die Gliederung durch Fenster, Ziernische und anderen Zierat wird wohl immer das schönste Beispiel für das Widerspiel von rechtem Winkel und natürlicher Form bleiben. Die architektonischen Feinheiten und deren Bedeutung für das Ritual der Tee-Zeremonie haben seit Jahrhunderten immer neu die Phantasie der Literaten und Kunstwissenschaftler angeregt, so daß im Lauf der Zeit die Literatur über dieses architektonische Juwel einen kaum mehr überschaubaren Umfang angenommen hat. Wir sollten hier vielleicht nur so viel noch festhalten: Vom Inneren des *so-an* aus ist der Garten nicht einzublicken. Hierin liegt ein beachtenswerter Unterschied zu den Gartenanlagen vergangener Zeiten, also dem Shinden-zukuri-Stil der Heian-Zeit oder dem Shoin-Stil der Momoyama-Zeit. Dort waren wir ja bisher immer einer Philosophie der Gartenarchitektur begegnet, die Haus und Garten so stark wie möglich miteinander zu verbinden suchte.

Die Welt des *wabi-cha,* des von Sen no Rikyu erdachten Rituals, ist eine Welt, in der man auf die kleinsten Details bedacht sein muß: auf die Details beim Aufbrühen, Servieren und Trinken des Tees und auf die Utensilien, die man dabei verwendet. Jede, auch die kleinste Handbewegung wird hier mit der größtmöglichen Bewußtheit ausgeführt, und daraus ergibt sich die Magie der Tee-Zeremonie: alles wird zur Grazie. Alltägliche Verrichtungen werden so zur Kunst.

Was macht denn nun das Besondere des *cha-no-yu* aus, des Tee-Weges, der Tee-Zeremonie? Sen no Rikyu beantwortet diese Frage nach Art der Zen-Meister mit einem Gedicht:

Cha-no-yu to wa	Vergiß niemals,
Tada yu wo wakashi	daß der Weg des Tees
Cha wo tatete	nichts ist als dies:
Nomu bakari nari	Wasser aufbrühen,
Moto wo shirubeshi	Tee machen und Tee trinken.

In dem Tee-Garten befindet sich noch ein zweiter *roji.* Er gehört zum Tee-Haus *tensetsudo,* was man wörtlich mit »die Hütte zur Schneeflocke« übersetzen könnte. Man gelangt zu ihm, wenn man vom äußeren Wartehäuschen durch ein »hängendes Tor« (O) aus gespaltenem Bambusstroh geht. Alsdann muß man eine kleine Brücke aus einem einzigen Naturstein (P) überqueren, die über einen trockenen Flußlauf führt, an dessen Ende sich das *tsukubai* befindet. Folgt man nun einem kleinen, mit Steinen gepflasterten und von Hecken gesäumten Pfad, so erblickt man an dessen Ende das *tensetsudo.* Dieser kleine Garten schafft mit seinen wenigen Elementen eine ungeheure Wirkung auf den Besucher. Es will ihm scheinen, als wäre der Gastgeber, der ihn am Tor empfängt, von seiner Eremitenhütte weit oben herabgestiegen zur Brücke am murmelnden Bach im tiefen Tal, um ihn zu empfangen.

Hängetür aus Bambus. Dahinter eine Brücke aus einem einzigen Naturstein, die zum inneren roji des Tensetsu-do-Teegartens führt.

*Kaya-mon, das strohgedeckte Tor zwischen
mittleren und innerem roji des Tensetsu-do.*

Das Verhältnis der Momoyama-Zeit zu Natur und Gartenkunst

Tee-Meister und »Kommissare für öffentliche Arbeiten« als Schöpfer der neuen Gärten

Daß unterschiedliche ästhetische Idealvorstellungen auch sozial ausdifferenziert sind, kann nicht überraschen. Aber daß eine soziale Klasse gleichzeitig und unvermittelt zwei völlig entgegengesetzten ästhetischen Idealen anhängt, ist zumindest ungewöhnlich. Genau das aber geschah in der Momoyama-Zeit. Man kann dies am Beispiel der reichen Händlerschicht in Sakai, Osaka und Kyoto wie auch am Beispiel der Shogune Oda Nobunaga und Toyotomi Hideyoshi zeigen: Im Grunde verfolgten sie alle jeweils zwei entgegengesetzte ästhetische Ideale. Die prunk- und machtliebenden Shogune Nobunaga und Hideyoshi stellten beide Sen no Rikyu, den Meister der Schlichtheit und Selbstzucht, in ihren Dienst. Sie liebten eben beides, Prunk und Schlichtheit. Hideyoshi etwa ließ eine Wabi-cha-Teehütte auf dem Gelände seines Palastes in Osaka einrichten, was ihn als einen Mann von Geschmack ausweisen sollte. Gleichzeitig ließ er aber noch einen zweiten Tee-Raum einrichten, der ganz vergoldet war und wo sogar die Tee-Utensilien aus purem Gold waren. Die schlichte Wabi-cha-Teehütte wie auch der goldene Tee-Raum waren transportabel. Hideyoshi konnte sie mitnehmen, wenn er auf Reisen ging, und mit ihnen seinen Geschmack und Reichtum zur Schau stellen.

Bei den reichen Kaufleuten in den Städten kann man eine ähnliche Ambivalenz zwischen Prunk und Schlichtheit erkennen. Ihre Stadthäuser zeigen viele Gesichter: Nach vorne, zur Straße, dokumentieren sie durch außerordentliche Prachtentfaltung die Stellung und den Reichtum ihrer Besitzer. Nach hinten, wo sich die

Tee-Gärten befinden, sind sie vom ästhetischen Ideal der Schlichtheit bestimmt.

Gelegentlich rücken die beiden Extreme recht nah aneinander, so daß man sie auf einen Blick erfassen kann. So zum Beispiel, wenn man den protzigen Garten des Nijo-Schlosses betrachtet, der gleich neben dem bäuerlich-schlichten Gärtchen des *fushin-an* gelegen ist.

Die Schöpfer des *roji*, des neuen Gartenprototyps der Momoyama-Zeit, sind unbezweifelbar die Mitglieder der neuen, reichen, vorwiegend aus Kaufleuten bestehenden Oberschicht der Hafenstadt Sakai. Hier saßen die Tee-Kenner und die neuen Experten in Geschmacks- und Etikettefragen und verhalfen der Vorstellung, daß »Tee und Zen eins sind«, zu neuer Geltung. Auch teilten sie die Liebe des Zen zur Schlichtheit und seine Achtung vor den kleinen, »unwichtigen« Verrichtungen des Alltags.

Wer aber schuf die punkvollen Gärten an den Schlössern und Residenzen der Shogune und Daimyo-Fürsten, die ja noch, wie etwa der Garten des Nijo-Schlosses, im Stil der alten Teichgärten gehalten waren? Oder die ebenfalls an älteren Vorbildern ausgerichteten Trockenlandschaftsgärten in buddhistischen Tempeln, wie etwa den Tempelgarten des *Konchi-in?* Auch wenn diese Gärten formal noch an alten Vorbildern ausgerichtet sind, so stammten ihre Schöpfer doch nicht mehr aus den Schichten, die traditionell als Gartenkünstler tätig wurden. Nehmen wir das Beispiel Kobori Enshus (1579–1647): Er stammte aus einer wohlhabenden Samurai-Familie und stieg im Laufe seines Lebens in den Stand der Daimyo auf. Die Zentralregierung in Kyoto übertrug ihm zudem das Amt des »Kommissars für öffentliche Aufgaben«, welches ihm einen engen Kontakt mit der aristokratischen Elite im Land ermöglichte. Seine Arbeit als Gartenkünstler war gewiß verschieden von der Arbeit der *Ishitateso* oder

Ein Trockenlandschaftsgarten mit den für die Momoyama-Zeit typischen Steinlaternen und steinernen Wasserbecken. In der Edo-Zeit werden Trockenlandschaftsgärten zu Tee-Gärten umfunktioniert. Der hier abgebildete Garten befindet sich im Koho-an, einem Subtempel des Daitoku-ji-Tempels in Kyoto. Der Entwurf für diesen Garten stammt von Kobori Enshu.

Kawaramono, die in früheren Zeiten vornehmlich für die Gartenkunst verantwortlich waren. Im Gegensatz zu diesen dürfte Kobori Enshu wohl niemals an den Detailarbeiten, die zur Verwirklichung eines Gartens notwendig sind, beteiligt gewesen sein oder gar selbst mit Hand angelegt haben. Seine Aufgabe beschränkte sich vielmehr darauf, den Garten zu planen und die Ausführung seiner Planungen zu überwachen. Die Knochenarbeit im Garten taten immer noch die *Kawaramono,* die unter den Tokugawa-Shogunen wieder zu Außenseitern der Gesellschaft geworden waren. Der letzte *Kawaramono,* der noch für würdig befunden wurde, in offiziellen Dokumenten namentlich erwähnt zu werden, war Kentei, der unter Kobori Enshu an der Anlage des *Konchi-in* arbeitete.

Die Sukiya-Architektur – ein neuer Rahmen für den japanischen Garten

Wie der schlichte Tee-Garten, der enormen Einfluß auf die Gartenkunst Japans hatte, wirkte auch das Tee-Haus inspirierend auf die Architektur Japans. Die radikal neue Architektur des Tee-Hauses erhielt den Namen Sukiya-Architektur.

Wörtlich übersetzt, bedeutet *sukiya* soviel wie »Gebäude von erlesenem Geschmack«. Das Wort taucht zum ersten Mal in einem Dokument aus dem Jahre 1532 auf. Im ausgehenden sechzehnten Jahrhundert bezeichnete man mit *sukiya* ein freistehendes Tee-Haus. Erst später bezeichnete *sukiya* jedes Gebäude, welches über Elemente der Teehaus-Architektur verfügte. Laut Ito Teiji war es Sen no Rikyu, der »den Sukiya-Stil schuf«, als er seinen »farbigen *shoin*« in Hideyoshis Juraku-dai-Palast in Kyoto entwarf.[73] Das Zangetsu-tei-Teehaus in der Omote-Senke-Schule ist eine kleinere, modifizierte Version dieses Baus, für dessen Entwurf und Ausführung

Rikyus Adoptivsohn Sen no Shoan verantwortlich zeichnete.

Wie oben bereits ausgeführt, war die Architektur des *shinden-zukuri* und des *shoin* durch zwei besondere Merkmale gekennzeichnet: Auf der symbolischen Ebene drückten sie lediglich den sozialen oder religiösen Status ihrer Inhaber aus, und strukturell zwangen sie verschiedene Räume unter eine vorgegebene Dachform. Es war die bescheidene Tee-Hütte, die die japanische Architektur von diesen Zwängen der Tradition befreite und ihr eine Freiheit und Funktionalität erlaubte, die sonst nur in der modernen Architektur zu finden ist.

Der Sukiya-Stil entwickelte sich zunächst als Sonderform des Shoin-Stils, der Architektur der Samurai-Krieger und der buddhistischen Priester, gewann aber neue Impulse, indem er sich wieder den Wurzeln aller Architektur, der simplen Architektur von Bauernhäusern, zuwandte. Mit der Zeit überwand der Sukiya-Stil alle Klassenschranken und fand in allen Gebäuden Japans, vom Haus des einfachen Mannes bis hin zum Unterhaltungspalast, seine Anwendung.

Ein besonders schönes Beispiel für die Besonderheiten des Sukiya-Stils findet sich in der Villa *Katsura*, die der Prinz Hachijo no Miya Toshihito und sein Sohn Noritada in mehreren Etappen zwischen 1616 und 1660 errichten ließen. Die Villa liegt am Westufer des Katsura-Flusses in Kyoto und war ursprünglich nur mit Booten zu erreichen. Der Villenkomplex, wie man eigentlich sagen müßte, besteht aus drei gestaffelten *shoin* und vier in ihrer Vollkommenheit unübertroffenen Tee-Lauben, die sich wunderschön in einen konventionellen Teichgarten einfügen. Der Teichgarten hat die beachtlichen Ausmaße der großen Südgärten der Heian-Zeit. Betrachtet man aber die Raffinesse und den Geschmack, mit denen hier auch das kleinste Detail ins Gesamtensemble eingefügt

Besucher immer neue Blicke auf Tee-Lauben oder besondere Panoramen eröffnen. Der Garten von *Katsura* wurde zum Vorbild für die großen Wandelgärten der späten Edo-Zeit.

Die Villa *Katsura* insbesondere und die Gebäude im Sukiya-Stil allgemein können von der Architektur der kleinen Tee-Lauben unterschieden werden durch den Umstand, daß ihre Gebäude zum Garten hin völlig offen sind. Man hat das Gefühl, der Garten ströme gleichsam durch das ganze Anwesen, während die kleinen Tee-Lauben den Garten ja bewußt ausschließen. Hier soll das Innere der Tee-Lauben gerade ein nach außen abgeschlossener Raum sein; ein Raum, der sich gewissermaßen nach innen kehrt. In der Villa *Katsura* (und gemeinhin im Sukiya-Stil) werden die Räume wieder offen und licht: Die Außenwelt, der Garten, soll die Innenwelt durchströmen.

Dennoch überwiegen natürlich die Gemeinsamkeiten zwischen der Teelauben-Architektur und dem Sukiya-Stil. Als Beispiel wäre die gemeinsame Vorliebe für Diagonalen zu nennen. Der Besucher wird fast immer auf einer diagonalen Linie an Objekte herangeführt, die seine besondere Aufmerksamkeit erregen sollen, ebenso auch an Tore, Türen und Gebäude. Kennzeichnend ist ferner die gemeinsame Vorliebe für das diagonal gestaffelte Arrangement von Gebäuden, wofür die Villa *Katsura* eines der elegantesten Beispiele ist. Das Resultat ist offensichtlich: Ganz gleich, ob man sich nun innerhalb oder außerhalb eines Gebäudes befindet, stets ist man von einem spürbar von Menschenhand durchformten Environment umgeben, in welchem der rechte Winkel im Widerspiel zur natürlichen Form steht. Die Anordnung der Gebäude in einem Muster, das die enge Verbindung von Gebäudearchitektur und Garten ermöglicht, hat auf japanisch den schönen Namen *ganko:* Die »Flugformation der Wildgänse«.

ist, so möchte man sagen, daß dieser große Garten den Geist der Tee-Gärten atmet. Kein Wunder also, daß die Villa des Prinzen Toshihito in frühen Schriftstücken immer nur das »Tee-Haus am Katsura-Fluß« heißt. Der recht bescheidene *roji,* der »Taugrund«, wurde zum bestimmenden Element dieses Garten. Der *roji* ist ein Pfad von den delikatesten Schrittsteinen, von dem aus sich dem

Der Kontrast zwischen rechtem Winkel und
natürlicher Form. Blick vom Shokin-tei, dem
»Kiefern-Lautenpavillon«, auf den alten shoin
der Katsura-Villa in Kyoto, die zwischen 1616
und 1660 erbaut wurde.

Ästhetische Ideale der Momoyama-Zeit und ihr Einfluß auf die Gartenkunst

Wabi – Zucht und Schlichtheit

Wenn man es recht bedenkt, so ist es eigentlich erstaunlich, daß die Trockenlandschaftsgärten der Muromachi-Zeit und die rustikalen Tee-Gärten so unterschiedlich sind. Denn sie sind doch beide im Geiste des Zen entstanden. Der Tee-Garten ist weder wüstentrocken noch von der mönchischen Schlichtheit der *kare-sansui*. Auch kann man nicht behaupten, daß das ästhetische Kalkül des Tee-Gartens den Blick des

Betrachters auf eine dramatisch gesetzte Steingruppe lenke. Nein, der Tee-Garten ist feucht und oft von Moosen überwuchert. Die Schrittsteine und Wegpavimente werden sogar gleichbleibend mit Wasser berieselt. Die Schlichtheit der Tee-Gärten ist also von wesentlich anderer Art als die Schlichtheit der Trockenlandschaftsgärten. Zwar finden sich auch in den Tee-Gärten keine exotischen Blumen oder Pflanzen, die den Betrachter ablenken könnten, sondern fast ausschließlich anspruchslose immergrüne Pflanzen mit einer oft wie poliert scheinenden Blattoberfläche. Allenfalls ein Ahorn- oder Pflaumenbaum öffnet im Frühling seine zarten Blüten und bringt ein wenig Farbe in den Garten. Im Tee-Garten ist das Verhältnis zur Natur und zur vom Menschen überformten Natur von äußerlich kunstloser, ja »alltäglicher« Art. In dieser Alltäglichkeit können wir das ästhetische Ideal des *wabi* erkennen, denn dieses versucht ja gerade dem Alltäglichen, dem Einfachen, Bescheidenen oder Bäuerlichen etwas abzugewinnen.

Sen no Rikyus *wabi* basiert in jeglicher Beziehung auf einer Ästhetik der Zurückhaltung: Der Ort für die Tee-Zeremonie ist so klein wie möglich gehalten, die Farben sind gedämpft und die Schmuckgegenstände auf ein Minimum reduziert. Das Ziel ist somit der Auszug aus irdischer Pracht. Äußerlich erinnert diese Zurückhaltung oft an die mittelalterliche Ästhetik des *sabi*, der Liebe für verwitterte Steine und die Patina des Alters. Aber Sen no Rikyus Ästhetik des *wabi* geht wesentlich tiefer.

Von Sen no Rikyu ist eine Geschichte überliefert, die seine Einstellung zur Gartenkunst auf treffende Weise beleuchtet: Eines schönen Morgens betrat er einen Tee-Garten und fand ihn übersät von dem Laub eines Bergbaumes, der in dem Garten stand. Ihm gefiel dieser Anblick sehr. Als er später wiederkam, hatte der Gastgeber das Laub säuberlich weggeharkt. Das gefiel ihm

*Blick vom Shokin-tei, dem »Kiefern-Lauten-
pavillon«, über den zentralen Teich auf den
alten shoin der Katsura-Villa in Kyoto.*

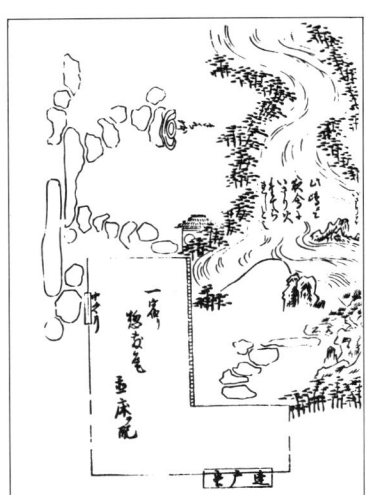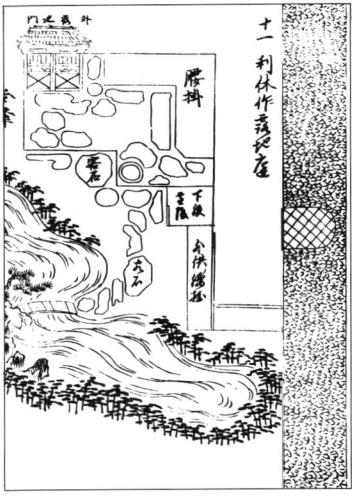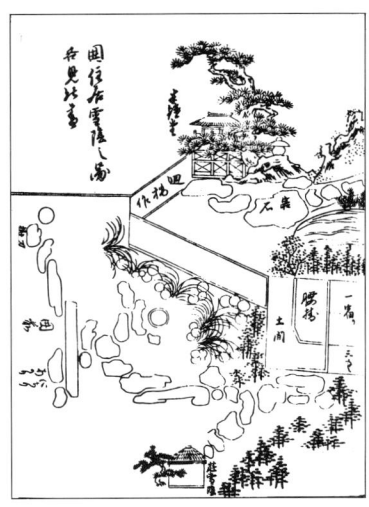

nun gar nicht, und es heißt, er habe deshalb sanft an einem Baum gerüttelt, bis wieder einige Blätter zu Boden gefallen waren. Alsdann gab er Weisung, Tee-Gärten nicht unmittelbar vor einer Tee-Zeremonie zu harken, sondern einige Stunden zuvor, so daß sich wenigstens etwas Laub im Garten wieder ansammeln könne. Er liebte zwar die Reinlichkeit, doch wollte er, daß Tee-Gärten natürlich aussehen. Der Garten sollte die Lebensvollzüge der Natur imitieren. Wir können sein Ideal der Gartengestaltung noch von einer anderen Seite beleuchten, wenn wir bedenken, daß seine Gärten vornehmlich Landschaften von ländlicher Natur darstellten, dominiert von einer einfachen Hütte mit Strohdach, sich aber, und hier liegt natürlich der Clou, immer mitten in einer großen Stadt befanden.

Suki – persönliche Vorlieben und Geschmack

Der japanische Gartenwissenschaftler Tanaka Seidai vertritt in seinem Buch über die Geschichte des japanischen Gartens die These, daß es einen scharfen Bruch zwischen Sen no Rikyus und Furuta Oribes Tee-Gärten gebe. Für ihn ist dieser Bruch vor allem in der Einstellung zum Tee-Garten begründet. Oribe, so sagt er, habe immer alles Laub in seinen Gärten zusammengekehrt und nur die Tannennadeln säuberlich über den ganzen Garten verteilt. Und zwar nicht nur um die Bäume – ganz gleich übrigens, ob es sich dabei um Nadelbäume oder Laubbäume gehandelt habe –, sondern auch rund um die Schrittsteine herum. Das aber, so Tanaka Seidai, zeige, im Gegensatz zu Sen no Rikyu, Oribes Desinteresse an einer bloßen Imitation der Natur. Dies könne man auch an anderen Indizien erkennen. Oribes Idee, Wegpavimente aus Natursteinen und aus behauenen Steinen in dem Garten anzulegen, zeige deutlich einen künstlerischen Willen, der sich der Natur aufzwinge. Ähnliches

gelte für die bläulichen Kiesel, die Oribe im äußeren, und die Tannennadeln, die er im inneren *roji* habe ausstreuen lassen.[74]

Dieser von Tanaka dokumentierte »Bruch« zwischen Rikyu und Oribe ist von großer Bedeutung für die Geschichte der japanischen Gartenkunst. Denn Oribe versuchte weder, wie die Gartenkünstler der Nara- und Heian-Zeit, die Natur in ihrer äußeren Erscheinung zu imitieren, noch nach ihren inneren Gesetzmäßigkeiten, wie dies in der Muromachi-Zeit der Fall war. Sen no Rikyu wollte die Natur in all ihren Erscheinungsweisen imitieren, Oribe dagegen wollte eine neue, eine zweite Natur schaffen. Er tat dies, indem er den Gebrauch rechtwinkliger Formen, zum Beispiel behauener Schrittsteine, heiligte und bei der Gartengestaltung ausschließlich seinem persönlichen Geschmack, nicht den Prozessen der Natur folgte. Deshalb konnte er etwa Tannennadeln unter Laubbäumen ausstreuen. Oribe setzte also den kreativen Willen des Menschen gegen die Natur.

Sakui – Kreativität und Originalität

Das neue Schönheitsideal der Tee-Meister war letztlich also ein Ideal, das großen Wert auf die Originalität des Gartenkünstlers legte. Das Hauptgewicht lag auf *sakui*, auf individueller Kreativität, nicht darauf, die Natur nachzuahmen oder den Vorbildern alter Meister zu folgen. Diese neue Kreativität schöpfte zum Teil aus der Re-interpretation alter Werte und der kreativen Umgestaltung alter Konventionen. Die steinernen Laternen und Wasserbecken, von denen wir oben sprachen, waren ja schon seit langem in Gebrauch, aber sie erhielten eine neue Bedeutung, als man sie zu Elementen des Tee-Gartens machte.

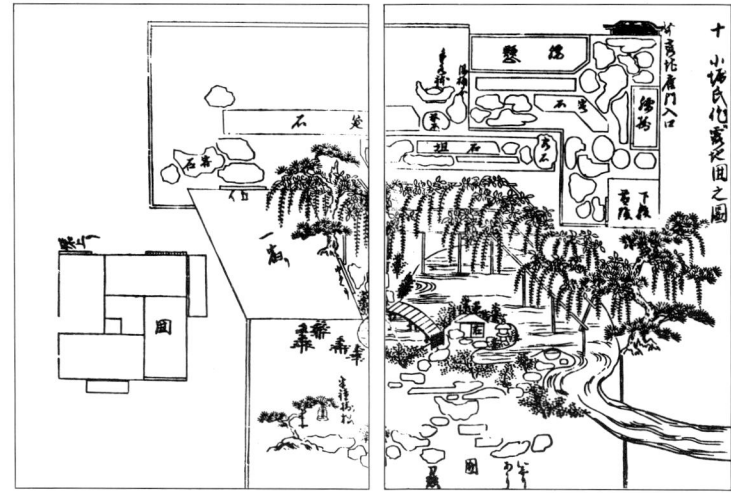

Doppelseitige Skizzen von Gärten von Sen no Rikyu (ganz links), Furuta Oribe (links) und Kobori Enshu (rechts). Die Skizzen stammen aus dem Shokoku chaniwa meiseki zue, einem im Jahre 1694 erschienenem Bildband von berühmten Tee-Gärten aus verschiedenen Ländern. Typisch für die graphische Technik der in diesem Band versammelten Skizzen ist die Überlagerung von Draufsicht und perspektivischer Zeichnung.

Shokoku chaniwa meiseki zue: – ein Bildband von verschiedenen berühmten Tee-Gärten aus dem siebzehnten Jahrhundert

Das *Shokoku chaniwa meiseke zue* ist ein Auszug aus dem *Kokin chado zenshu,* einer Art »Kompendium der Tee-Zeremonie«, das im Jahre 1694 erstmals aufgelegt wurde. In mehreren Bänden sind hier Artikel über die verschiedensten Aspekte der Tee-Zeremonie versammelt. Der fünfte Band des *Kokin chado zenshu* behandelt spezielle Fragen des Tee-Gartens und war besonders begehrt, weshalb man ihn schon bald unter dem Titel *Shokoku chaniwa meiseki zue* als eigenständiges Werk in zwei Bänden neu auflegte. Im Gegensatz zu Büchern über die Gartenkunst früherer Zeiten versammelt dieses Buch kein Geheimwissen einer speziellen Gruppe von privilegierten Gartenkünstlern. Die Abbildungen oben zeigen drei doppelseitige Skizzen aus dem *Shokoku.* Dargestellt sind Gärten der drei einflußreichsten frühen Tee-Meister: Sen no Rikyu, Furuta Oribe und Kobori Enshu.

Vom Standpunkt der graphischen Technik aus betrachtet, weisen die Skizzen eine neue Technik der Darstellung von Gärten auf. Diese ist zwar noch nicht voll entwickelt, aber es ist doch leicht erkennbar, daß sich etwas verändert. Auf diesen Skizzen überlagern sich, genaugenommen, zwei Darstellungsformen: So werden einige Gebäude und Pfade wie auf einem Übersichtsplan in Draufsicht, andere Gartenelemente hingegen – Bäume, Steine, Berge, Laternen und Brücken – perspektivisch dargestellt. Man könnte sagen, daß es sich hier um den Anfang eines komplizierten sequentiellen Notationssystems handelt, welches die Eindrücke desjenigen registriert, der sich auf den im Übersichtsplan skizzierten Pfaden bewegt. Vielleicht liegt deshalb auch bei der Darstellung der drei Gärten, die übrigens alle in einen

inneren und einen äußeren *roji* aufgeteilt sind, das Hauptgewicht auf dem Aspekt des »Weges zu einem Ziel«. Mit graphischen Mitteln machen die Bilder deutlich, daß der *roji* nichts anderes ist als der Weg zum eigentlichen Ziel, der Tee-Laube.

Der Garten Sen no Rikyus ist, von der Anzahl der Details her gesehen, wohl der schlichteste der drei Gärten. Alle Elemente dieses Gartens sind natürlich. Oribes Garten ist wesentlich detailverliebter, aber auch »unnatürlicher«: Wegpavimente aus behauenem Stein, viele steinerne Laternen und fein gearbeitete Wasserbecken. Der Garten von Kobori Enshu, dem Meister der Gartenlandschaft aus beschnittenen Sträuchern, geht noch weiter in Oribes Richtung: Hier zwingt sich der künstlerische Wille der Natur geradezu auf.

An diesen Skizzen läßt sich auch ablesen, wie wichtig dem Zeichner die enge Verbindung von Gebäuden und Gärten war. Der Sukiya-Stil war dafür die wohl eleganteste Form, die man in Japan gefunden hat. In dieser Verbindung dokumentiert sich ebenfalls das schöne Widerspiel von rechtem Winkel und natürlicher Form: Warum sonst wohl hätte man rechteckige Steine in die Gärten gebracht, wenn nicht, um die Vielzahl der Formen der Natur im Kontrast mit dem rechten Winkel deutlicher hervortreten zu lassen?

*Der Shigure-tei, »Herbstschauerpavillon«,
ist durch einen offenen Laubengang mit dem
Kasa-tei im Hintergrund verbunden.*

*Kasa-tei, der »Schirmpavillon«. Beide Pavillons
befinden sich jetzt im Kodai-ji-Tempel in Kyoto.*

*Die Shirakawa-Brücke, vom Shokin-tei-Teehaus
aus gesehen. Die im Stil der Momoyama-Zeit
gebaute Brücke besteht aus nur einem
einzigen behauenen Stein.*

Das Widerspiel von quadratischen Schrittsteinen und einem Zickzackpfad, der mit
kleinen Naturkieseln gepflastert ist, am
Onrin-do, einem kleinen Gedenktempel
in der Katsura-Villa.

Blick auf die Kieselhalbinsel, die die Landzunge von Amanohashidate, eine der drei berühmtesten Naturschönheiten Japans, abbildet. Klassisches Beispiel der shukkei-Technik, der verkleinerten Wiedergabe realer Objekte, im Ostteil des Teichgartens der Katsura-Villa.

名所

Berühmte Aussichten aus Literatur und Wirklichkeit

Gärten als Reise-Ersatz

Die Gärten der Edo-Zeit sind überwiegend stereotype Nachahmungen des Teich- und Trockenlandschaftsgartens früherer Zeiten. Zu neuen Ehren kommt die Kunst des *shakkei,* die Kunst, weit entfernt liegende Elemente der umgebenden Landschaft in die Gartenkomposition mit einzubeziehen. Der neue Gartenprototyp, der sich in dieser Zeit entwickelt, ist ein Wandelgarten, in dem man auf einem vorgeschriebenen Rundgang an einer Folge von *meisho,* von »berühmten Ausblicken«, vorbeigeführt wird. Diese *meisho* können verkleinerte Nachbildungen berühmter Naturschönheiten sein oder Anspielungen auf solche, sie können auch fiktive Landschaften darstellen, die in der Poesie besungen wurden. Dieser neue Typ vereinigt in sich Elemente aller vorangegangenen Gartenprototypen. Die Gärten der Edo-Zeit wurden, meist im Auftrag reicher Daimyo-Fürsten, von einer neuen Klasse professioneller Gartenkünstler, den *Niwa-shi,* angelegt. Der Wandelgarten ist ein völlig säkularisierter Garten, darauf angelegt, die Natur in ihren äußeren Erscheinungsformen nachzuahmen. Insofern steht er in der Tradition der Gärten der Heian-Zeit. Allerdings sind die Gärten der Edo-Zeit viel großzügiger angelegt und spiegeln den Geschmack ihrer Zeit.

Vorhergehende Seite:
Der Joju-en-Park in Kumamoto: grasbewach-
sene künstliche Hügel zwischen den Inseln und
entlang des Ufers.

Von der Edo- zur Meiji-Zeit

Die Tokugawa-Shogune, die ihre Macht zumindest formal vom Kaiser verliehen bekamen, waren ausgesprochen erfolgreiche Politiker, denen es gelang, das Land während der folgenden zweieinhalb Jahrhunderte in Frieden zu regieren und ihrer Familie die Macht zu erhalten.

Politisches System und gesellschaftliche Beziehungen

Während dieser Zeit verfolgten die Tokugawas nach außen eine Politik der Abschottung. Handel und kultureller Austausch mit anderen Ländern waren nicht erwünscht. Nach innen waren sie bemüht, den Status quo aufrechtzuerhalten. Die sozialen Verhältnisse der japanischen Gesellschaft erstarrten, die Klassenunterschiede wurden beinahe unüberwindbar. Das ideologische Fundament für diese Politik bildete die neokonfuzianische Ethik. An der Spitze der gesellschaftlichen Pyramide stand die Familie der Shogune, es folgten die Daimyo-Fürsten, die Samurai, schließlich die Bauern, die Handwerker und die Kaufleute. Jede dieser Gesellschaftsschichten entwickelte ihre eigene Kultur und ihre eigenen ästhetischen Idealvorstellungen.

Ein wichtiges Fundament der sozialen Stabilität und des inneren Friedens der Edo-Zeit war ein Gesetz, das in den Jahren 1635 und 1642 in zwei Schritten erlassen worden war. Dieses Sankin-kotai-Gesetz, das »Gesetz der abwechselnden Anwesenheitspflicht«, schrieb den Daimyo vor, die Hälfte eines jeden Jahres in der Hauptstadt Edo zu verbringen. Es sah außerdem vor, daß die Daimyo ihre Familien in Edo unterbrächten, wenn sie selbst in ihren Fürstentümern weilten. So hatten die Tokugawas die Familien der Fürsten gewissermaßen als Geiseln unter ihrer Kontrolle, wenn die Fürsten nicht in Edo waren. Auf diese Weise sicherten sie ihre Vormachtstellung gegen mögliche politische Intrigen der mächtigen Daimyo. Außerdem schwächte dieses System deren Macht, weil diese viel Geld für die halbjährlichen Karawanen von und nach Edo ausgeben und außerdem natürlich auch einen oder mehrere Paläste in der Hauptstadt unterhalten mußten.

Eine Nebenerscheinung dieser Regelung war, daß Japan bald über ein gut ausgebautes Straßennetz verfügte, auf dem sich die Daimyo zwischen der Hauptstadt und ihren Fürstentümern hin- und herbewegen konnten. Edo wurde auf diese Weise zu einem kulturell interessanten Ort, an dem sich die Elite aus dem ganzen Reich versammelte. Das System erwies sich denn auch insofern als Erfolg, als es die Daimyo-Fürsten tatsächlich finanziell so sehr ausblutete, daß sie nie eine Revolte gegen die Tokugawa-Shogune wagen konnten. Im Laufe der Zeit wurden die Feudalherren finanziell jedoch in dem Maße geschwächt, daß die feudale Ordnung Japans zusammenbrach.

Der Aufstieg einer städtischen bürgerlichen Kultur

Die gesellschaftliche Klasse, die nach den Vorstellungen der Edo-Zeit den untersten Rang einnahm, also die Klasse der Kaufleute in den Städten, wurde – Ironie der Geschichte – schließlich zur reichsten und mächtigsten Schicht des ganzen Landes. Die neue, wohlhabende Schicht der städtischen Bürger, die ihren eigenen Drang zur Selbstdarstellung hatte, konnte in allen Künsten neue, kreative Energien freisetzen. Die Klasse der Krieger und Bauern hingegen, die einzig auf ihr Einkommen aus der Landwirtschaft angewiesen war, verarmte jedoch immer mehr.

Die Zeit vom ausgehenden siebzehnten bis zum frühen achtzehnten Jahrhundert nennt man die Genroku-Epoche. Zu dieser Zeit waren Osaka und, mit Einschränkungen, Kyoto die wirtschaftlichen und kulturellen Zentren des Landes. Edo war noch zu jung und außerdem zu sehr vom alten Geist der Samurai-Klasse durchwirkt, als daß es zu diesen beiden Städten ernsthaft in Konkurrenz hätte treten können. *Bushido,* der »Geist der Kriegerklasse«, der ethische Codex der Samurai, welcher diese Stadt beherrschte, wirkte während der zweihundertfünfzig Friedensjahre ein wenig fehl am Platze. In der Samuari-Kunst herrschten immer noch die traditionellen Künste vor, also das klassische Noh-Theater, die Tee-Zeremonie und die Kunst des Blumensteckens. Die Kultur der aufwärtsstrebenden städtischen Kaufleute hingegen entwickelte die eher plebejischen Künste des Kabuki-Theaters und der Bunraku-Puppenspiele weiter fort. *Ukiyo,* die »schwebende Welt«, die dekadenten, frivolen und exzentrischen Vergnügungsviertel der Städte, inspirierten die Literatur und das Theater dieser Zeit. Dort fanden die Künstler immer neue, interessante Themen. Bashos Reiseerzählungen und die Kunst des Haiku, einer neuen Form der Poesie, in welcher der Dichter seine Aussage in siebzehn Silben formuliert, sind ebenfalls Schöpfungen dieser kreativen Phase der japanischen Kultur. Bemerkenswert ist auch, daß sich die kaufmännische Kultur im Holzschnitt ein neues, mechanisch reproduzierbares graphisches Medium schafft und ihr Augenmerk von der Malerei, die ja nur Unikate hervorbringt, abwendet. Der Holzschnitt, der zunächst nur Schwarzweißdrucke zugelassen hatte, war zur Mitte des achtzehnten Jahrhunderts schon so weit vervollkommnet, daß auch Farbdrucke möglich waren. Bezeichnend für die neue städtische Kultur sind dabei auch die Sujets der Holzschnitte, *ukiyo-e,* Bilder von der »schwebenden Welt«: Immer wieder beschäftigen sich die Künstler in ihren Bildern mit dem Schauspieler-Milieu des Kabuki-Theaters und mit den Prostituierten in den Vergnügensvierteln.

Die Zeit vom ausgehenden achtzehnten Jahrhundert bis zum beginnenden neunzehnten Jahrhundert nennt man die Bunka-Bunsei-Epoche. In dieser Zeit gewann Edo, das heutige Tokyo, gegenüber Osaka und Kyoto immer mehr kulturelle und ökonomische Bedeutung. Während dieser Epoche kamen keine bedeutend neuen Formen in Literatur oder Theater auf. Im Gegensatz dazu erlebte die Malerei eine Blüte. Sie integrierte Elemente des chinesischen *bunjin,* eines akademischen Malstils, der sich durch die Weichheit seiner Farben und die Feinheit und Sensibilität des Pinselstrichs auszeichnet. Nagasaki, im Süden Japans gelegen, war der einzige Hafen, der für chinesische Bunjin-Künstler offen war. Hier siedelten sich auch die ersten portugiesischen *namban,* die »südlichen Barbaren«, und einige niederländische Händler an.

Mit den bedeutenden Entwicklungen in der Technik und der Thematik des Holzschnitts, die auch auf die Sujets und die Technik der *ukiyo-e* Einfluß nahmen, verbinden sich vor allem zwei Namen: Hokusai Katsushika (1760–1849) und Hiroshige Ando (1797–1858). Beide hatten von der westlichen Welt neue Techniken gelernt und brachten sie in die japanische Kunst ein, umgekehrt inspirierten sie auch deren Kunst. Sie versuchten sich, jeder auf seine eigene Art, an einem ganz neuen Thema: der japanischen Landschaft. Immer wieder beschäftigten sie sich mit berühmten japanischen Landschaften, ihren jahreszeitlich bedingten Stimmungen und den Aktivitäten der Menschen auf dem Land. Werkreihen wie Hokusais »36 Blicke auf den Berg Fuji« oder Hiroshiges »53 Stationen entlang des Tokaido« haben die japanische Landschaft in einer zeitlos gültigen Form verewigt.

Die typische Schildkröteninsel, diesmal nicht als Metapher, sondern als greifbare Realität im japanischen Garten.

Intellektuelle Trends und Gegentrends

Die Tokugawa-Shogune förderten eine orthodox neokonfuzianische Ethik, weil diese ein hervorragendes ideologisches Fundament für den sozialen Status quo bildete. Natürlich fanden sich auch Denker, die den Neo-konfuzianismus der Tokugawas angriffen: Die *Kogaku-ha*, die »Schule alten Wissens«, zum Beispiel hinterfragte die von ihm vertretene Erbfolgeregelung, wonach sich die Macht im Lande gewissermaßen automatisch von einem auf den anderen Tokugawa vererben sollte, und forderten eine Rückbesinnung auf die ursprüngliche Lehre des Konfuzius, der das Recht auf Ausübung politischer Macht von geistigen Verdiensten abhängig gemacht hatte. Die Denker der *Kogaku-ha* formulierten auch den *bushido,* den neuen ethischen Codex der Samurai.

Im achtzehnten und neunzehnten Jahrhundert entstand noch eine zweite Schule der Philosophie, die *Kokugaku-ha,* die »Schule nationalen Wissens«. Sie denunzierte den Konfuzianismus als einen dem japanischen Wesen fremden Denk- und Verhaltenscodex. Statt mit konfuzianischer Ethik beschäftigte sie sich lieber mit den Ursprüngen der japanischen Sprache und Literatur, um so Japans innerstes Wesen zu ergründen. Mit ihrer Akzeptanz des Shinto-Pantheons und der Lehre vom göttlichen Ursprung der Kaiser legte sie das Fundament für die Wiederherstellung der kaiserlichen Macht und für den Nationalismus der Meiji-Zeit. Während der Meiji-Zeit wurde das teils konfuzianische, teils shintoistische Japan schließlich völlig vom Shintoismus beherrscht.

Eine dritte abweichende Denkschule, die *Rangaku-ha,* bekam ihre wesentlichen Impulse aus der Gegenwart der Niederländer in Nagasaki; die Niederlande waren das einzige westliche Land, welches mit Japan handeln durfte. Sie brachten die zweite Welle westlichen Einflusses auf Japan mit sich. Die erste war aus Furcht vor dem Christentum während der langen Bürgerkriege in der frühen Momoyama-Zeit abgebrochen worden. Die Wissenschaftler der *Rangaku-ha* waren allerdings nicht sonderlich an philosophischen und ethischen Problemen interessiert, sondern suchten sich auf dem Gebiet der Technik und Naturwissenschaft hervorzutun. Sie schrieben medizinische Abhandlungen, erfaßten das Land kartographisch und studierten die westliche Technik des perspektivischen Zeichnens.

Mit dem Machtverfall der Tokugawas wurde auch immer klarer, daß das zentrale Problem bei Japans Modernisierung darin läge, um es mit Paul Varley auszudrücken, »wie man eine Kombination von östlicher Ethik und westlicher Technologie finden könne«; oder in einer anderen Formulierung Varleys: »Wie man die materiellen Vorteile der westlichen industriellen Revolution für Japan

nutzbar machen könne, ohne darüber die sozialen
Bindungen zu verlieren, die aus der traditionellen Ethik
Japans entstehen«[75].

Stereotypische Formen des Teichgartens der Edo-Zeit

Während der Edo-Zeit sind viele Teichgärten geschaffen
worden, die schönsten und ausdruckvollsten von ihnen
in der *frühen* Edo-Zeit. Viele von ihnen sind Teil buddhistischer Tempelanlagen, wo sie oft an den *shoin* des
Wohngebäudes des Hauptpriesters anschließen. Die
Gärten sind grundsätzlich als Wandelgärten nutzbar,
obwohl ihr ästhetisches Kalkül darauf abzielt, daß
man sie vom *shoin* aus wie ein dreidimensionales Bild
betrachtet, welches von den rechten Winkeln des Gebäudes gerahmt wird. Neu ist, daß diese Gärten oft an

bereits existierenden Hügeln angelegt wurden und man
daher darauf verzichten konnte, eigens für den Garten
einen Hügel anzulegen. Es gab auch sehr praktische
Gründe für die Nähe der Teichgärten zu den *shoin*:
Da für den Bau der *shoin* fast ausschließlich Holz und
andere leicht brennbare Materialien verwendet wurden,
war die Brandgefahr natürlich sehr hoch. Die Teiche
dienten also auch als Löschwasserreservoir. Ich will
hier nur die vier schönsten Teichgärten der Edo-Zeit
vorstellen.

Emman-in

Der Tempelgarten des *Emman-in* ist in die Enjo-ji-Tempel-
anlage in Otsu integriert. Er schließt an ein Gebäude im
Shinden-zukuri-Stil an, das der Kaiser Meisho dem
Tempel im Jahre 1647 schenkte. Shigemori Mirei ist der
Ansicht, daß auch der Garten um diese Zeit entstanden
sein muß. Die Gesamtanlage ähnelt Hideyoshis *Sambo-
in* aus der Momoyama-Zeit. Der längliche, in Ost-West-
Richtung verlaufende Teich verfügt über eine Kranich-
und eine Schildkröteninsel. Ganz im Stil der Zeit befindet
sich eine große Steinsetzung am Ostufer des Teiches, die
den Horai-Berg symbolisiert. Die Steinsetzungen entlang
des Ufers zählen zu den schönsten in diesem Garten
überhaupt. Hinter dem Teich steigt das Terrain steil an.
Dort hat man einen richtigen Bergpfad anlegen können.
Im Südwesten hat der Teich einen kleinen Zulauf, hinter
dessen Mündung hügelan sich auch noch eine Trockenkaskade befindet. Insgesamt stellt der Garten ein klassisches Beispiel für die zu den Wohngebäuden eines
Tempels gehörende Gartenanlage dar.

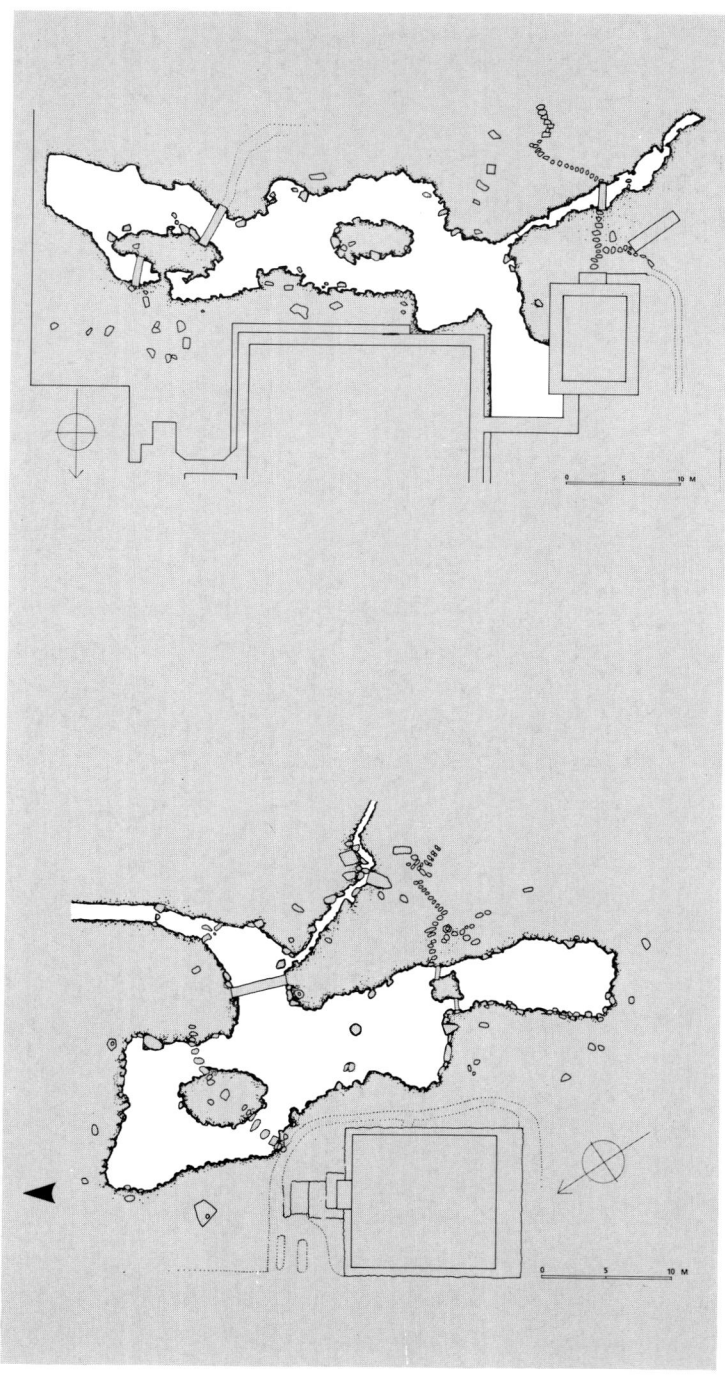

Sanzen-in

Der Sanzen-in-Tempel, welcher ein Tempel der buddhistischen Tendai-Sekte ist, liegt im Norden von Kyoto. Einer
seiner Bauten, der *Ojogokuraku-in,* könnte vom Stil her
in Anlehnung an den Emman-in-Tempel gebaut sein.
Er wurde ein wenig später, zwischen 1648 und 1654,
angelegt. Auch hier bildet ein steiler Hang einen Teil der
Gartenkomposition. Der Teich dieses Gartens ist wie der
des *Emman-in* lang und schmal und weist die traditionelle, recht kleine Kranich- und relativ große Schildkröteninsel auf. Seine Uferlinie verläuft allerdings etwas kurvi-
ger. Der Gartenbach fließt vom Hügel im Osten in den
Teich.

Doch dieser Garten ist nicht, wie der *Emman-in,*
Garten eines *shoin,* von dem aus man ihn betrachten
würde. Shigemori Mirei ist deshalb der Ansicht, dieser
Teichgarten sei ein gutes Beispiel für einen primär als
Löschwasserreservoir angelegten Garten. Eine zur Haupthalle gehörige Statue des Buddha Amida ist hier durch
die Gartengestaltung vor Brand geschützt. Viele hochstämmige japanische Zedern und Ahornbäume beschat-
ten eine tadellos gepflegte Moosfläche im Norden des
Teiches.[76]

Chishaku-in

Der Teichgarten des *Chishaku-in,* eines Tempels der
buddhistischen Shingon-Sekte im Südosten von Kyoto,
wurde vermutlich im Jahre 1674 geschaffen. Auch er liegt
auf einer Nord-Süd-Achse entlang des *shoin,* den Wohnquartieren des Hauptpriesters und der Haupthalle des
Tempels. Wie bei den anderen Teichgärten dieser Zeit ist
auch hier ein natürlicher Steilhang in die Gartenkomposition mit einbezogen. Ein Teil des Gartens im Norden des
shoin stammt aus der späten Edo- oder der frühen Meiji-

Blick auf den Garten um den »Tempel der
Wiedergeburt im Paradies« im rechtwinkligen
Rahmen der Tempelarchitektur.

Der Garten des Chishaku-in-Tempels in Kyoto, wo ein natürlicher Steilhang in die Gartenarchitektur mit einbezogen wurde.

in einen Steilhang gesetzt wird. Vor der Trockenkaskade im Teich liegt eine wunderschön geformte Steininsel. Drei bläuliche, flache Natursteine bilden eine Brücke zum Steilhang. Möglicherweise handelt es sich bei dieser Brücke im Stil der Muromachi- und Momoyama-Zeit um ein Überbleibsel aus einem Tempelgarten der Momoyama-Zeit, der hier früher einmal gewesen sein muß.[77]

Joju-in

Der *Joju-in* ist ein Teichgarten an der Nordseite des *hojo*, des Wohngebäudes des Hauptpriesters, im berühmten Kiyomizu-Tempel in den Bergen südöstlich von Kyoto. In seiner heutigen Form stammt der *Joju-in* vermutlich aus der Genroku-Epoche (1688–1703). Auch in diesem Garten finden sich zwei Teichinseln, wobei die Schildkröteninsel die größere ist. Sie ist durch zwei Brücken, die eine aus Natursteinen und die andere eine mit einer Erdschicht bedeckte Holzkonstruktion, mit dem Festland verbunden. In der Mitte der Schildkröteninsel befindet sich eine aufrecht stehende Steinsetzung, die in ihrer Form Ähnlichkeit mit der traditionellen Kopfbedeckung der Adligen und Priester, *eboshi*, hat. So heißt die Steinsetzung denn auch *eboshi*. Die Edo-Zeit hatte einen ausgeprägten Sinn für solche Kuriositäten. Sie bevorzugte absonderlich geformte Steine, Steinlaternen und Wasserbecken. Die kleinere Kranichinsel liegt im Südosten des Teichs.

Der Hügel im Osten ist mit beschnittenen Azaleensträuchern bestanden, die zu den Rändern des Gartens hin unmerklich in die natürliche Landschaft übergehen. Eine Steinlaterne steht auf einer kleinen Lichtung des entfernten Waldes und lenkt den Blick des Betrachters weit über die Grenzen des Gartens hinaus auf einen Bergzug im Norden. Durch diesen doppelten Trick, die

Zeit und wirkt in seiner Formgebung wesentlich schwächer. Obwohl sich an dem Steilhang ein Wandelpfad befindet, zielt das ästhetische Kalkül des Gartens auf einen Betrachter ab, der auf der Veranda oder im *shoin* steht, von wo aus sich die faszinierendsten Ausblicke auf den Garten eröffnen. Die Lage des Teiches gleich unterhalb des *shoin* ist für diese Phase japanischer Gartenarchitektur ungewöhnlich. Shigemori Mirei nimmt deshalb an, daß die gegewärtige Gartenanlage aus der Zeit nach dem Brand von 1682 stammt. Im Zentrum der Komposition am Steilhang im Osten steht eine trockene Kaskade mit einer Brücke aus einem einzigen behauenen Stein darüber. Für die Teichgärten der Edo-Zeit ist es recht typisch, daß eine steinerne Trockenkaskade als Blickfang

Grenzen des Gartens durch geschicktes Überblenden von beschnittenen und unbeschnittenen Sträuchern zu verwischen und den Blick des Betrachters in die Ferne zu lenken, wirkt der Garten um ein Vielfaches größer als seine tatsächliche Grundfläche von 594 Quadratmetern vermuten läßt. Mit Hilfe von Steinlaternen und horizontal beschnittenen Hecken werden hier die Berge im Hintergrund für die Gartenkomposition »geborgt«. Dabei wird klar, daß die Steinlaterne nun eine ganz andere als die ursprüngliche Funktion bekommen hat. Zunächst Lichtquelle in Tempeln und Schreinen, wurde sie nun zu einem Dekorationselement in Tee-Gärten, das dazu dient, in einem kleinen Garten die Illusion von Weite zu schaffen. Ein weiteres für die Edo-Zeit typisches Gartenelement findet sich direkt vor der Veranda. Es ist eine *furisode,* ein steinernes Wasserbecken, das aussieht wie ein langer Kimono-Ärmel. Auch dieses Wasserbecken hat seine ursprüngliche Funktion als Ort der Reinigung verloren.

Stereotypische Formen des Trockenlandschaftsgartens der Edo-Zeit

Die frühe Edo-Zeit war auch die Zeit der großen Renaissance des Trockenlandschaftsgartens. In seinem Buch über *kare-sansui* behandelt Shigemori Mirei allein 44 Trockenlandschaftsgärten aus dieser Zeit. Man muß aber bedenken, daß die Trockenlandschaftsgärten wie auch die Teichgärten der Edo-Zeit eigentlich nur stereotype Nachahmungen von Gärten aus früheren Perioden sind; die *kare-sansui* der Edo-Zeit jedenfalls sind nur noch ein schwacher Widerhall ihrer originellen Vorfahren aus der Muromachi-Zeit, die entweder, wie der *Ryoan-ji,* eine hochabstrakte Komposition in einem rechtwinkligen Rahmen darstellten oder aber, wie der *Taizo-in,* als eine natürliche Landschaft mit einem sehr vielschichtigen

Symbolismus in freier Komposition gestaltet waren. Natürlich sollten wir bei aller Originalität der ursprünglichen *kare-sansui* nicht vergessen, daß sie von der monochromen Landschaftsmalerei Chinas inspiriert waren. Im folgenden will ich nur zwei Gärten besprechen. Einer soll als Beispiel für die Tradition der symbolisch aufgeladenen »natürlichen Landschaft mit symbolischer Bedeutung« gelten, der andere als Beispiel für die »abstrakte Komposition«.

Manshu-in

Der *Manshu-in* am Fuß der Berge im Nordosten von Kyoto umschließt einen großen und einen kleinen *shoin.* Die Gesamtanlage wie auch Details des 1656 geschaffenen Gartens erinnern an einen trocken angelegten Teichgarten. Vom kleinen *shoin* aus bietet er sich dem Betrachter am besten dar. Von dort erkennt man beinahe alle traditionellen Merkmale eines Trockenlandschaftsgartens, der eine natürliche Landschaft darstellt: Linker Hand liegt ein künstlicher Berg mit einer Steingruppe darauf, die den Horai-Berg symbolisiert; etwas davon entfernt erkennt man einen trockenen Flußlauf, über den eine Brücke aus Naturstein führt, des weiteren eine in den trockenen Teich hineinragende Halbinsel, die durch eine aus Steinplatten gebildete Brücke mit der Kranichinsel am westlichen Ende des Gartens verbunden ist. Auf der Kranichinsel befinden sich eine Dreiergruppe von Steinen und eine kleine Steinlaterne. Unmittelbar davor scheint eine kleine Schildröteninsel auf dem Wasser zu schwimmen. Auf dem schmalen Streifen zwischen der Ostwand des kleineren *shoin* und dem künstlich angelegten Steilhang sind einige *tobi-ishi* (Schnittsteine) mit großem Gefühl für eine harmonische Raumaufteilung plaziert. Sie führen zu einer kleinen Tee-Laube am *shoin.*

Ein Trockenlandschaftsgarten in der Traditon
der Gärten, die natürliche Landschaften nachstellen: der Tempelgarten des Manshu-in,
von der Veranda des großen shoin aus gesehen. Im Vordergrund: die Schildkröteninsel.

Nanzen-ji

Der *Nanzen-ji* am Fuß der Berge im Osten von Kyoto ist
ein Zen-Tempel der Rinzai-Sekte. Der Südgarten vor dem
hojo, dem Wohnhaus des Hauptpriesters, steht ganz in
der Tradition der Zen-Gärten des *Ryoan-ji*, ist also hoch
abstrakt in seiner Komposition und nur unwesentlich
kleiner als dieser – der *Ryoan-ji* hat 540, der *Nanzen-ji*
425 Quadratmeter –, weist aber in seiner Gesamtanlage
wie auch in seinen Steinsetzungen bedeutsame Unterschiede zum *Ryoan-ji* auf. Dies gilt übrigens für fast alle
Trockenlandschaftsgärten der Genroku-Epoche
(1688–1703). Wurden im *Ryoan-ji* und im *Shinju-an*
überall im Garten Steine gesetzt, die als Einzelsteine oder
in Steinensembles immer genau aufeinander abgestimmt

waren, so finden sich im *Nanzen-ji* nur wenige Steine.
Der größte Teil der Gartenfläche ist völlig frei und nur mit
einer fein geharkten weißen Sandschicht bedeckt, bis auf
eine Ecke des Gartens mit einigen wenigen Steinen und
Pflanzen; aber das wohl eher ihrer besonderen Form als
ihrer Einfügung in eine abstrakte Gesamtkomposition
wegen. Hier ist ein Trend von einer abstrakt-symboli-
schen zu einer eher naturalistischen Behandlung der
Gartenelemente zu beobachten. Diese Gärten dienen
nicht mehr der Betrachtung, sondern sollen »vorzeigbar«
sein.

Shakkei: »geborgte« Landschaft in Teich- und Trockenlandschaftsgärten der Edo-Zeit

Sowohl die Teichgärten als auch die Trockenlandschaftsgärten der Edo-Zeit gewinnen durch die Technik des
shakkei eine neue Dimension. *Shakkei* meint das bewußte Miteinbeziehen der Hintergrundlandschaft in den
Gartenentwurf. Itoh Teiji ist in seinem Buch »Space and
Illusion in the Japanese Garden« der Geschichte des
Begriffs *shakkei* nachgegangen: Seit dem siebzehnten
Jahrhundert taucht der Begriff in chinesischen Schriften
über Gartenkunst auf. In Japan scheint er erst seit dem
neunzehnten Jahrhundert gebräuchlich zu sein. Aber
schon lange vorher, meint Itoh, habe man in Japan die
Technik beherrscht, die mit diesem Begriff bezeichnet
wird. Ein frühes und berühmtes Beispiel für die Technik,
Elemente der Hintergrundlandschaft für die Gartenkomposition zu »borgen«, findet sich zum Beispiel im Garten
des Tenryu-ji-Tempels aus der Kamakura-Zeit. Hier ist der
Arashiyama-Berg gezielt in die Gartenkomposition mit
einbezogen worden.
    Der ursprüngliche japanische Begriff für die Technik
des *shakkei* war *ikedori*, was soviel wie »lebend einfan-
gen« bedeutet. Dieser Begriff macht deutlich, daß

shakkei mehr sein soll als nur der Blick auf einen Ausschnitt der Hintergrundlandschaft. Was man mit großer Kunstfertigkeit »lebend einfing«, waren häufig Elemente der natürlichen Landschaft wie Berge, Hügel oder Ebenen, aber auch von Menschenhand Geschaffenes wie Tempeltore oder Pagoden konnten »eingefangen« werden. Die Methoden, ein Element der Hintergrundlandschaft »einzurahmen« und im Besucher die Illusion zu erwecken, es sei Teil des Gartens, führten zu der Einteilung des Shakkei-Gartens in vier Ebenen. Dem Vordergrund kommt dabei nur geringe Bedeutung zu. Der Mittelgrund weist meist geschickt plazierte Kunstobjekte auf, die als visuelle Vermittler zwischen Hintergrundlandschaft und Garten fungieren. Die dritte Ebene ist der Hintergrund des Gartens, der einen Rahmen für das

»einzufangende« Landschaftselement schafft. Die vierte Ebene schließlich ist die »eingefangene« Landschaft selbst.

An drei Beispielen soll die Blüte des *shakkei* während der Edo-Zeit dokumentiert werden. Alle Gartentypen der Edo-Zeit mit Ausnahme des Tee-Gartens »borgten« sich Elemente der Hintergrundlandschaft. Die von mir ausgewählten Beispiele stehen repräsentativ für diese Gartentypen.

Der Entsu-ji-Tempel in Kyoto hat den wohl berühmtesten Shakkei-Garten Japans. Es ist ein flacher Trockenlandschaftsgarten im Osten der Haupthalle. Man nimmt an, daß dieser nur 660 Quadratmeter große Garten um 1678 geschaffen wurde. Seine rechteckige Grundfläche ist ganz mit Moosen überwachsen, in denen eine Reihe »liegender« Steinsetzungen arrangiert sind. Der Garten umschließt nach Osten, Süden und Norden eine etwa 1,20 Meter hohe Hecke. Der Blick von der Veranda der Haupthalle in den Garten fängt den Gipfel des etwa sechseinhalb Kilometer entfernten Hiei-Berges ein. Gerahmt – oder sollte ich sagen »lebendig eingefangen?« – wird er von den hochstämmigen japanischen Zedern und weißen Zypressen, die direkt hinter der Gartenmauer stehen. Zusammen mit der Gartenhecke und einem Bambushain bilden ihre Zweige eine Art »Fensterrahmen« um den Hiei-Berg. Ursprünglich lag noch ein großer Findling im Moos direkt unter diesem »Rahmen«, der den Berg visuell noch stärker integriert haben muß. Was für ein atemberaubender Anblick mag es gewesen sein, wenn der erste Herbstmond hinter dem Hiei-Berg aufging?

Der Garten des Shoden-ji-Tempels »borgt« ebenfalls den Hiei-Berg; den entsprechenden »Rahmen« bildet ein Wäldchen in der Nähe. Dieser flache Trockenlandschaftsgarten stammt wie der *Entsu-ji* aus der frühen Edo-Zeit. Er hat eine Grundfläche von nur 363 Quadratmetern

Teichgarten des Ninna-ji-Tempels in Kyoto,
der den Umriß einer Pagode borgt.

Der neue Gartenprototyp der Edo-Zeit: der große Wandelgarten

Grundprinzipien der Raumaufteilung

Genaugenommen ist der große Wandelgarten kein neuer Gartenprototyp in dem bisher verwendeten Sinne des Wortes. Dennoch ist dieser Garten von so eigener Art, daß wir den Begriff Prototyp noch auf ihn anwenden können. Was ihn so einzigartig macht, ist nicht nur seine Größe, sondern auch der Umstand, daß er Elemente von beinahe allen vorhergehenden Gartenprototypen in sich vereinigt und durch ein völlig neues Prinzip der Raumaufteilung integriert: Elemente der großen Teichgärten der Heian-Zeit, zum Beispiel Teiche, Inseln, künstliche Berge, Flußläufe und Wasserfälle; Elemente der mittelgroßen Wandelgärten der Kamakura- und Muromachi-Zeit, zum Beispiel Fußpfade um die Teiche und an den Hügeln; die ästhetischen Prinzipien der Gärten der Muromachi-Zeit, deren Kalkül auf einen Betrachter zielte, der den Garten von Tempel- oder Palastgebäuden aus betrachtete; und schließlich Elemente der kleinen Tee-Gärten der Momoyama-Zeit.

Die Wandelgärten der Edo-Zeit sind säkularisierte Gärten. In ihnen finden sich keine buddhistischen Tempelgebäude, dafür aber Tee-Häuser, auch kleine Shinto-Schreine, allerdings eher aus dekorativen denn aus religiösen Gründen.

Die Anlage dieser Gärten läßt sich aus ihrer Funktion erklären: Es waren Palastgärten der Daimyo, der Territorialfürsten, die gezwungen waren, mindestens die Hälfte des Jahres in Edo zu verbringen. Mit dem Untergang der Feudalherrschaft zu Beginn der Meiji-Zeit wurde der überwiegende Teil dieser Gärten zu öffentlichen Parkanlagen umfunktioniert. Als solche existieren sie noch heute.

und schließt im Osten an den *hojo,* das Wohngebäude des Hauptpriesters, an. Der Garten erinnert insofern ein wenig an den *Ryoan-ji,* als er fünfzehn Gegenstände in Gruppen von drei, fünf und sieben arrangiert. Allerdings handelt es sich in diesem Fall nicht um Steine, sondern um beschnittene Azaleensträucher, die – im Unterschied zu den Steinen im *Ryoan-ji* – nicht über den ganzen Garten verteilt, sondern entlang der gekalkten Gartenmauer angepflanzt sind.

Der Teichgarten des Ninna-ji-Tempels im Nordwesten Kyotos stammt aus dem Jahre 1690. Baumwipfel und Sträucher »fangen« hier ein Stück Architektur ein: Betrachtet man den Garten von der Haupthalle aus, so erscheint die fünfstöckige Pagode des Tempels, gerahmt von Bäumen und Sträuchern, als Teil der Gartenkomposition.

Trockenlandschaftsgarten des Shoden-ji-
Tempels in Kyoto mit geborgtem Hiei-Berg.

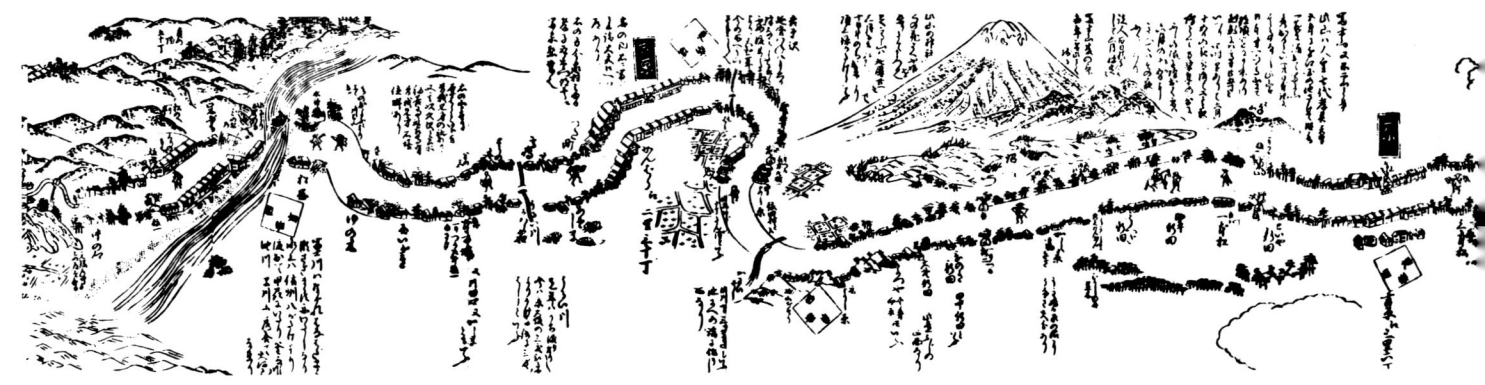

Abbildung aus einem Reiseführer aus dem achtzehnten Jahrhundert, der den Reisenden in die Schönheiten am Wegrand der Tokaido, der Verbindungsroute zwischen Tokyo und Kyoto, einweisen sollte. Die Abbildung zeigt den Fuji-Berg in zwei verschiedenen natürlichen Ansichten entlang der Tokaido.

Sie sind alle nach demselben Prinzip organisiert: Ein Pfad um den Garten herum schafft für den Betrachter eine Art roten Faden, an dem sich eine Vielzahl unterschiedlicher Landschaften, Nachstellungen berühmter Naturschönheiten, aufreihen. Wichtig ist, daß diese Serie von szenischen Ausblicken nicht hierarchisch gegliedert ist, also nicht auf einen Höhepunkt hinsteuert.

Das Prinzip des Rundgangs in einer räumlich angeordneten Szenerie erinnert an die kreisförmigen Pilgerpfade, die ab dem zwölften Jahrhundert angelegt worden waren. Die ältesten von ihnen erschließen die 33 Kannon-Tempel in und um Kyoto und die 88 Kannon-Tempel auf der Insel Shikoku. (Kannon oder Kwannon ist eine buddhistische Gottheit der Barmherzigkeit, die in China und Japan meist als weibliche Gottheit verehrt wird. Sie beschirmt die Gläubigen, die unschuldig Verfolgten, die Schiffbrüchigen und verleiht Kindersegen. Dargestellt wird sie in mannigfachen Abwandlungen, zuweilen dreigesichtig und tausendarmig; Anm. d. Übers.) Ursprünglich stand hinter solchen Pilgerpfaden natürlich die Vorstellung, daß der Pilger sich durch eine solche Reise für ein buddhistisches Paradies qualifizieren könne. Aber während der Edo-Zeit, als diese Form der Pilgerreise einen nie gekannten Zuspruch erlebte, war der religiöse Hintergrund beinahe vergessen, und die Pilgerreise verkam zu einer Touristenattraktion, die den »Pilger« ein paar Tage lang den vielen sozialen Pflichten zu Hause entzog.[78]

Was diese Pilgerreisen zu einer Einheit verband, war nicht der Weg zu einem bestimmten Zielpunkt, der ja eine Hierarchie der besuchten Orte und Tempel voraussetzen würde. Anfangs- und Zielpunkt haben jedoch keine Bedeutung bei diesen Pilgerreisen, vielmehr basiert diese Reise auf einem System von magischen Zahlen, wie zum Beispiel der Zahl 33, der 88 oder der Zahl 100. Es kommt nicht darauf an, daß der Pilger ein bestimmtes Ziel erreicht, sondern darauf, daß er eine bestimmte Anzahl von Tempeln am Wegesrand besucht, die aber alle im gleichen Rang stehen. Manfred Speidel faßt dieses System wie folgt zusammen: »Als man die Vorstellung von magischen Zahlen mit der Vorstellung von Tempeln verband, die, alle gleichrangigen Göttern geweiht, gleichmäßig übers Land verteilt sein sollten,… war die logische Folge, daß man diese zu einem abstrakten System von gleichrangigen heiligen Orten verband. Dieses System funktioniert beinahe wie ein Rahmen: Er ist übertragbar, um andere Situationen in derselben Weise zu organisieren.«[79]

Weil es eben nicht darauf ankam, einen bestimmten heiligen Ort zu erreichen, sondern auf seinem Weg eine bestimmte Anzahl heiliger Orte aufzusuchen, war es möglich, solche Pilgerreisen beliebig lang oder kurz zu gestalten. Man konnte sich sogar eine Pilgerroute im eigenen Garten anlegen, ohne daß die Pilgerreise dabei etwas von ihrer religiösen Bedeutung eingebüßt hätte. Selbst das Läuten einer Tempelglocke, in die Bilder der 33 Kannon-Tempel eingegossen waren, verhieß ebensoviel Heil wie eine beschwerliche dreiwöchige Pilgerreise, die sich ohne weiteres über mehrere Hundert Kilometer erstrecken konnte. Speidel erwähnt auch, daß man in Edo um 1782 einen Wandelgarten angelegt hatte, der die berühmte Pilgerreise zu den 33 Kannon-Tempeln um Kyoto in sehr verkleinertem Maßstab nachbildete. Dort bekommt der Wandelgarten die Funktion einer Pilgerroute und stellt vermutlich einen letzten Versuch dar, der säkularisierten Gartenkunst wieder einen religiösen Sinn einzuhauchen.

Die räumliche Organisation der großen Wandelgärten findet eine interessante Entsprechung in der Struktur eines beliebten Brettspiels der Edo-Zeit, des *Meisho sugoroku*, des »Brettspiels berühmter Sehenswürdigkeiten«. Das Brett war in Felder eingeteilt, die jeweils ein

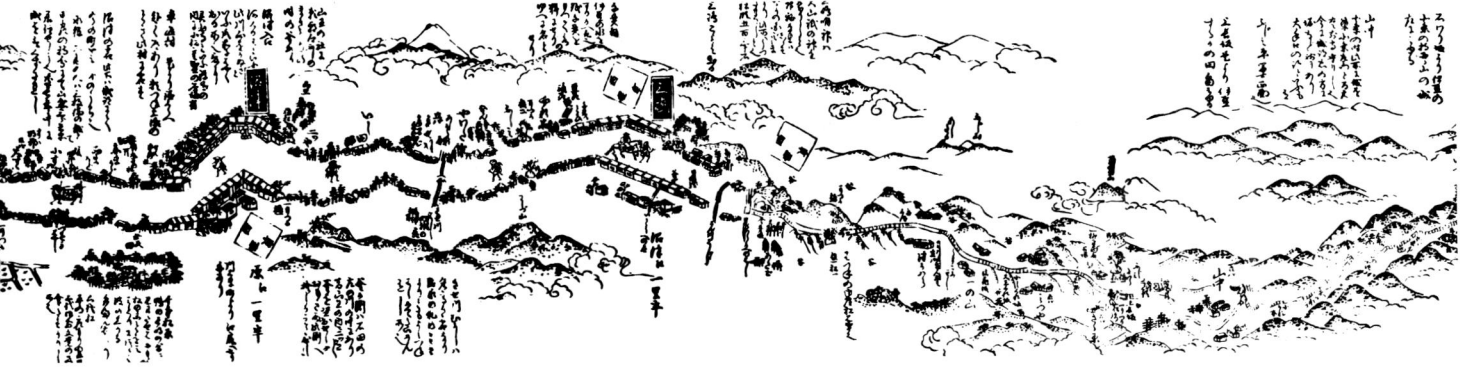

Bild einer berühmten Sehenswürdigkeit in Edo enthielten. Die Felder waren in Rastern, Spiralen oder Kreisen einander zugeordnet, und die Spieler bewegten kleine Figürchen nach der Anzahl der gewürfelten Augen von einem Feld zum nächsten. Beim Spielen reiste man also in der Phantasie durch Edo, oder, anders ausgedrückt, man erfuhr Edo strukturell als eine Folge von eigenständigen Sehenswürdigkeiten, was auch auf einen Wandelgarten zutrifft.[80]

Interessant in diesem Zusammenhang ist auch die Tatsache, daß das zwanzig Bände umfassende Werk *Edo meisho-zue,* zwischen 1834 und 1836 erschienen, beinahe eintausend berühmte Sehenswürdigkeiten in und um Edo katalogisiert und illustriert, aber nicht eine einzige Gesamtansicht der Stadt enthält: Das Bild der Stadt ist in einer Sequenz von räumlich separaten, eigenständigen Objekten wiedergegeben. Die große Zahl aufgeführter Sehenswürdigkeiten erklärt sich aus dem im neunzehnten Jahrhundert erwachenden Lokalpatriotismus der Bewohner von Edo.

Die Idee, *meisho,* also »Sehenswürdigkeiten«, in Gärten oder auf Holzschnitten abzubilden, ist keine Erfindung der Edo-Zeit. Wir erwähnten bereits in unserer Diskussion der *jamato-e,* des eigenständigen japanischen Malstils der Heian-Zeit, die Gewohnheit der Maler, berühmte Orte abzubilden, und auch in unserer Einführung in das *Sakutei-ki,* das klassische Handbuch der Gartenkunst, sprachen wir davon, daß die Gärten der Heian-Zeit häufig berühmte Naturschönheiten nachstellten. Was sich in der Edo-Zeit allerdings grundlegend ändert, ist das Verständnis des Raumes. Raum wird nicht mehr als ein Kontinuum erfahren, welches nun irgendwie geartete Objekte wie ein Raumbehälter enthält oder umfängt, sondern er wird als Beziehung der Orte zueinander aufgefaßt. Der »Raum« des Gartens »enthält« nicht mehr dieses oder jenes symbolische oder nichtsym-

bolische Objekt, sondern ist eine Aufeinanderfolge von Bildern und Szenen. Wir haben bereits gesehen, daß die Sequenz auch auf anderen Ebenen zum zentralen Strukturprinzip des Raumes geworden ist: bei den Pilger- oder Touristenrouten durch Stadt und Land oder in dem oben beschriebenen Würfelspiel. Aus diesem neuen Verständnis des Raumes ging auch ein neues Genre in der Literatur hervor, die *meisho-zue,* »Handbücher berühmter Sehenswürdigkeiten«, Vorläufer der heutigen Reiseführer. In ihnen wird Raum als eine durch kulturelle Lernprozesse überformte, durch erlernte Assoziationen geprägte und durch Zeit und Bewegung strukturierte Erfahrung aufgefaßt und dargestellt.[81]

In den Wandelgärten der Edo-Zeit haben Darstellungen berühmter Sehenswürdigkeiten häufig ikonischen oder realistischen Charakter. Das heißt, sie ähneln in charakteristischen Einzelheiten und Strukturen der Sehenswürdigkeit, die sie darstellen; man erkennt das dargestellte Objekt auf Anhieb wieder. Insofern sind sie von Darstellungen mit symbolischem Charakter verschieden, deren Bezug zu den Dingen, die sie darstellen, wesentlich konventionell ist, also aus der »Darstellung« selbst nicht notwendig ersichtlich: Wenn man nicht weiß, daß diese oder jene Form den Horai-Berg darstellt, so ist es unmöglich, von der Form auf den dargestellten Gegenstand zu schließen; Symbol und dargestellter Gegenstand sind sich nicht ähnlich, der Bezug kann nur dann hergestellt werden, wenn man um die Konvention weiß, die ihn festgelegt hat. Die eher ikonische Darstellungsweise der Dinge heißt auf japanisch *shukkei,* was man mit »maßstäblich verkleinerte Replik eines in der Wirklichkeit vorkommenden Gegenstandes« übersetzen könnte. Ein besonders berühmtes Beispiel des *shukkei* ist die Miniatur des Fuji-Berges im Suizen-ji-Park in Kumamoto. Andere Darstellungen berühmter Sehenswürdigkeiten tragen den Charakter eines »Index«, das

Übersichtspläne über die schönsten Wandel-
gärten der Edo-Zeit:

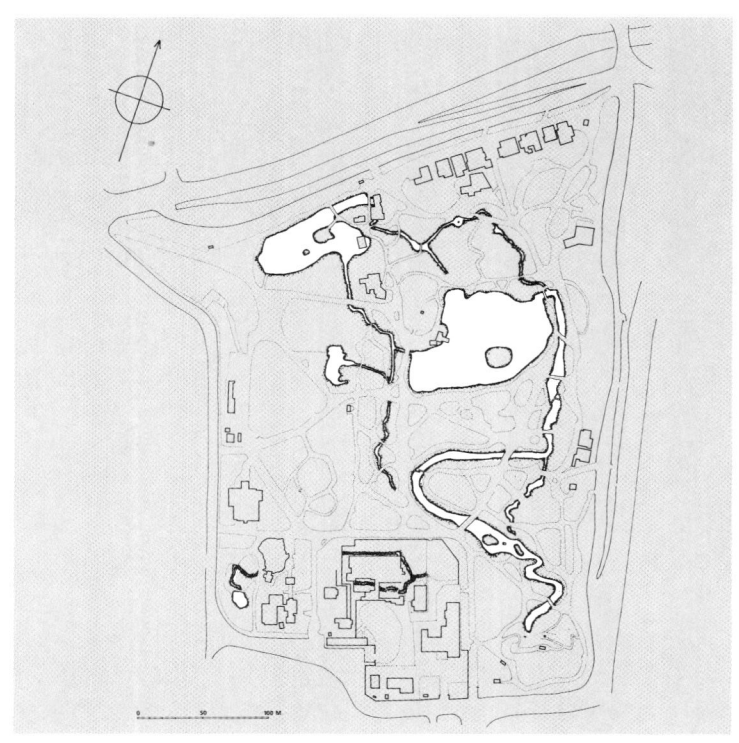

Kenroku-en-Park in Kanzawa.

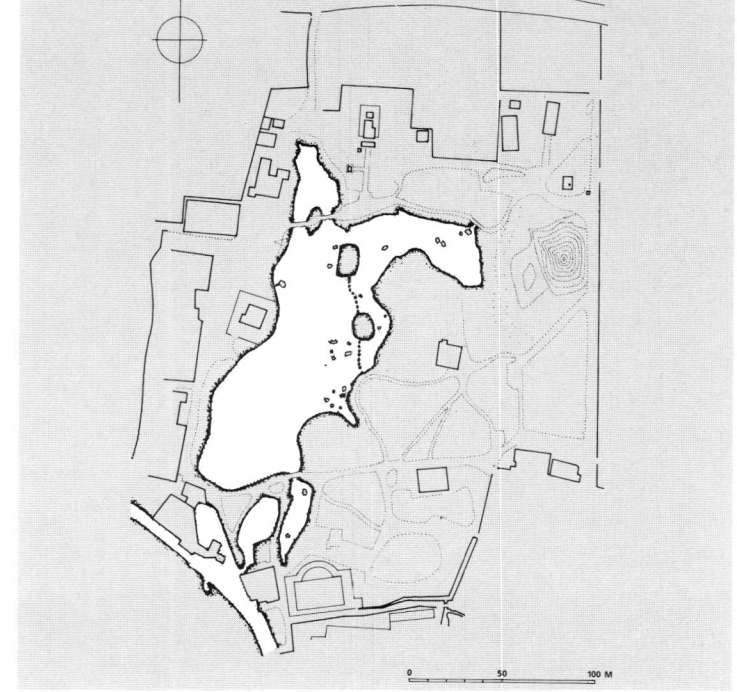

Joju-en-Park in Kumamoto.

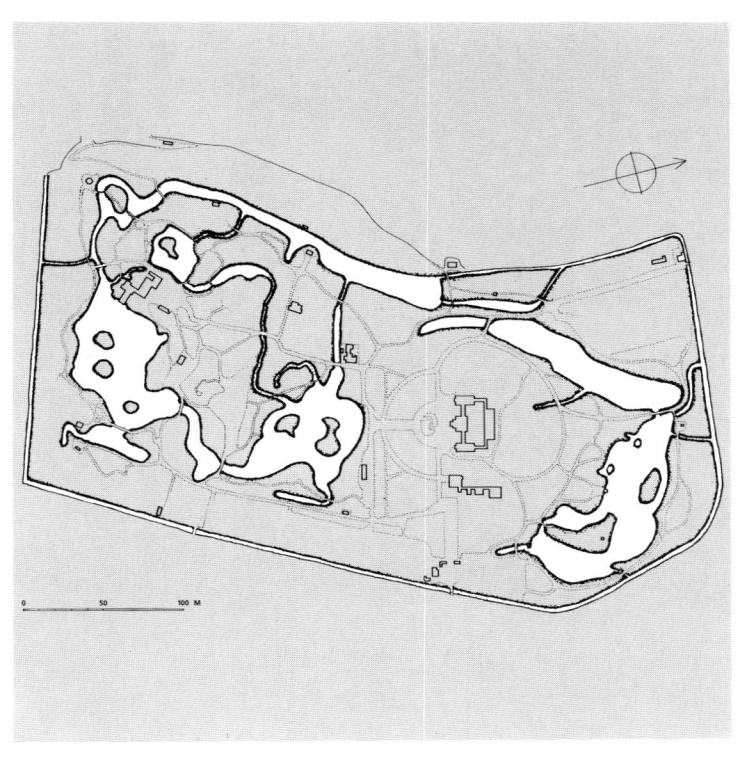

Ritsurin-Park in Takamatsu.

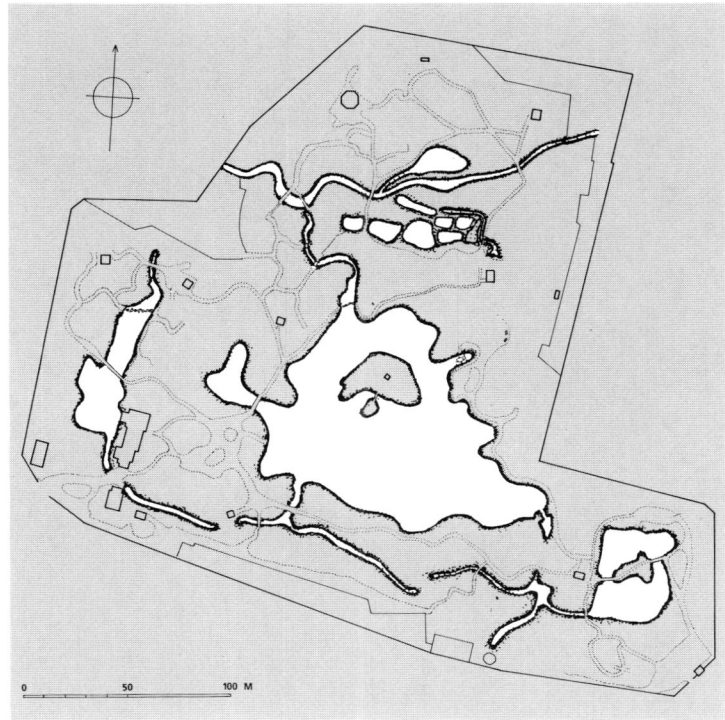

Koraku-en-Park in Tokyo.

Hügelszenerie, von der Tee-Laube des Joju-en
aus gesehen. Im Vordergrund ein Steinbecken
in der Form eines Kimono-Ärmels.

Folgende Doppelseite:
Grasbedeckte künstliche Berglandschaft mit
kegelförmigem Fuji-Berg im Joju-en-Park in
Kumamoto.

Künstlicher Berg und sawatari-ishi, große
Trittsteine, durch einen gewundenen Bach im
Koraku-en-Park in Okayama.

heißt, sie haben nur einen einzigen realen Bezug zu dem Gegenstand, den sie darstellen, sind aber keinesfalls Repliken des dargestellten Gegenstandes. Ein berühmtes Beispiel hierfür ist der Deich des »Westlichen Sees von Hangzhou« in Tokyos Koraku-en-Park. Man sieht tatsächlich einen kleinen Deich, aber damit endet auch schon die Ähnlichkeit mit dem »Original«, dem dargestellten Gegenstand. Auch symbolische Darstellungen von Gegenständen finden sich in den Gärten der Edo-Zeit, also solche, in denen keinerlei Bezug zwischen dem Zeichen, das den Gegenstand darstellt, und dem dargestellten Gegenstand besteht. »Symbol«, sagt Max Bense, »heißt Ersetzung«. Das Symbol ersetzt den Gegenstand, auf den es sich bezieht, es bildet ihn nicht ab. Zu den symbolischen Darstellungen in Gärten der Edo-Zeit gehören viele Yin-Yang-Zeichen, Steinsetzungen also, die das Männlich-Weiblich-Prinzip in symbolischer Form darstellen, oder auch Darstellungen mythischer oder fiktionaler Orte, die in der Wirklichkeit nicht existieren, sondern nur in der vorgestellten Welt des Mythos oder der Dichtung vorhanden sind.

Durchschreitet man heute die großen Wandelgärten der Edo-Zeit, so hat man das Gefühl, sie bildeten eine große ästhetische Einheit. Man sollte daraus aber nicht schließen, sie seien gewissermaßen nach einem einzigen großen Entwurf entstanden. Im Gegenteil, in der Regel haben mehrere Generationen von Gartenbauern an jedem Garten gewirkt, in einer Art »prozessualer Planung«: Da es keinen großen Entwurf, keinen festen Plan für die Gärten gab, fügte jede Generation von Gartenbauern ihre eigenen Ideen in das schon gewachsene Gesamtgebilde des Gartens ein, so daß er gewissermaßen organisch weiterwuchs, ohne daß seine Harmonie gestört wurde.

Details in den Wandelgärten der Edo-Zeit

Hügel

Es fällt auf, daß die künstlichen Hügel in den Gärten der Edo-Zeit sich besonderer Beliebtheit erfreuen: Sie werden nicht nur zahlreicher, sondern auch immer größer. Man hat dies damit zu erklären versucht, daß die Daimyo auf ihren Reisen zwischen ihren Territorien und der Hauptstadt Geschmack an den schönen Berglandschaften gefunden hatten, die sie durchqueren mußten. Darum ließen sie sich in ihren Gärten kleine Berglandschaften bauen. Besonders beliebt waren kegelförmige Hügel, die große Ähnlichkeit mit dem Fuji-Berg haben. Meist kann man diese Hügel auch besteigen und von

Steine als Fundament für die Stützpfeiler des
Kikugetsu-tei-Pavillons im Ritsurin-Park in Takamatsu.

Steingruppe an einem Steilhang im Teichgarten
des Chishaku-in-Tempels in Kyoto.

ihrem Gipfel den Ausblick über den Garten genießen. Hierin liegt ein Unterschied zu den künstlichen Hügeln früherer Zeiten, die wesentlich dazu bestimmt waren, vom Betrachter nicht bestiegen, sondern betrachtet zu werden. Die Hügel sind größtenteils rund und lieblich, niemals dramatisch oder geheimnisvoll, und mit Gras bewachsen.

Wasser

Auch künstliche Teiche waren sehr beliebt. Ihre Formen strahlen, wie die der Berge, Fröhlichkeit und Beschwingtheit aus; die imposanten Uferbefestigungen aus aufgeschütteten Steinen, welche wir aus der Momoyama-Zeit kennen, verschwinden gänzlich. Statt dessen umgibt allenfalls ein Ring von Steinen wie eine Perlenkette die Teiche. Sie sind nicht sehr tief, und ihre Uferlinien verschmelzen nahezu weich mit der Umgebung. Auch die weiten, mit Sand oder Steinen bestreuten Uferflächen sucht man an diesen Teichen vergebens. Ein letztes weites Teichufer befindet sich im Sento-Gosho-Park am kaiserlichen Palast in Kyoto. Breite, weitgeschwungene Gartenbäche – echte und trockene – sowie schön gesetzte *sawatari-ishi* zeugen hier von der Kunst ihrer Schöpfer. *Sawatari-ishi*, »Trittsteine durch das Marschland«, sind besonders große Steine, die als Trittsteine in das Flußbett gesetzt sind. Die Kaskaden in diesem Garten sind sehr naturalistisch, und sie führen nur wenig Wasser.

Inseln

Die Anlage der Inseln wirkt ebenfalls undramatischer als in vergangenen Zeiten. Sie sind nicht mehr mit Steinsetzungen übersät. Im Ritsurin-Park in Takamatsu weisen sogar nur zwei von zwölf Inseln überhaupt Steinsetzun-

gen auf. Hier finden sich die schönsten der seltener gewordenen steinernen Inseln. Kranich- und Schildkröteninsel kommen kaum noch vor, und bei den wenigen sind Kopf- und Schwanzsteine kaum expressiv. Es kommt auch vor, daß man diese altehrwürdigen szenischen Erscheinungen japanischer Gärten weiter beschränkte: Gewöhnlich traten Kranich- und Schildkröteninsel ja immer zusammen auf; in der Edo-Zeit findet sich oft nur eine der beiden Inseln. Im Joju-en-Park in Kumamoto befinden sich einige wunderschöne *sawa-tobi-ishi*, »Schrittsteine durch das Marschland«; dabei handelt es sich um besonders große Steine zwischen Inseln oder entlang einem Teichufer, die dort nur zur Dekoration liegen. »Schreiten« soll man über diese »Schrittsteine« also gerade nicht.

Steinsetzungen

Wie bereits erwähnt, nehmen die Steinsetzungen in den Gärten der Edo-Zeit zahlenmäßig ab. Auch die formalen Prinzipien ihrer Arrangements scheinen weniger streng. Gelegentlich findet man eine Stein-Dreiergruppe auf dem Gipfel eines Hügels oder, eher am Ufer eines Teiches, eine Steinsetzung, die den mythischen Horai-Berg symbolisiert. Wenn Steine als *tobi-ishi* gesetzt sind, so handelt es sich fast ausnahmslos um besonders große Steine, die insofern ihre Herkunft aus den kleinen und bescheidenen Tee-Gärten verleugnen. In der Edo-Zeit war es Mode, an besonders auffälligen Punkten Yin-Yang-Steine zu setzen, die das Widerspiel von männlichem und weiblichem Prinzip zur Darstellung bringen sollten. Vielleicht können wir in diesen Steinsetzungen ein gartenkünstlerisches Gegenstück zur erotischen Verspieltheit der *ukiyo-e*, der »Bilder der schwebenden Welt«, erkennen.

Naturalistischer Wasserfall in den Kako-Teich im
Koraku-en-Park in Okayama.

Gartenszenerie um den »Tempel der Wieder-
geburt im Paradies« im Sanzen-in-Tempel in
Ohara, Kyoto.

Naturalistische Steingruppierung um ein
shiraito-taki, einen »Weiße-Fäden-Wasserfall«
im Koraku-en-Park in Tokyo. Anfang Edo-Zeit.

Beispiel für den spielerischen Umgang mit der
Brückenform: Brücke im Ritsurin-Park.

Pflanzen

Es ist unverkennbar, daß Pflanzen für die Gärten der Edo-Zeit an Bedeutung gewinnen, während die Bedeutung der Steinsetzungen spürbar abnimmt. Im Ritsurin-Park finden sich Bäume, die in Kastenform beschnitten sind. Diese Technik der Baumbeschneidung heißt *hako-zukuri,* wörtlich »Kisten bauen«. *Hako-zukuri* kam in der Edo-Zeit auf. Bäume waren überhaupt sehr beliebt: Alte Tannenbäume und kleine Wäldchen wurden zu festen Bestandteilen der Gartenlandschaft; man pflanzte gesondert Kirsch- oder Pflaumengärten in den Parks an. Ein für die Gärten der Edo-Zeit neues Element sind auch die kleinen Reisfelder. Man könnte vermuten, daß hier ein uralter Archetyp des japanischen Gartens wiederauflebt, *shinden,* der Archetyp des »heiligen Reisfeldes«. Über die Versuchung zu solchen Bezügen sollten wir aber nicht vergessen, daß der näherliegende Grund für die Integration von Reisfeldern in die Gärten der Edo-Zeit eher in der Verklärung des Landlebens zu suchen ist, das in der Edo-Zeit in Mode kam. Arbeiter in Reisfeldern empfand man als schön und romantisch.

Gartenwege und Brücken

Der Rundgang durch den Garten führt den Spaziergänger nur etwa zur Hälfte der Strecke direkt an Teichufern entlang. Der Rest des Rundweges führt ihn durch kleine Haine oder auf die künstlichen Hügel. Zum Stil der großen Wandelgärten der Edo-Zeit gehören die vielen verschiedenen Brücken, die der Spaziergänger bei seinem Rundgang überqueren muß. Sie sind in der Regel wesentlich größer als die Brücken aus der Momoyama-Zeit und geben – neben den Pavillons – der künstlich überformten Naturgestalt des Gartens das spezifisch Künstlerische. Diesen Trend können wir seit der Momoyama-Zeit beobachten.

Tee-Lauben

Sind die Tee-Lauben im Stil des *so-an* gehalten, also im Stil der ländlichen Tee-Hütte, dann stehen sie gewöhnlich etwas abseits in einem kleinen, rustikalen Tee-Garten. Sind sie hingegen im Stil des *shoin* gehalten, so stehen sie meist am Ufer des Teiches oder des Gartenbaches und gewähren dem Betrachter einen Blick auf den Garten wie durch einen Bilderrahmen. Das *kikugetsu-tei* zum Beispiel ragt auf Pfeilern in den Teich hinein; seine Erbauer setzten einige besonders schöne Steine als Fundament für die tragenden Pfeiler.

Shigemori Mirei hat sowohl die Details als auch die Gesamtanlage der großen Wandelgärten der Edo-Zeit als weiblich und undramatisch bezeichnet. Der Geist, den sie zu erkennen geben, steht in starkem Kontrast zu den »männlichen« und »dramatischen« Gärten der Momoyama-Zeit. Zweieinhalb Jahrhunderte Frieden haben offensichtlich Spuren in der Gartenästhetik Japans hinterlassen.

Der Ryu-ten, der »Tee-Laden am Gartenbach«,
im Koraku-en-Park in Okayama ist ein Parade-
beispiel für die ästhetische Unio mystica von
rechtem Winkel und natürlicher Form. Er wurde
als Behausung für das »Fest am gewundenen
Bachlauf« im Stil der Heian-Zeit erbaut.

Der Gartenbach und die Schrittsteine des
Hikaku-te, des »Gartens zum fliegenden
Kranich«, werden hier durch einen Winkel der
Tee-Hütte Seiko-ken geführt. Der Blick vom
Inneren der Tee-Hütte auf den Garten ist
horizontal und vertikal durch die rechtwinklige
Struktur des Gebäudes gerahmt.
Photo: Tabata, Minao

Steinsetzungen auf der »Insel zum göttlichen
Mädchen« im Südteich des Ritsurin-Parks.

Spiel mit Brückenelementen im Koraku-en-Park
in Okayama.

Zweibeinige Steinlaterne als Blickfang am
Rande des Kasumiga-ike, des »Nebelteiches«
im Kenroku-en-Park in Karazawa.
Photo: Tabata, Minao

Lageplan für den Jiko-in und seinen raffinierten
Zugang (Übernahme einer vereinfachten
Skizze aus: Shigemori, M. und K., Taikei,
Bd. 15, 1972).

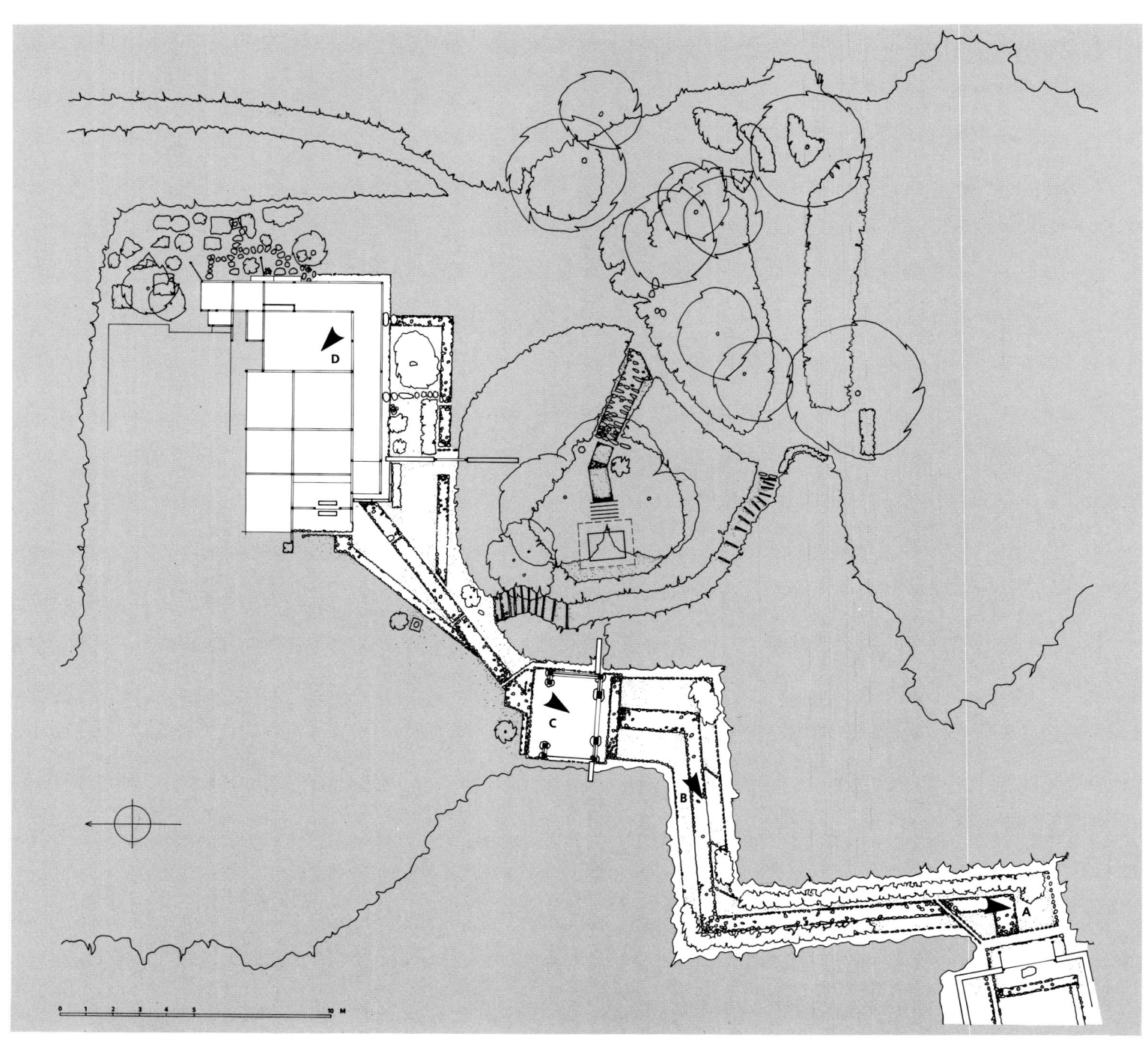

Jiko-in, der »Tempel des zarten Lichts«, in
Yamato Koriyama: dunkler und kühler Ein-
gangs-»Tunnel« (siehe A auf dem Lageplan).

Eremitengärten von ehemaligen Samurai, die als Gelehrte, Priester oder Tee-Meister bekannt wurden

Die eremitischen Gärten der Samurai gleichen den
großen Parks der Daimyo insofern, als auch sie eine
Vielzahl von Elementen aus der japanischen Gartenbau-
tradition zu einer neuen Einheit vereinigen. Wie in den
Parks der Daimyo finden sich hier Elemente des Wandelgartens, des Tee-Gartens, des Trockenlandschaftsgartens
und des Shakkei-Gartens. Freilich sind die Gärten der
Samurai viel kleiner als die großen Wandelgärten der
Daimyo. Zwei der wichtigsten Gärten dieser Art, *Shisen-
do* in Kyoto und *Jiko-in* in Yamato Koriyama, scheinen
überdies ihre ohnehin geringe Grundfläche auf den
Zugang zum Garten zu »verschwenden«. Man sollte
dabei aber sehen, daß es gerade die Zugänge sind,
die einem auf dem Weg zu den Gärten der Stille und
Meditation besondere Schönheiten eröffnen. Ich will
diese beiden Gärten im folgenden eingehender darstellen. Doch zuvor noch einige Zeilen über ihre Erbauer.
Der Schöpfer des *Shisen-do* hieß Ishikawa Jozan. Er ließ
diese Eremitage errichten, nachdem er sich aus dem
Dienst als Samurai, als Krieger, zurückgezogen hatte,
um sich ganz der Poesie zu widmen. Der Erbauer des
Jiko-in hieß Katagiri Sekishu. Er stammte aus der Klasse
der Feudalherren und wollte sich ebenfalls aus dem
öffentlichen Leben zurückziehen, als er sich *Jiko-in*
erbauen ließ.

Japan ist ein kleines, dicht besiedeltes Land. Das
erkennt man auch in den ästhetischen Prinzipien seiner
Gartenkunst. Vergleicht man Japans Ästhetik zum
Beispiel mit der Ästhetik Amerikas, einem großen, relativ
dünn besiedelten Land, so könnte man sagen, daß
letztere unter dem Prinzip »Zeit ist Geld« steht, während
für erstere eher »Raum ist Geld« gilt. Sowohl *Shisen-do*

als auch *Jiko-in* stehen beispielhaft für eine Ästhetik,
in der es darauf ankommt, dem Betrachter die Illusion
eines großen Raumes zu schaffen.

Ich werde zwölf verschiedene Techniken besprechen,
mit denen in diesen beiden Gärten unsere visuelle und
haptische Raumerfahrung manipuliert wird. Die erste
Technik dieser Art nenne ich die »Mauselocherfahrung«.
Ein gutes Beispiel hierfür ist das Eingangstor zum *Jiko-in*:
Man erreicht den *Jiko-in* zunächst über eine weite
Fläche von Feldern und muß sich dann durch ein recht
kleines Tor zwängen, um in den Garten zu gelangen.
Das hat, wie ich meine, den Effekt, daß der Raum, den
man betritt, nachdem man sich durch das Tor gezwängt
hat, wesentlich größer wirkt, als er in Wirklichkeit ist.

235

Eine dritte Technik, mit der man die Illusion eines größeren Raumes schaffen kann, nenne ich »Zickzack-Erfahrung«: Folgt man dem düsteren, tunnelähnlichen Pfad weiter, so müssen zwei Zickzack-Kurven durchschritten werden. Dieser künstliche Umweg trägt zu der Illusion bei, daß Anfang und Ende des Tunnels voneinander weit entfernt liegen.

Nach der zweiten Zickzack-Kurve hält man plötzlich vor einem etwas größeren, lichteren Raum inne, der den Blick auf ein zweistöckiges Schloßtor freigibt. Ich nenne diese vierte Technik der Raumillusion die »Bewegungsstop-Erfahrung«. Sie setzt voraus, daß man zuvor einen langen Pfad entlanggeschritten ist.

Die fünfte Technik erkennt man in dem Tor, das nun zu durchschreiten ist. Die Erfahrung, die der Besucher hier macht, ähnelt der Grunderfahrung beim »Mensch-ärgere-dich-nicht«: Plötzlich steht man wieder ganz am Anfang. Psychologisch signalisiert dieses zweite Tor, daß man seine Reise noch einmal von vorn beginnen muß.

Die sechste Technik nenne ich die »Kontrasterfahrung«. Wenn man das Tor am Ende des langen und düsteren Tunnels durchschreitet, befindet man sich plötzlich an einem offenen und lichten Ort, von dem aus ein erster — noch verschleierter — Blick auf das Ziel, *Jiko-in,* genauer gesagt, auf den Doppelgiebel seines strohgedeckten Halbwalmdaches, möglich ist. Dort findet sich die siebte Technik zur Schaffung einer erweiterten Raumerfahrung: An diesem Punkt der Wegstrecke wird man zögern, weiterzugehen, weil einem drei Wege offenzustehen scheinen und man nicht recht weiß, welcher eingeschlagen werden soll. Ich nenne dies die »Technik der bewußten Verlangsamung«.

Betritt man nun den *Jiko-in,* so wird man einer »Höhlenerfahrung« ausgesetzt: Der Eingangsraum, durch den man den *Jiko-in* betritt, heißt *genkan,* was man wörtlich mit »dunkle Barriere« übersetzen könnte.

Die zweite Technik dieser Art nenne ich die »Tunnelerfahrung«. Ein Beispiel hierfür finden wir gleich hinter dem Eingangstor zum *Jiko-in:* Vom Tor aus weiter ins Innere des Gartens gehend, folgt man einem schmalen Pfad, der ganz von dichtem Buschwerk gesäumt wird. Der Pfad ist dunkel, kühl und feucht und liegt zwischen sechzig und neunzig Zentimeter tiefer als der Rest des Gartens, so daß man das Gefühl hat, durch einen Tunnel zu gehen. Das Ende des Tunnels ist nicht sichtbar. Weil es hier fast nichts zu sehen gibt, geht man fast automatisch schneller als normal. Psychologisch hat dies aber das Gefühl zur Folge, einen längeren Weg als tatsächlich zurückgelegt zu haben.

Hier ist es dunkel, und man kann sich nur schwer orientieren. Die Erwartung, nun endlich das lichte Ziel der Reise erreicht zu haben, wird dort ein letztes Mal enttäuscht.

Um den *shoin* des *Jiko-in* betreten zu können, muß man sich einem weitverbreiteten japanischen Ritual unterziehen, an welchem sich die neunte und die zehnte Technik verdeutlichen lassen: Zunächst einmal führt der Weg zwei Stufen aufwärts, was eine »Erfahrung des Schwebens« in einem erzeugt. Auch das bereichert und erweitert die Raumerfahrung. Außerdem muß man die Schuhe ausziehen und mit nackten Füßen über die Tatami-Matten auf dem Fußboden schreiten. Auch die zarte Rauheit der Matten unter den Fußsohlen bereichert die Raumerfahrung.

Hat man das Ziel erreicht und sitzt im Gästeraum des *Jiko-in*, wird einem die »Shakkei-Erfahrung« zuteil, die elfte Technik der Raumillusion: Man schaut auf einen kleinen Trockenlandschaftsgarten mit beschnittenen Azaleensträuchern, die wie Berge aussehen. Dahinter erhebt sich eine Bergkette mit acht Gipfeln. Sie liegt in Wirklichkeit einige Kilometer entfernt am östlichen Ende des Yamamoto-Bassins, ist hier aber sehr effektiv in die Komposition des Gartens einbezogen. Der Blick auf diese Szenerie wird von der Veranda und dem überstehenden Dachrand gerahmt.

Der *Shisen-do* in Kyoto arbeitet außerdem mit einer zusätzlichen Technik. Hier wird die Raumillusion noch durch auditive Elemente verstärkt: Sitzt man im *shoin* des *Shisen-do,* so ist beständig das leise Rauschen eines Wasserfalls zu hören, das von den Schlägen einer *shishi-odoshi,* einer »Rehscheuche«, akzentuiert wird. Die rhythmischen Schläge der Bambus-Röhre, die gegen einen Stein schlägt und dabei Wasser aufspritzen läßt, erinnern an das Zen-Wort »Nicht die Stille in der Stille, sondern die Stille in Bewegung ist wahre Stille«.

Ich zögere, die letzte Technik der Schaffung von Raumillusion in die Reihe der bisher besprochenen Techniken mit aufzunehmen. Diese Technik verfügt nämlich über eine ganz andere Qualität, da es sich um eine esoterische Technik handelt. Verdeutlichen läßt sich diese Technik wieder am Beispiel des *Jiko-in,* dessen Schöpfer Sekishu einem nicht nur als Meisterarchitekt und -gärtner, sondern diesmal auch als Mystiker entgegentritt: Im *shoin* des *Jiko-in* überkommt einen das Gefühl, im Raum zu schweben und den Blick meilenweit über die Landschaft gleiten zu lassen, und man hält inne und verstummt. Dieses Gefühl scheint sich eines jeden zu bemächtigen, der den *Jiko-in* besucht. Man beginnt zu meditieren, die ungeheuren Ausmaße der eigenen Innerlichkeit zu erfahren. Man hört auf, die Außenwelt wahrzunehmen, und mit dem Ende der Wahrnehmung der Außenwelt legt sich auch das wahrnehmende Subjekt zur Ruhe. So beginnt man die Wahrnehmung wahrzunehmen. Doch diese Wahrnehmung ist leer und insofern die allerletzte Erweiterung des Raumes. Nur ein Ort, der eine solche Erfahrung oder, genauer gesagt, »Nicht-Erfahrung« in einem erzeugen kann, kann in Wahrheit Tempel genannt werden, denn er gibt einem einen Geschmack von dem, wer man wirklich ist.

Die beschriebenen Techniken verdanken natürlich vieles dem Durchschreitungsritus, den Sen no Rikyu für den rustikalen Tee-Garten geschaffen hat. Aber sie sind umgekehrt auch eine innovative Fortentwicklung von Rikyus Tradition, weil sie Elemente anderer Gärten weiterverarbeiten. Katagiri Sekishu, der Schöpfer des *Jiko-in,* war der Nachfolger von Kobori Enshu als »Hohepriester« des Tees. Auch die Tee-Räume seines *shoin* beweisen seine hohe Kunstfertigkeit.

Der Betrachter schwebt über der weißen Sand-
fläche des Trockenlandschaftsgartens im
Shisen-do, der »Eremitage des Dichters«.
Das Gebäude umrahmt den Blick auf den obe-
ren Garten, dessen Azaleen in der Form von
Hügeln geschnitten sind.

*Die naturalistische Landschaft des großen
Wandelgartens der Edo-Zeit: der Südteich des
Ritsurin-Parks mit hölzerner Bogenbrücke im
Vordergrund.*

Das Verhältnis der Edo-Zeit zu Natur und Gartenkunst

Der Einfluß der Ästhetik der Edo-Zeit auf die Gartenkunst

Ich sagte zu Beginn, daß kleine Teichgärten und Trockenlandschaftsgärten auch während der Edo-Zeit als stereotype Wiederholungen eines älteren Archetyps weiterhin angelegt wurden. Meist finden sie sich an buddhistischen Tempeln. Aber sie verloren hinsichtlich ihrer Gesamtanlage, Pflanzungen und Steinsetzungen an Dramatik und expressiver Kraft. Sie wirken wie Produkte von der Stange, ohne Poesie, Tiefe und Schönheit, denn das Wesen der Schönheit liegt doch wohl darin, daß sie Konventionelles transzendiert. In diesen Gärten aber wird nur der Stil früherer Zeiten imitiert, nicht aber die Natur – ihrer äußeren Erscheinung, ihrer inneren Wesenheit oder ihrer inneren Gesetzmäßigkeit nach.

Die großen Wandelgärten der Daimyo vereinigen in sich zahlreiche Elemente früherer Gartenprototypen und verbinden sie in einer neuen Formel zu einem Pfad, dem entlang sich für den Spaziergänger endlos »schöne Aussichten« wie Perlen an einer Schnur aneinanderreihen. Diese neue Formel hatte die Kraft, den altbekannten Elementen dieser Gärten eine neue Bedeutung zu geben.

Der Wandelgarten ist ein säkularisierter Garten, der in seiner äußeren Erscheinung zusehends realistischer und naturalistischer wird. Einschränkend sollte man dabei von den eher grotesken Yin-Yang-Steinkonfigurationen, die das männliche und weibliche Widerspiel repräsentieren, und von der Prunksucht der Daimyo absehen. Denn man wird wohl zugeben müssen, daß es eher ein Bravourstück oder eine Machtdemonstration ist, wenn man einen riesigen Felsbrocken in neunzig kleinere Steine

zerlegen, diese in einen Park schleppen und dort wieder zu einem großen Felsbrocken zusammensetzen läßt (eine der Steinsetzungen im Koraku-en-Park in Okayama ist tatsächlich auf diese Weise zustande gekommen). Wegen dieser Liebe zu spektakulären naturalistischen Gartenlandschaften tritt die Architektur dieser Gärten etwas in den Hintergrund. Heute existieren nur noch wenige Gebäude, die ursprünglich in den Parks der Edo-Zeit standen, aber sie müssen auch damals schon eher wie sekundäre Elemente gewirkt haben. Sie besaßen jedenfalls nicht mehr die Prominenz, die ihnen in den Gärten früherer Zeiten zukam. Die Liebe zu spektakulären und naturalistischen Gartenlandschaften wird auch an einem anderen Phänomen erkennbar: Überall werden große Gartenbäche, die die Teiche miteinander verbinden, zu zentralen Elementen der Gartenlandschaft. Auch größere Tannenwäldchen und Pflaumen- und Kirschgärten, die zu eigenständigen Subgärten werden, tragen dazu bei, die Architektur dieser Gärten in den Hintergrund treten zu lassen.

Die Ästhetik der mittleren und späten Edo-Zeit ist geprägt vom Geschmack der zu Städtern aufsteigenden Händlerklasse in den Städten. Um die neue Ästhetik einer urbanen Massenkultur zu veranschaulichen, möchte ich die folgenden charakteristischen Ausdrücke der Edo-Zeit kurz erläutern: *iki* – dieses Wort meint modischen Chic und hat einen erotischen Beigeschmack; *share* – ein Sinn für Ironie und städtisches Raffinement; *shibumi* – meint gehobenen Geschmack; *tsu* – meint Informiertheit und Professionalität; *asobi* – Sinn für spielerische Kreativität in Kunst und Beruf.

Diesem Zeitgeist erscheint die Natur nicht mehr als ein Ort mit einer göttlichen, kosmischen oder mystischen Botschaft, welche man in ihr entdecken und in Gärten ausdrücken kann. Der Garten ist nicht mehr Instrument des Ausdrucks der Mysterien und Geheimnisse der Natur,

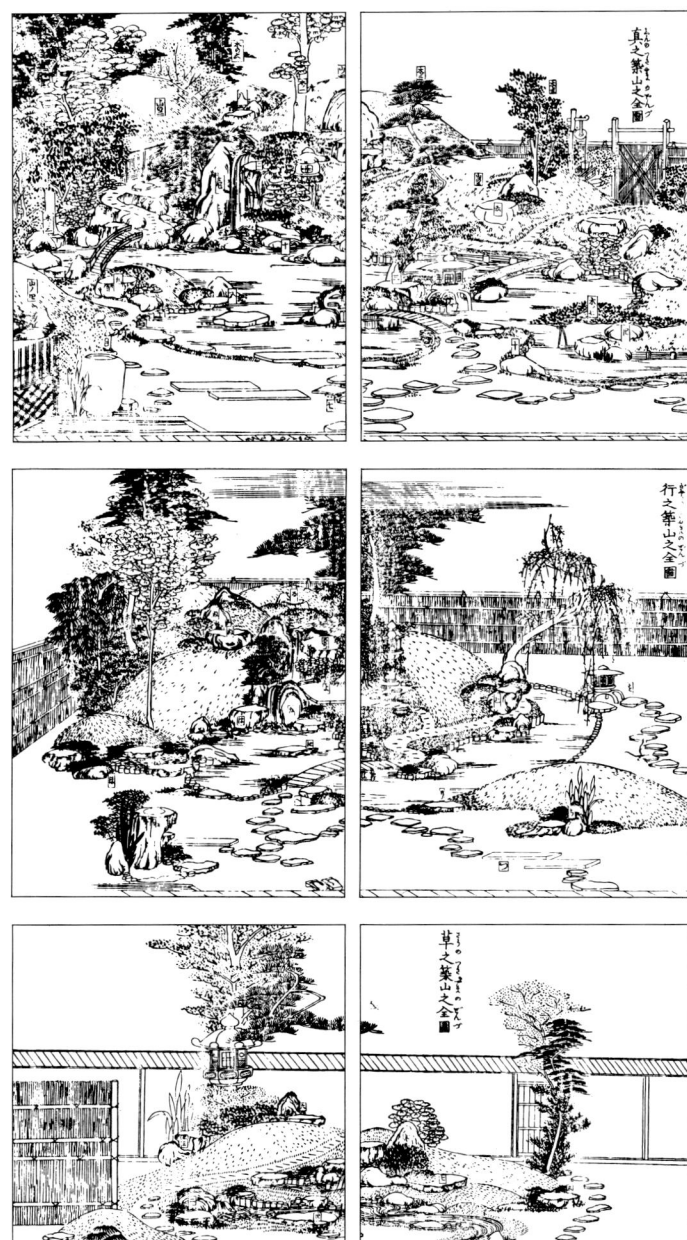

sondern Bühne, auf der man verspielt und artistisch gekonnt die neuesten und allerneuesten modischen Requisiten zur Schau stellt. Der große Wandelgarten der Edo-Zeit mit seinen zahllosen schönen Aussichten ist beinahe wie ein Katalog für Gartenmode. Um das zu sehen, muß man sich nur die exaltierten Brückenformen oder die »Haarschnitte« der Büsche in den Gärten vergegenwärtigen.

Die geheimen Traditionen der Gartenkunst und die neuen illustrierten Handbücher des Gartenbaus

Der *Shisen-do* in Kyoto und der *Jiko-in* in Yamamoto Koriyama stehen auch in enger Verwandtschaft zur chinesischen Bunjin-Malerei, die eine große Gelehrsamkeit voraussetzte. Dies kann man auch an einem geheimen Handbuch der Gartenbaukunst erkennen, welches Hishikawa Moronobu, ein Holzschneider und Literat, im Jahre 1680 unter dem Titel *Yokei tsukuri niwa no zu* herausgab. Übersetzt heißt das »Illustriertes Handbuch der Gartenbaukunst. Anleitungen zur Schaffung besonderer Aussichten«. In diesem Buch präsentiert er achtzehn Anregungen für die Schaffung einer speziellen Atmosphäre in Gärten. Illustriert sind die Anregungen mit achtzehn doppelseitigen Skizzen, die uns auch ein gutes Bild über die hochverfeinerte Zeichenkunst des ausgehenden siebzehnten Jahrhunderts geben. Die schriftlichen Anweisungen zu den einzelnen Illustrationen zählen die Gartenelemente auf, die für die gewollte Atmosphäre notwenig sind – meist berühmte Naturschönheiten in China oder Japan – und stehen deutlich in der Tradition der japanischen Geheimlehren um die Gartenbaukunst.

Seit der Mitte der Edo-Zeit waren Gärten nicht mehr das alleinige Privileg der Daimyo und Samurai. Auch die

Chonin, die aufstrebenden städtischen Kaufleute, konnten sich nun Gärten erlauben. Damit wuchs die Nachfrage nach erfahrenen Gärtnern, die nun darangingen, ihre Dienste nicht nur in der Hauptstadt Edo, sondern im ganzen Land anzupreisen. Häufig legten sie Wert auf die Feststellung, daß sie im Besitz der kostbaren *kuden*, des mündlich überlieferten Wissens um die Gartenbaukunst, seien. Dieser neue Typ des professionellen Gartenkünstlers nannte sich *Niwa-shi*, was man wörtlich mit »Garten-Meister« übersetzen könnte. Diese *Niwa-shi* verdingten sich nicht nur als geistige Schöpfer der Gärten, sondern verkauften ihren Auftraggebern auch die notwendigen dekorativen Elemente für ihre Gärten, Pflanzen, Steine und Kunstobjekte wie Steinlaternen. Die Nachfrage nach den *Niwa-shi* war allerdings so groß, daß sie einfach nicht gedeckt werden konnte. Daraus erklärt sich die zunehmende Beliebtheit von Handbüchern für den Garten, wie Hishikawa Moronobus *Yokei tsukuri niwa no zu*. Die neue Technik des Holzdrucks machte diese Bücher preiswert und trug zu ihrer weiten Verbreitung bei.

Die Bücher hatten aber auch einen weniger schönen Effekt: Sie zerstörten den Geist der Innovation und die Experimentierfreude in der Gartenkunst, da sie naturgemäß ein jedes Ding im Garten in eine feste Kategorie, eine Art Vorschrift zwängen mußten, und viele Gartenbauer hielten sich sklavisch daran. Das verbreitetste Do-it-yourself-Handbuch der Gartenkunst zur Edo-Zeit ist vermutlich Kitamura Enkins *Tsukiyama teizo-den*, ein »Handbuch, die Schaffung von Bergen und die Anlage von Gärten betreffend«, aus dem Jahre 1735. Dieses Buch gibt sehr konkrete Ratschläge, wie man Gärten anzulegen habe, und gibt den Interessenten auch konkrete historische Vorbilder, wie den »goldenen Pavillon« oder den *Daisen-in*, an die Hand. Im Jahre 1828 erschien unter demselben Titel ein zweiter Band des *Tsukiyama*

teizo-den, der von Akisato Ritoken herausgegeben war. Die beiden Bände wurden seither als Gesamtausgabe verkauft. Darin läßt sich deutlich ablesen, wie negativ der Effekt dieser Bücher auf die Kreativität war: Es werden »Strickmuster« besprochen, Standard-Gärten. Diese Bücher sind zwar kostbar illustriert, aber doch der Kreativität feindlich. Sie reflektieren weniger den Geist der *Niwa-shi*, der professionellen Gartenkünstler, als vielmehr den Geist des *ueki-ya*, des kommerziellen Garten-Geschäfts dieser Zeit.

Besonders deutlich wird die simplifizierende Darstellung der Gartenkunst und die Tendenz, den Menschen »Strickmuster« als »Kunst« zu verkaufen, an Akisatos Unterscheidung zwischen einem flachen und einem hügeligen Gartentyp. Diese beiden Typen werden schließlich weiter nach drei Kategorien unterschieden, die ursprünglich aus der Kunst der Kalligraphie stammen und seit der Muromachi-Zeit auch in anderen Künsten Anwendung fanden: *Shin* bezeichnet die höchste, die formal reinste Ausformung einer Kunst; *gyo* eine halb formale, nicht ganz so reine Ausprägung einer Kunst, und *so* eine informelle, vereinfachende Ausprägung dieser Kunst. Die zwei Gartengrundtypen, flach oder hügelig, werden also beschrieben, als gäbe es sie in je drei Ausführungen, in *shin*, *gyo* oder *so* — formal rein, halb formal oder vereinfachend. Wir wissen allerdings nicht genau, ob diese simplifizierende Art der Gartenbeschreibung bereits aus einer Praxis der Gartenkunst entsprang, die möglicherweise schon vor der Edo-Zeit existierte, oder ob es sich dabei tatsächlich um eine reduzierende Beschreibung handelt, die aus den Zwängen eines Gartenhandbuchs selbst erwuchs.

Der Steinmetz und der bearbeitete Stein
Gärten als Kopfgeburten

Die Gärten der Meiji-Zeit weisen zunächst die traditionellen Stereotypen der Trockenlandschaftsgärten, Teichgärten und Tee-Gärten der Edo-Zeit auf. Der neue Gartenprototyp, der Anfang des zwanzigsten Jahrhunderts entsteht und bis heute seine Wirkung nicht verloren hat, ist dominiert von behauenen Natursteinen. Später treten auch synthetische Materialien auf. Dieser Prototyp stellt nicht mehr in der Natur vorgefundene Landschaften nach, sondern ist eher als »egozentrische« Projektion auf den Garten zu verstehen: der Garten als Kopfgeburt.

Seit dem Zweiten Weltkrieg ist der Garten Teil der Architektur von Amtsgebäuden, Kulturhallen, Museen, Bürogebäuden und öffentlichen Plätzen geworden. Die neuen Gartenschöpfer sind nun selbstbewußte Bildhauer, Architekten oder Landschaftsgärtner mit Universitätsdiplom. Der neue Garten, der sich seit der Meiji-Zeit entwickelte, ist Ausdruck des Lebensgefühls der Moderne, das den Menschen von der Natur abgeschnitten hat. Er läßt den menschlichen Willen erkennen, die Natur zu formen und zu beherrschen.

Von der Meiji-Zeit bis heute

Mit der Unterzeichnung des Freundschaftsvertrags
zwischen Japan und den Vereinigten Staaten von
Amerika durch Commodore Matthew Perry im Jahre
1854 endete die mehr als zwei Jahrhunderte während
Isolationspolitik der Tokugawa-Shogune. Die Amerikaner
erhielten die Erlaubnis, in Japan Konsulate zu eröffnen.

Verwestlichung und Traditionalismus

Erstaunlicherweise führte gerade diese Öffnung des
erstarrenden Systems zum Untergang der Tokugawas.
Denn der Freundschaftsvertrag mit den USA erhitzte die
Gemüter in Japan. Insbesondere junge Leute aus der
traditionellen Samurai-Schicht machten Front gegen
den Vertrag, dessen Unterzeichnung ihrer Ansicht nach
bewiesen habe, daß die Shogune unfähig seien, sich die
Ausländer vom Leib zu halten. Einigendes Motiv für
die jungen Rebellen war der Royalismus. Ihre Parolen
lauteten denn auch »Mehr Ehrfurcht vor dem Kaiser«
und »Schmeißt die Barbaren raus«. Im Jahre 1866
schließlich gelang den Royalisten in Kyoto ein Putsch,
in dessen Folge die Macht im Lande von den Shogunen
wieder auf den Kaiser überging. Schon im Jahre 1867
hatte das alte Shogunatsregime vollständig kapitulieren
und seine Macht ohne viel Blutvergießen an den Kaiser
Meiji Tenno (1852–1912) abtreten müssen.

Schon bald stellte sich aber heraus, daß die neuen
Führer des Landes, Aktivisten aus der Samurai-Schicht
und Höflinge aus Kyoto, sich der neuen Zeit durchaus
nicht zu verschließen gedachten. Schnell ließen sie ihre
Vorsätze fallen, schafften das alte Feudalsystem und die
Territorialgewalt der Daimyo ab und beendeten somit
das starre japanische Klassensystem. Die Klasse der
Samurai wurde ganz abgeschafft und das neue Staatsge-
bilde auf den Rechtsgrundsatz der Gleichheit eines jeden
Bürgers gestellt. In den 1870er Jahren entwickelten sie
die Politik des *bummei kaika*, eine Politik, welche die
Adaption Japans an die westliche »Zivilisation und Aufklärung« auf ihre Fahnen geschrieben hatte. Die Hauptstadt Edo erhielt den Namen Tokyo, Hauptstadt des
Ostens. Hierher wurde auch der Amtssitz des Tenno,
des Kaisers, verlegt.

Die Verfassung des neuen Japan der Meiji-Zeit, die im
wesentlichen auf deutschen Staatstheorien fußte, trat
1889 in Kraft. Ihre Sprache war aber im wesentlichen
vom japanischen Traditionalismus geprägt. Der Kaiser
galt als der göttliche »Kopf« des *kokutai*, des »Volks-
körpers«. Der Volkskörper wiederum war bestimmt als
ein zu Gehorsam verpflichteter, konfuzianischer Staat,
der von der väterlichen und heiligen Institution des
Kaisers zusammengehalten wurde. Die Universität von
Tokyo wurde zu einer Art Kaderschmiede für orthodoxe
Regierungsbeamte. Erst am Neujahrstag 1946, nach der
Kapitulation im Krieg gegen die USA, endete dieses
Staatsdenken. Der Tenno widerrief ausdrücklich seinen
Anspruch auf göttliche Abstammung und erklärte sich
zum menschlichen Wesen.

In der Meiji-Zeit orientierte sich die gesamte japanische
Kultur stark an westlichen Vorbildern. So übernahmen
zum Beispiel japanische Architekten zunehmend westliche Baumaterialien und Baustile. Dies wurde auch
seitens der Regierung gefördert, weil man sich davon
Abhilfe gegen das Dauerproblem der Großbrände in den
Städten versprach. Im alten Japan hatte man als Baumaterial vornehmlich Holz verwendet, woraus selbst die
zweistöckigen Häuser der Großstädte fast ausschließlich
bestanden. Aber die Reorientierung der japanischen
Kultur fand nicht nur in der Architektur statt: Auch die
japanische Literatur bezog wesentliche Impulse aus dem
Westen. Fast alle wichtigen Prosawerke des Westens und

ein Großteil der Lyrik wurden ins Japanische übersetzt, und die japanischen Autoren begannen, ihre eigenen Werke an diesen Vorbildern auszurichten. Westliche Malstile hatten ja schon einmal – in sehr geringem Maße – Eingang in Japan gefunden. Im sechzehnten Jahrhundert hatten die Jesuiten und im siebzehnten die holländischen Kaufleute begrenzt Kunde von der westlichen Malerei nach Japan gebracht. Von der Meiji-Zeit an aber lernte Japan alle Malstile und -schulen Europas seit dem achtzehnten Jahrhundert kennen.

Diese intensive Auseinandersetzung mit der Kultur und der Wertordnung der westlichen Welt machte ein Problem deutlich, welches H. Paul Varley einmal »das Dauerproblem des Individualismus im modernen Japan« genannt hat oder, in einer anderen Formulierung, die Faszination »mit der Psychologie des Individuums«. Hier pralle die westliche auf die japanische Welt, in der offiziell immer noch Ehrfurcht vor den Eltern und Gehorsam und Loyalität gegenüber der Gesellschaft und dem Kaiser als höchste Werte gepriesen werde.[82] Die japanische Sprache kannte nicht einmal ein Wort für »Individualismus« oder für »Privatsphäre«.

Aber diese Suche nach einem Individualismus westlicher Prägung fand ihr Ende in einer neuen Art des Konformismus, nämlich des Konformismus der Massenkultur, die nicht mehr durch die ideellen Elemente einer Lebensethik bestimmt wird, sondern ausschließlich durch die Gesetze der Maschinisierung. Die Maschinisierung brachte Massentransport, Massenproduktion, Massenkonsum und die Massenmedien mit sich. Durch den lang anhaltenden wirtschaftlichen Aufschwung in Japan nach dem Zweiten Weltkrieg mächtig geworden, bestimmen die großen Unternehmen fast alles, was zum unmittelbaren Lebensbezug des Konsumenten gehört, sie manipulieren das Leben des »Individuums« von der Wiege bis zum Grab.

Der Garten der Meiji-, Taisho- und Showa-Zeit

1871 wurde in Japan ein Gesetz erlassen, das viele Tempelgärten und viele Daimyo-Gärten aus der Momoyama- und Edo-Zeit zu öffentlichen Parks erklärte. Viele dieser Gärten waren verwildert und mußten bei dieser Gelegenheit wieder instandgesetzt werden. Diese Arbeiten wurden aber von Gartenkünstlern durchgeführt, die sich sehr stark an europäischen Vorbildern der Gartenkunst orientierten, so daß dabei häufig recht sonderbare Mischformen zwischen japanischen und europäischen Gärten entstanden – besonders anfällig für solche Mischformen waren die großen Wandelgärten der Daimyo, weil sie, oberflächlich betrachtet, die größte Ähnlichkeit mit europäischen Gärten aufwiesen. Ein weiteres Problem war, daß das historische Wissen um die Wurzeln der japanischen Gartenkunst fast vollständig verlorengegangen war. Niemand besuchte mehr die großen japanischen Vorbilder, die alten Gärten Kyotos, und viele von ihnen verfielen. Die alten Gärten wurden so sehr gering geschätzt, daß man sogar viele ihrer charakteristischen Elemente für geringe Summen verschacherte. In gleichem Maße war die historische Erforschung dieser Gärten zum Erliegen gekommen. Shigemori Mirei hat einmal achtzig Bücher dieser Zeit zum Thema Geschichte der Gartenkunst durchgesehen. Sein niederschmetterndes Resultat war, daß nicht eines von ihnen als ernsthafte historische Darstellung zu betrachten sei. Schlimmer noch: Der überwiegende Teil der Bücher sei schlicht kindisch. Es handelte sich vornehmlich um billige Ratgeber für Leute, die sich einen Garten im Do-it-yourself-Verfahren anlegen wollten, oder aber um Kurzbeschreibungen von alten Gärten, die jedoch meist äußerst unzuverlässig waren, weil die Autoren sich anscheinend nicht einmal die Mühe gemacht hatten, die Gärten persönlich aufzusuchen.[83]

Es mag zunächst so aussehen, als widerspräche die Entwicklung an den japanischen Universitäten dem Befund über das aktuelle Wissen um japanische Gartenarchitektur: Immerhin wurden nämlich dreizehn Fakultäten für Landschaftsbildnerei an verschiedenen Universitäten des Landes gegründet. Wenn man aber berücksichtigt, daß sie meist den Fakultäten für Ackerbau, Forsten oder Blumenzucht zugeordnet waren, dann weiß man, daß auch dort dem Mißstand nicht Abhilfe geschaffen wurde; dort lehrte und lehrt man vornehmlich Fächer, die übernommene Techniken aus der westlichen Landschaftsgärtnerei betreffen. Der traditionelle japanische Garten und seine Geschichte kam in den Lehrplänen überhaupt nicht vor.

Um es ganz klar zu sagen: Man verstand nicht mehr, daß der japanische Gartenbau eine eigenständige Kunstform darstellte. In dem neuen Klima der »Zivilisation und Aufklärung« hielt man die Weisung des *Sakutei-ki*, »die Vorbilder der alten Meister ernst zu nehmen«, für obsolet. Gärten wurden von den *ueki-ya*, den »Baumzüchtern«, angelegt, die keinerlei Verständnis für die Gartenkunst, ihre Themen und ihren symbolischen Gehalt hatten. Die *ueki-ya* waren nicht viel mehr als der verlängerte Arm ihrer Auftraggeber, und deren wichtigstes Kriterium bei der Beurteilung von Gärten war ihr Portemonnaie.

Die alte japanische Kunst des *ishi wo tateru*, des »Errichtens von Steinen«, und die Kunst des *ishi-gumi*, der »Steinkomposition«, verkamen zum *sute-ishi*, zum »Verteilen von Steinen«, einer lediglich dekorativnaturalistischen Anordnung der Steine im Garten.

Die Gärten der Meiji-Zeit sind meist Teil eines Privathauses. Hierin können wir eine kuriose Rückkehr zur Funktion des Gartens in der Heian-Zeit erkennen, der auch fast nur bei Wohngebäuden zu finden war und in direkter Beziehung zum täglichen Leben der Menschen stand – freilich war er das Privileg der Aristokraten.

Einige der vielen zu Beginn unseres Jahrhunderts, in der Taisho-Epoche, veröffentlichten Bücher weckten immerhin ein neues Interesse an der traditionellen japanischen Gartenkunst. Weltweit war zu dieser Zeit der große Trend in allen Künsten der Naturalismus, was nicht ohne Wirkungen auf die gesamte japanische Gartenkunst seit der Meiji-Zeit blieb. Man erwartete von einem Garten, daß er eine gute – das heißt »realistische« – Kopie der Natur sei, weshalb man den Garten in Japan nicht mehr als ein Stück Kunst-Natur betrachtete, also als ein von Menschenhand überformtes und gestaltetes Stück Natur, sondern eigentlich als »Natur« selbst. Daß im Garten immer schon die wählende, reduzierende, ordnende Hand des Gärtners am Werk ist, sollte möglichst unsichtbar bleiben. Der Garten sollte ein perfektes Abbild der Natur sein. Diese Einstellung änderte sich eigentlich erst mit der Renaissance des Kare-sansui-Gartens in der frühen Showa-Epoche und mit der Schaffung des vorläufig letzten Gartenprototyps in der Geschichte des japanischen Gartens. Erst mit diesen beiden Entwicklungen finden Abstraktion und Symbolismus in ihm wieder ihren Platz.

Stereotype Formen des Teichgartens der Meiji-Zeit

Die Teichgärten der Meiji-Zeit ähneln in ihrer Gesamtanlage den Teichgärten der mittleren und späten Edo-Zeit. Neue Varianten dieser Anlage wurden nicht erfunden. Shigemori Mirei unterscheidet zwischen vier Standardtypen der Gartengestaltung: Der erste ähnelt in seiner Gesamtanlage dem sino-japanischen Schriftzeichen für »Wasser«; der zweite hat die Form einer süßen Kartoffel (das heißt in der Mitte breit und schmal an den Enden); der dritte sieht aus wie ein Regenwurm (das heißt dünn und gewunden); der vierte Typ hat eine konkave Form.[84]

Der Garten der Villa Murin-an

Yamagata Aritomo, ein Prinz und Staatsmann, ließ sich in Kyotos Stadtteil *Kusagawa-cho* im Jahre 1896 eine private Villa anlegen. Den Auftrag dazu erhielt Ogawa Jihei. Mit diesem Entschluß machte Yamagata Aritomo den Stadtteil, der nicht weit vom Nanzen-ji-Tempel liegt, zu einem der begehrtesten von Kyoto. In der Folgezeit entstanden hier viele prächtige Villen. Auch die Nähe zum Biwa-See, der das Stadtviertel über ein 1890 fertig-gestelltes Leitungssystem mit Frischwaser versorgte, dürfte zur Popularität von *Kusagawa-cho* bei den Reichen und Mächtigen von Kyoto beigetragen haben.

Doch zurück zu Yamagata Aritomo und seinem Garten: Seine Anlage entspricht Shigemori Mireis zweitem Typ, hat also die Form einer süßen Kartoffel, dick in der Mitte und schmal an den beiden Enden. Seiner Funktion nach ist der auf einer Ost-West-Achse gelegene Garten ein Wandelgarten mit zwei Teichen im Zentrum seiner Anlage. Er »atmet«, in der gängigen Auffassung von Natur, den Geist des Naturalismus, aber er stellt keine berühmten Sehenswürdigkeiten nach, wie es bei den großen Wandelgärten der Edo-Zeit der Fall war. Wie schon so viele Gärten der Edo-Zeit setzt auch dieser Garten die Technik des *shakkei* glänzend ein: »Geborgt« werden hier die Berge im Osten, die dem Betrachter durch eine Lichtung in dem Wäldchen um den Garten ins Blickfeld gerückt werden. Gleich unterhalb der Lichtung, am östlichen Ende des Gartens, befindet sich ein drei-stufiger, sehr naturalistischer Wasserfall; sein Wasser wird in einem Gartenbach über einige Stromschnellen in den ersten Teich geleitet, an dessen Ende er wieder austritt, um schließlich in den zweiten Teich zu münden.

In der Nähe des *shoin* mündet ein zweiter von Norden her in den ersten Gartenbach. Eine Steinbrücke unter-halb des Zusammenflusses lädt den Besucher dazu ein, die Steinsetzung zu betrachten, welche den Zusammen-fluß der beiden Gartenbäche markiert. Im unteren Bereich des Gartens gibt es reichlich Rasenflächen, auf denen einige, meist liegende Steine gesetzt sind. Diese Steine zählen zu den Glanzpunkten entlang des Wandelpfades rund um die naturalistische Zentral-sequenz Gartenbach – Teich – Teich – Gartenbach. Der Garten erinnert in vielerlei Hinsicht an den kleinen Teichgarten der Edo-Zeit. Er ist einer der schönsten Gärten, die in der Meiji-Zeit entstanden.

Der im Jahre 1896 entstandene naturalistische
Garten der Villa Murin-an in Kyoto, gerahmt
von den Schiebetüren des shoin. Die für die
Gartenkomposition geborgten Berge im Osten
sind von Herbstnebeln verhangen.

Oben:
*Ein naturalistischer Teichgarten der Meiji-Zeit:
der Murin-an in Kyoto aus dem Jahre 1896.
Übersichtsskizze der Anlage.*

Unten:
*Der Teichgarten am Heian-Schrein in Kyoto aus
dem Jahre 1895. Überblicksskizze der Anlage.*

Der Garten am Heian-Schrein

Der Heian-Schrein wurde 1895 fertiggestellt. In ihm wird
der Geist des Kammu Tenno verehrt, des Gründers von
Kyoto, das damals noch Heian-kyo hieß. Gebaut hatte
man den Schrein aus einer doppelten Motivation:
Er sollte ein Denkmal sein, das an den 1100. Geburtstag
der Hauptstadt erinnerte, und außerdem die Bevölkerung
von Kyoto darüber hinwegtrösten, daß der Meiji Tenno
den Regierungssitz von Kyoto nach Tokyo verlegt hatte.
Vorbild für den Schrein selbst war die große Staatshalle,
der *Chodo-in*, im kaiserlichen Palast der Heian-Zeit.
Leider waren die Architekten der Meiji-Zeit der Aufgabe,
dieses große Gebäude nachzubauen, nicht gewachsen.
Das historische Wissen um die Architektur der Heian-Zeit
war schon zu weit abgesunken. So verwundert es nicht,
daß weder die Architektur noch der Garten des Komplexes wirklich die Realitäten der Heian-Zeit reflektieren.
Die Idee, den *Chodo-in* für den Heian-Schrein nachzu-
bilden, war schon deshalb problematisch, weil damit ein
grundlegender Funktionswechsel für das Gebäude impliziert war, der die Architektur in Schwierigkeiten stürzen
mußte: Wie macht man aus einer Staatshalle einen
Shinto-Schrein? Auch faßte man den Garten nicht
religiös auf als einen Ort, an dem heilige Inseln in einem
heiligen Teich schwammen, sondern ganz säkular als
einen Park, in dem die Menschen spazierengehen
konnten, nachdem sie im Schrein gebetet hatten. Der
Entwurf stammt wiederum von Ogawa Jihei, der den
Garten sehr naturalistisch auffaßte. So entstand ein sehr
naturalistischer Wandelgarten, dessen Hauptattraktion
die Vielzahl von Blumen und Bäumen war, die hier
während des ganzen Jahres für Farbe sorgte. Auch hier
setzt Jihei die Technik des *shakkei* wieder glänzend ein.
Dennoch erinnert der Garten vom Stil her eher an die
Gärten, wie sie an den Adelspalästen der Heian-Zeit

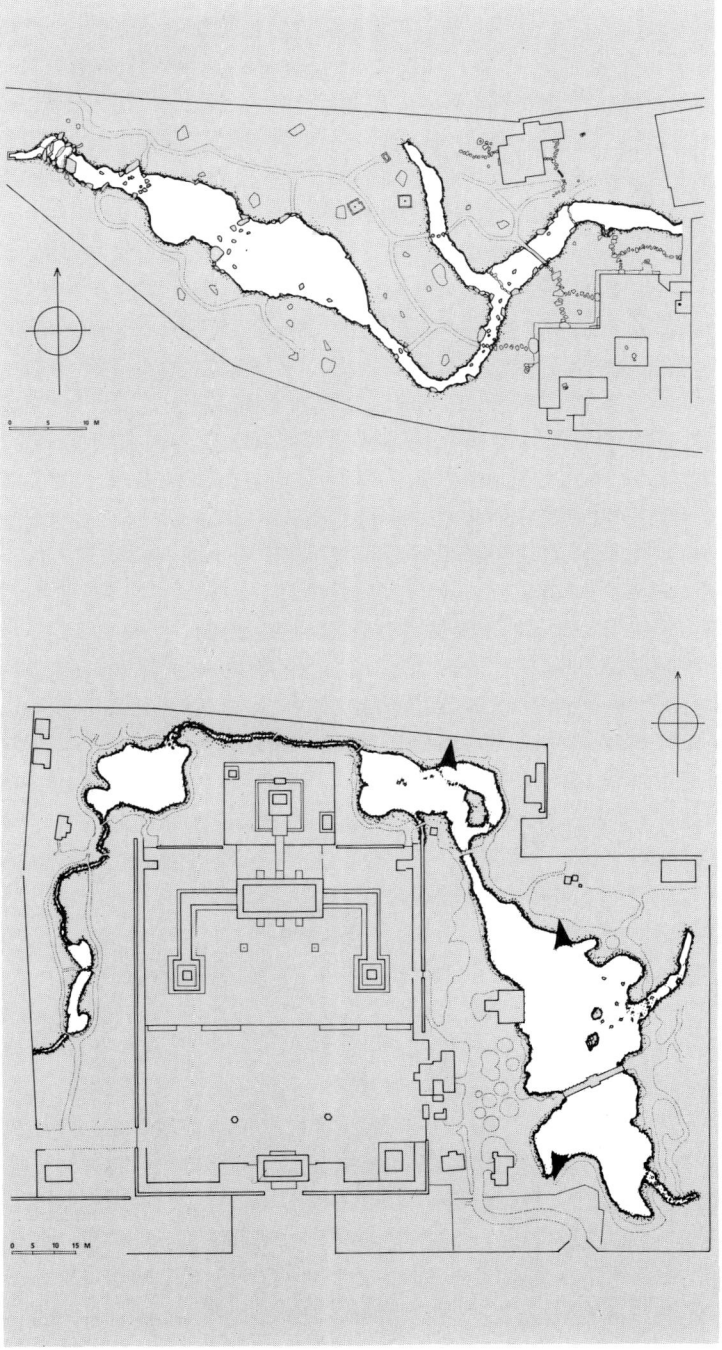

*Blick auf die überdachte Brücke im Heian-
Schrein-Garten. Im Hintergrund die »geborgten« Berge östlich von Kyoto.*

angelegt wurden, nicht an einen Schrein-Garten.
Der Garten hat eine Grundfläche von 20 130 Quadratmetern, gegliedert in einen westlichen, einen mittleren
und einen östlichen Teil. Der Westgarten ist berühmt für
seine Kirschbäume und Trauerweiden um einen kleinen
Teich, der fast am Nordende des Parks liegt. Der Teich
wird von einem zwei Meter hohen naturalistischen
Wasserfall an seinem Ufer und von einer Halbinsel
akzentuiert. Die Hauptattraktion des Mittelgartens ist
ein Teich mit zwei Steininseln und den zu Berühmtheit
gekommenen *sawatari-ishi*, also »Schrittsteinen über
den Sumpf«, die aus Fundamentsteinen von Kyotos
Gojo-Brücke stammen. Der Gartenbach, der den ersten
und den zweiten Teich miteinander verbindet, fließt aus

dem Teich im Mittelgarten zum Teich im Ostgarten.
Dieser verfügt über eine Kranich- und eine Schildkröteninsel, was höchst ungewöhnlich für die Meiji-Zeit ist.
Eine lange, überdachte Brücke rahmt den Blick auf den
Garten. Der im Süden sich anschließende Garten stammt
aus neuerer Zeit und wurde von Nakane Kinsaku
entworfen. Seine zahlreichen Steinsetzungen stehen
in deutlichem Kontrast zum übrigen Schrein-Garten,
wo kaum Steinsetzungen zu finden sind.

Stereotype Formen
des Trockenlandschaftsgartens seit der Meiji-Zeit

Shigemori Mirei schätzt, daß nur etwa ein Drittel der
Gärten, die von der Meiji-Zeit bis zur frühen Showa-Zeit
geschaffen wurden, Trockenlandschaftsgärten waren.
Zweiundvierzig davon erwähnt er im »Taikei«[85]. Schon
die späte Edo-Zeit hatte ja kaum noch originelle Schöpfungen in der Tradition des Kare-sansui-Gartens aufzuweisen. Streng genommen sind von der späten Edo-Zeit
bis zum Ende der Taisho-Zeit nicht Trockenlandschaftsgärten, sondern lediglich Teichgärten ohne Wasser entstanden. Der Kare-sansui-Garten war nicht nach dem
Geschmack der Meiji-Zeit, die naturalistische Land-
schaftsnachbildungen vorzog, wozu er sich gar nicht
eignete, denn der Trockenlandschaftsgarten ist hoch
abstrakt und symbolisch. Erst mit dem Beginn der
Showa-Zeit (1926–1988) erleben wir eine Renaissance
des »echten« Kare-sansui-Gartens, was zum Teil daran
liegt, daß während dieser Zeit eine große Anzahl von
Tempelgärten neu geschaffen wurde, zu einem großen
Teil aber der Arbeit und dem Einfluß von Shigemori Mirei,
dem großen japanischen Gartenkünstler und Gartenhistoriker, zu verdanken ist.

Shigemori Mirei erwähnt 120 Kare-sansui-Gärten,
die während der frühen Showa-Zeit entstanden sind.

Blick auf den neuen Garten im Süden.
Im Hintergrund die überdachte Brücke des
Ostgartens.

Der Tofuku-ji-Tempel in Kyoto: ein moderner
kare-sansui, entworfen von Shigemori Mirei
im Jahre 1940. Der Südgarten vor dem hojo mit
fünf grasbedeckten Hügeln, die die fünf wichtigsten buddhistischen Tempel der Kamakura-
Zeit symbolisieren.

Sawatari-ishi, »Schrittsteine über den Sumpf«,
die aus den Fundamenten der Gojo-Brücke in
Kyoto stammen. Garten des Heian-Schreines.

Oben:
Einer der vier verschiedenen kare-sansui
um den hojo, die Wohnquartiere des Haupt-
priesters.

Unten:
Grundriß des Gartens.

Charakteristisch für diese Gärten ist zum Beispiel die
Vielfalt neuer in den Sand geharkter Muster und die
neuen kompositorischen Prinzipien der Steinsetzung:
Die Steine werden jetzt meist aufrecht stehend gesetzt.
Bevorzugt werden außerdem scharfkantige Felsen, nicht
mehr rundgeschliffene Flußsteine.[86]

Tofuku-ji-Tempelgarten

Im Jahre 1880 fielen der *hojo*, also die Wohnquartiere
des Hauptpriesters, und verschiedene andere Gebäude
des *Tofuku-ji* einem Brand zum Opfer. Sie wurden 1889
wieder aufgebaut. 1940 erhielt Shigemori Mirei den
Auftrag, den Garten um den wiederaufgebauten *shoin*
des Tempels neu zu gestalten. Sein Design sollte den
ursprünglichen Geist der Kamakura-Zeit, aus welcher der
Tempel ursprünglich stammt, reflektieren. Shigemori
Mirei wählte zu diesem Zweck vier verschiedene Typen
des Trockenlandschaftsgartens aus, für jede Seite des
shoin eine. Dieser Garten verdeutlicht besser als alle
Gärten, die er je entworfen hat, welch zentrale Rolle
dieser Mann in der Geschichte der japanischen Gartenkunst an dem Wendepunkt der Entwicklung innehat, wo
aus der stereotypen Wiederholung alter Vorbilder wieder
eine mutige und kreative Aufarbeitung der Tradition
wird, wo Schritte in unbekanntes Neuland getan werden
und der Gartenkünstler sich zunehmend als Bildhauer
fühlt.

    Der Südgarten (A) vor dem *shoin* verarbeitet noch
weitgehend traditionelle Themen und Elemente, tut dies
aber bereits auf recht kühne Art. Der Garten ist durch
eine Diagonale in zwei Hälften geteilt. In der östlichen
Hälfte stehen vier verschiedene Steingruppen, die, von
weitem gesehen, an traditionelle Horai-Kompositionen
denken lassen. Aber nie zuvor hat man solch kühne

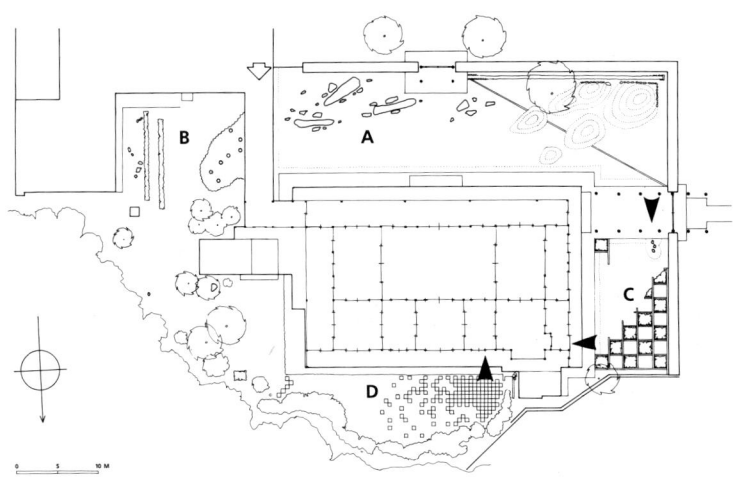

Steinsetzungen, die an das Horai-Motiv
gemahnen, im Südgarten des Tofuku-ji-Tempels
in Kyoto. Im Hintergrund die fünf künstlichen
Hügel.

Vertikalsetzungen gesehen. Die westliche Hälfte des Südgartens wird von fünf künstlichen Erdhügeln beherrscht, welche die fünf wichtigsten buddhistischen Tempel der Kamakura-Zeit symbolisieren sollen, wovon der *Tokufu-ji* einer war.

Die anderen drei Gärten um den *shoin* brechen weit radikaler mit der Tradition des *kare-sansui*. Hier sind behauene Steine die Hauptgestaltungselemente: Die Gärten sind stark in geometrische Muster aufgeteilt. Der Ostgarten (B) ist durch einen leicht erhöhten und überdachten Korridor vom Südgarten abgetrennt. Sieben rundgeschnittene Steine – ursprünglich Fundamente für Brückenpfeiler – sind hier wie das Sternbild des Großen Wagens angeordnet. Der Westgarten (C) ist vom Südgarten durch einen offenen Korridor zu ebener Erde geschieden; gestaltet ist er mit einer Art Schachbrettmuster aus zwei mal zwei Meter großen Quadraten, die abwechselnd mit weißen Sand angeschüttet oder mit beschnittenen Satsuki-Sträuchern bewachsen sind. Kurz vor dem *hojo* laufen die Quadrate in einer in Muster geharkten weißen Sandfläche aus. Der Nordgarten ist ein länglicher Trockengarten. Wichtigstes Gestaltungselement sind hier quadratische Schrittsteine, die in unregelmäßigen Abständen in eine Moos- und Sandoberfläche eingebettet sind. Der Garten ist zur Wand des Tempelgebäudes hin durch eine beschnittene Hecke begrenzt (D).

In den beiden letzten Gärten, dem West- und Nordgarten, wird Shigemoris Begeisterung für das Widerspiel von rechtem Winkel und natürlicher Form besonders deutlich, eine Faszination, die er mit fast allen japanischen Gartenkünstlern teilt. Leider sind diese beiden, von Shigemori als Trockengärten angelegten Gärten heute nicht mehr besonders schön anzusehen, da es an ausgebildetem Personal fehlte, das die Gärten hätte pflegen und in Ordnung halten können.

Stereotype Formen des Tee-Gartens der Meiji-Zeit

Schon der Garten der Villa *Murin-an* und der Park am Heian-Schrein in Kyoto verfügten auch über Tee-Gärten. Shigemori Mirei erwähnt dreiundsechzig Tee-Gärten aus der Meiji-, Taisho- und Showa-Zeit, aber keiner von ihnen war als eigenständiger Tee-Garten angelegt, wie wir es aus der Momoyama- und Edo-Zeit her kennen, sondern sie finden sich fast immer in den parkähnlichen Gärten reicher Leute. In der Meiji-Zeit gab es keine großen Tee-Meister mehr; deshalb wurden Tee-Gärten und Tee-Lauben jetzt nur noch »im Stil von« Rikyu, Oribe oder Enshu geschaffen. So muß man den Tee-Garten dieser Zeit immer im Zusammenhang mit anderen Gartenformen sehen.

Der Isui-en

Der Isui-en-Garten liegt im Südwesten von Naras Todai-ji-Tempel. Der Garten ist in zwei Teile gegliedert, die sich sowohl thematisch als auch stilistisch deutlich voneinander unterscheiden. Der kleinere, westliche Teil des Gartens beherbergt einen runden Teich mit Kranich- und Schildkröteninseln vor dem *sanshu-tei*, dem »Pavillon der drei Schönheiten«. Ein reicher Gerber aus Nara ließ diesen Teil des Gartens schon im Jahre 1670 anlegen.

Der größere, östliche Teil des Gartens wurde erst 1890 von einem reichen Händler in Nara namens Seki Tojiro angelegt. Er ist das vielleicht glänzendste Beispiel für die Technik des *shakkei* in der Gegend von Nara. Vom *hyoshin-tei*, dem »Pavillon des gefrorenen Herzens«, aus hat man einen Blick auf den Garten, für den nicht nur Naras berühmteste Berggipfel, der Wakakusa, der Kasuga und der Mikasa, »geborgt« sind, sondern auch die obere Hälfte des großen Südtores am Buddha-Tempel. Der Teich vor dem *hyoshin-tei* hat die Form des sino-

Folgende Doppelseite:
Riesiger, sehr naturalistisch kombinierter Moos-,
Teich-Insel- und Trockengarten im Adachi-
Kunstmuseum in der Shimane-Präfektur.
Um 1970 von Nakane, Kinsaku entworfen.
Photo: Ohashi, Haruzo

japanischen Schriftzeichens für »Wasser«. In ihm liegt eine kleine Insel, die man über eine Reihe von Mühlsteinen, die hier als Schrittsteine fungieren, erreichen kann. Von der Grundanlage her handelt es sich bei diesem Garten um einen Wandelgarten. Im Osten des Gartens liegen einige künstliche Erdhügel und ein dreistufiger naturalistischer Wasserfall mit einer Brücke darüber. Steinsetzungen finden sich in diesem Garten kaum. Statt ihrer gibt es aber viele beschnittene Azaleensträucher, die – typisch für die Gärten der Meiji-Zeit – die Funktion von Steinsetzungen übernehmen. Der Garten geht fast unmerklich in die »geborgte«, wirkliche Natur über.

Zwischen dem größeren und dem kleineren Teil des Gartens liegen zwei kleine Tee-Lauben, durch einen mit schönen Schrittsteinen ausgelegten Pfad und ein elegantes Tor voneinander getrennt. Vor dem *teisho-ken*, einer Tee-Laube von viereinhalb Tatami-Matten Grundfläche, führt eine Steinbrücke über den Gartenbach, welche die beiden Gartenteile miteinander verbindet. Die Bescheidenheit dieses kleinen, rustikalen Tee-Gartens kontrastiert mit dem grandiosen Shakkei-Garten im Osten.

Der obere Teichgarten, vom shoin aus gesehen. Die Mühlsteine dienen als Schrittsteine im Teich. Dies ist übrigens ein hervorragendes Beispiel für das shakkei. Hier sind das Südtor des großen Buddha-Tempels und die Berge im Hintergrund für die Gartenkomposition »geborgt«.

Komposition von rechtwinkligen und natür-
lichen Formen im Trockengarten nördlich des
shoin des Tofuku-ji-Tempels in Kyoto.

Ein tsubo-niwa, kleiner Binnengarten,
im Garten der Villa Murin-an in Kyoto.
Photo: Tabato, Minao

Oben:
Roh behauene Steine in einer Komposition.

Unten:
*Grundriß des Platzes vor dem Regierungsge-
bäude der Präfektur Kagawa in Takamatsu. Der
Entwurf für den Garten aus dem Jahre 1958
stammt von Kenzo Tanges Architekturbüro.*

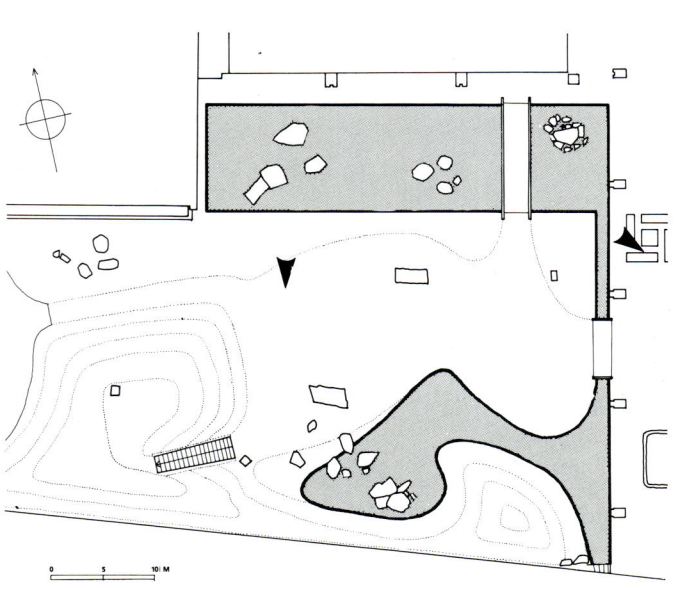

Der zeitgenössische Prototyp: Gärten als Kopfgeburten

Nach dem Zweiten Weltkrieg entstand ein neuer Gartenprototyp, der sich von seinen Vorgängern kaum mehr
noch hätte unterscheiden können. Er entstand im Auftrag einer neuen Schicht von Auftraggebern, sein archi-
tektonisches Umfeld war ein ganz anderes geworden,
und seine Themen und kompositorischen Elemente er-
fuhren bedeutsame Veränderungen. Der Garten ist nun
Teil der Architektur von Amtsgebäuden, Kulturhallen,
Museen, Bürogebäuden und öffentlichen Plätzen.

Gemeinsam sind den meisten dieser Gärten ihre
zentralen gestalterischen Elemente: roh behauene Natursteine in einer durch geometrische Muster gekennzeichneten Gesamtkomposition. Der neue Gartenprototyp
will nicht mehr die Natur imitieren, sondern drückt den
Willen des Künstlers aus, in seiner Arbeit seine Individuali-
tät zum Ausdruck zu bringen. Die neuen Gartenkünstler,
die sich in erster Linie als Individuen begreifen, sind nun
Bildhauer, Architekten und Landschaftsgärtner mit
Universitätsdiplom. Ihre Ausbildung steht unter dem
Einfluß von internationalem Austausch und ist nicht
mehr auf japanische Traditionen beschränkt. Ihre Kompositionen sind meist abstrakt, und oft hat man gar nicht
das Gefühl, in einem Garten zu sein, sondern in einer
begehbaren Skulptur. Weil diese Kompositionen keinen
erkennbaren Zusammenhang mit der wirklichen Natur
mehr haben, geht die Rede vom Garten als »landschaft-
gewordene Innerlichkeit«.

Dennoch stehen diese Gärten noch erkennbar in der
japanischen Tradition. Auch hier erkennen wir die japanische Begeisterung für das Widerspiel von rechtem
Winkel und nicht nachahmbarer, einzigartiger Form:
In diesem Fall tritt an die Stelle der *natürlichen* Form die
vom *menschlichen Geist*, von seiner Phantasie geschaf-

Der rechte Winkel im Widerspiel mit der von
Menschenhand geschaffenen Form des
behauenen Steines.

fene unnachahmliche Form, die in ein Widerspiel mit der von der Ratio bestimmten geometrischen Form tritt, ja sogar eine Unio mystica mit ihr eingeht.

Ein frühes Beispiel für diese neue Gartenform ist Tange Kenzos Teichgarten an der Südseite der Regierungsgebäude der Präfektur Kagawa in Takamatsu aus dem Jahre 1958. Der Garten hat eine doppelte Funktion als öffentlicher Platz und als Bühne für Open-air-Performances zu erfüllen und war eine Art Startsignal für einen neuen Dialog zwischen Mensch und Garten, zwischen Schöpfer und Geschöpf im Kontext der international sich gebenden modernen Kunst. Zwar haben japanische Gartenkünstler seit der Momoyama-Zeit mit behauenen

Steinen gearbeitet – Gartenlaternen und Schrittsteine sind gute Beispiele hierfür –, aber die Einführung des roh behauenen Steines bedeutet dennoch etwas radikal Neues: Nie zuvor wurde der Stein wie eine eigenständige Skulptur aufgefaßt und wurden behauene Steine zu dekorativen Gruppen komponiert. Ein gutes Beispiel hierfür sind die behauenen Steine in dem rechtwinkligen, 37 mal 9 Meter großen Wasserbecken in Kenzo Tanges Garten in Takamatsu. Die Dramatik dieses modernen Widerspiels zwischen rechtem Winkel und irreproduzibler, vom Künstler geschaffener Form wird hier noch dadurch verstärkt, daß sich die Szene in den großen Glasflächen an der Eingangshalle des Regierungsgebäudes spiegelt. Darüber hinaus setzte Kenzo Tange kontrapunktisch seinem rechtwinkligen Teich einen unregelmäßig gerundeten Teich am Südende des Platzes entgegen.

Der Bildhauer Nagare Masayuki ging 1961 sogar noch einen Schritt weiter: In einem der Gärten am Palace Hotel in Tokyo schuf er eine rechteckig geschnittene Wasserfall-Skulptur in einem rechteckigen Wasserbecken. Hier hat der Künstler dem Stein fast völlig seinen eigenen Willen aufgezwungen. Nur die rauhe Oberfläche der Steine selbst kontrapunktiert noch die vom Menschen geschaffene Form des Rechtecks.

Im Jahre 1975 ließ sich Shigemori Mirei von den Designs auf traditionellen Kimonos inspirieren und schuf einen Garten, dessen Grundmuster von einer komplexen Spiralkonfiguration beherrscht wird. Das Motiv der Spirale beherrscht sowohl den trockenen Teil des Gartens als auch den Teichgarten. Im Trockengarten ist der Sand in spiralförmigen Mustern geharkt, im Teichgarten arbeitet er mit Figuren aus geschnittenen Steinen, deren Spiralmuster mit den natürlichen Formen von Steinen und Kies und mit den Rechteckformen der Gebäude kontrastieren.

Wasserfall aus behauenen Steinen, hinter
denen sich eine Grottenbar verbirgt, im Garten
des Hotels Sheraton Grande.

Geometrie als Strukturelement des modernen
Gartens: Im Yuzen-Kimono-Färben-Hauptbüro
kombinierte Shigemori Mirei 1975 Spiralkonfi-
gurationen aus bearbeiteten Steinen mit den
Formen des natürlichen Felsens und des
Kieselsteins.

Der gewundene Flußlauf, eines der ältesten
Elemente japanischer Gartenkunst, in neuer
Umgebung: der Gartenbach am Kulturzen-
trum in Fujizawa, an dessen Ufern metallene
Bäume »gepflanzt« sind. Der Entwurf stammt
von Hasegawa Itsuko (1989).

Es sollte eigentlich nicht weiter verwundern, daß bald auch verarbeitete Rohstoffe und synthetische Materialien, also zum Beispiel Metalle und Kunststoffe, Eingang in die Gartenkunst fanden. Schließlich wurden sie zunehmend auch in den anderen Künsten verwandt. Freilich stellt sich bei der Gartenkunst das zusätzliche Problem, daß solche Materialien natürlicherweise nicht vorkommen. Dennoch werden sie als ein Teil der Natur betrachtet, wenn der Mensch gewissermaßen als Hebamme Hand anlegt und sie zum Vorschein bringt. Die Frage war also, welche Form der Mensch diesen an sich ja amorphen und formbaren Materialien im Garten geben sollte.

Über ihr Design des Shonandai-Kulturzentrums in Fujisawa aus dem Jahre 1989 befragt, spricht die Architektin Hasegawa Itsuko beispielsweise von der Schöpfung einer »zweiten Natur«. Was sie damit meint, kann man vielleicht am ehesten an ihrer Schöpfung veranschaulichen. Das zentrale gestalterische Element ihres Entwurfs bildet erstaunlicherweise ein gewundener Gartenbach, also eins der wohl ältesten Elemente japanischer Gartenkunst. An seinem Ufer aber hat sie Metallobjekte in Form stilisierter Bäume »gepflanzt«. Das zentrale ästhetische Prinzip des Gartens bleibt also das Widerspiel von rechtem Winkel und »natürlicher« Form, man fragt sich aber, warum ihre »zweite Natur« – also die metallenen Bäume – sich so stark an den Vorbildern der »ersten Natur« orientiert, warum sie nicht den Schritt zur »landschaftgewordenen Innerlichkeit« gemacht hat. Trotzdem kann man an diesem Beispiel erkennen, daß in Japan die Suche nach neuen Formen für einen »synthetischen« Garten begonnen hat. Vielleicht hilft es, wenn man sich daran erinnert, daß die Architektur den neuen, künstlichen Werkstoff Beton zunächst auch dazu einsetzte, die Formen natürlicher Werkstoffe wie Holz oder Stein nachzuahmen, und daß es eine Weile dauerte, bis man auch freiere Formgebungen wagte. So verhält es

sich vielleicht auch mit den synthetischen Werkstoffen für den Gartenbau. Ein Beispiel hierfür mag der wohl-proportionierte Wasserfall vor der Lobby des ANA-Hotels in Kyoto sein. Er sieht ganz natürlich aus, aber wenn man daran klopft, so klingt er hohl, denn er ist aus gegossenem Plastik. Murai Hiroshis »Cool Garden« im ganz mit Marmor ausgekleideten Innenhof des Verwaltungsgebäudes der Longchamp Textile Company in Kyoto hat zwar keine naturalistischen Plastikskulpturen, dafür aber trockene Bäume, die der Künstler mit Silberfarbe besprüht hat.

Der moderne Garten aus synthetischen Materialien: gekachelter gewundener Bach und Metallbäume im Kulturzentrum von Fuji-Zawa, 1989 von Hasekawa, Itsuko entworfen.

Garten im Innenhof des Verwaltungsgebäudes
der Longchamp Textile Company in Kyoto.
Die Bäume sind nicht aus synthetischem
Material, sondern getrocknete „echte" Bäume,
die der Künstler mit Silberfarbe besprüht hat.
Der Entwurf stammt von Murai Hiroshi.

Das zeitgenössische Verhältnis zu Natur und Gartenkunst

Es ist gewiß kein Zufall, daß der roh behauene Stein genau in dem historischen Augenblick zum zentralen kompositorischen Element des japanischen Gartens wird, in welchem die Umwelt Japans durch Industrie, Städtebau und exzessives Konsumverhalten des Menschen in der Massengesellschaft zerstört zu werden droht.

Warum wird auf einmal die natürliche Form des Steins verändert, bevor er im Garten Verwendung findet? Ich will kurz die Antworten eines japanischen Architekten und eines amerikanisch-japanischen Bildhauers zitieren. Der bereits erwähnte Architekt Tange Kenzo schrieb in den frühen 1960ern einen Artikel mit dem Titel »Das Geheimnis des Steins«, in dem er folgendes sagt: »Wir mögen den bearbeiteten Stein, weil er den Willen des Gestalters reflektiert. Weder die Natursteine noch die Art, in welcher sie in den traditionellen Gärten gesetzt wurden, reflektierten auch nur die kleinste Spur der menschlichen Persönlichkeit. Sie lagen einfach nur still da und ließen nichts vom menschlichen Drang ahnen, etwas Schönes zu schaffen«. Kurz vor seinem Tode im Jahre 1989 äußerte sich der berühmte Bildhauer Noguchi Isamu in einem Interview: »Ein Garten entsteht immer in Zusammenarbeit mit der Natur. Mit der Zeit verbleichen die Spuren der formenden Hand des Menschen. Die Natur läßt sie verschwinden, läßt Moos darüber wachsen oder sonst etwas. Dann bist du auf einmal verschwunden. Ich will aber nicht verschwinden. Ich will mich zeigen. Deshalb bin ich modern. Ich bin kein traditioneller *ueki-ya*, kein Baumpflanzer.«[87]

Beide Äußerungen lassen einen bislang in Japan ungekannten Dualismus zwischen Mensch und Natur erkennen, den Wunsch, der Natur den vorgeblich eigenständigen Willen des Menschen aufzuzwingen. Das ist die Blüte, die der westliche Individualismus in Japan getrieben hat, eine geistige Entwicklung, die in dem tiefsitzenden jüdisch-christlichen Glauben gegründet ist, daß die Welt, ihrer Seinsordnung nach, ontologisch in Mensch und Natur zerfalle und der Mensch selbst in Leib und Seele geteilt sei. Es ist somit nicht weiter verwunderlich, daß die Internationale Gartenschau in Osaka 1990 den Titel »Koexistenz von Mensch und Natur« trägt. Als ob sie einfach zwei ganz verschiedene Dinge wären, die zu »koexistieren« hätten.

Wir wissen heute, welche Folgen dieses dualistische Denken hat: Es führt zur unkontrollierten Ausbeutung, Zerstörung und Verschmutzung unseres Planeten, zum »Tode der Natur«, um den Titel eines kürzlich erschienen Buches von Bill McKibben zu zitieren. Mit der ahnenden Klarheit, die aller großen Kunst eignet, hat der letzte japanische Gartenprototyp das Verhältnis des modernen Menschen zur Natur erfaßt — und damit die unvermeidlichen Konsequenzen dieses Verhältnisses.

Nun, da wir die ökologisch katastrophalen Folgen unseres Verhaltens vor Augen haben, wüßte man gern, wie wohl der nächste japanische Gartenprototyp aussehen mag. Ich glaube, daß er einem Dschungel ähnlich sein wird, einem künstlichen Dschungel, der uns an unsere Einheit mit der Natur gemahnt. Wir mußten bitter erfahren, daß man die Natur nicht ausbeuten und zerstören kann, ohne damit dem Menschen das gleiche anzutun. Osho, ein östlicher Mystiker, sagt: »Du kannst dich nicht gegen die Natur stellen. Wer wollte sich auch gegen die Natur stellen? Du bist selbst Natur.«[88]

Die rein naturwissenschaftliche Erkenntnis der Einheit allen Lebens in der Welt wird den Menschen nicht davon abhalten, die Natur und sich selbst zu zerstören. Die abstrakte naturwissenschaftliche Erkenntnis muß zu einer tiefer gehenden »Erfahrung« werden. Das aber läßt sich nur durch eines erreichen: durch Meditation.

Einzelne Gärten im Überblick

Die Gärten des antiken Japan: bis 710

Der Garten am Achi-Schrein

Adresse:　　　　　710 Okayama-ken, Kurashiki-shi, Honmachi 12–1.
　　　　　　　　　Tel.: (08 64) 25-48 98

Entstehungszeit: Alle *iwakura*, das heißt alle Einzelsteine, die als
　　　　　　　　　Sitz einer Gottheit verehrt wurden, und alle
　　　　　　　　　iwasaka, das heißt alle Steingruppen um einen
　　　　　　　　　heiligen Ort, auf dem Tsurugata-Berg entstam-
　　　　　　　　　men Japans prähistorischer Periode. Der *honden*
　　　　　　　　　des Schreins wurde im Jahre 1648, die Gebets-
　　　　　　　　　halle im Jahre 1682 erbaut.

Besonderheiten: Auf dem Gelände des Schreins befinden sich fünf
　　　　　　　　　antike heilige Steinformationen, welche alle
　　　　　　　　　wesentlich älter sind als die Gebäude des
　　　　　　　　　Schreins. Im Westen des Hauptschreins: eine
　　　　　　　　　Kranich- und eine Schildkröteninsel, die nicht
　　　　　　　　　einfach ein *iwakura* war, sondern laut Shigemori
　　　　　　　　　Mirei den Horai-Berg darstellte. An einem sehr
　　　　　　　　　steilen Hang hinter dem *kojinja* genannten
　　　　　　　　　Seitenschrein aus dem Jahre 1815 befindet sich
　　　　　　　　　eine *kare-taki*, eine Trockenkaskade. Vor dem
　　　　　　　　　Sugawara-Seitenschrein: ein einzelner vertikal
　　　　　　　　　errichteter *iwakura*. Im Westen des kleinen
　　　　　　　　　Kurashiki-Gokoku-Schreins: eine Iwasaka-Stein-
　　　　　　　　　gruppe, die an einen Zaun für einen heiligen
　　　　　　　　　Bezirk erinnert. Vor dem *saikan*, der »Halle der
　　　　　　　　　Enthaltsamkeit«: eine antike Iwakura-Stein-
　　　　　　　　　gruppe in Form eines Yin-Yang.

Die Gärten am Ise-Schrein

Adresse:　　　　　516 Mie-Ken, Ise-shi, Uji-Urata-cho.
　　　　　　　　　Tel.: (0 59 63) 2 21 41

Entstehungszeit: Sechstes bis siebtes Jahrhundert. Wahrscheinlich
　　　　　　　　　gab es vor dieser Zeit keine festen Gebäude für
　　　　　　　　　die verschiedenen Heiligtümer am Ise-Schrein.

*Stilistische
Merkmale:*　　　　Bekieste Flächen, die für religiöse Zeremonien
　　　　　　　　　genutzt wurden.

Besonderheiten: Die Aufmerksamkeit des Betrachters wird nicht
　　　　　　　　　auf die Architektur gezogen, sondern richtet sich
　　　　　　　　　fast automatisch auf die freien, bekiesten Flächen
　　　　　　　　　des Schreins. Die meisten der 115 Heiligtümer in
　　　　　　　　　Ise sind mit einer kleinen Hütte markiert, unter

der sich immer noch der zentrale heilige Stein
befindet. Einige Nebenschreine allerdings sind
weder durch ein Schreingebäude noch durch
eine kleine Hütte geschützt. Zu sehen ist nur ein
heiliger Baum oder Stein. Ein Beispiel hierfür ist
der *takimatsuri no miya*, der »Schrein zum Lob-
preis des Wasserfalles«, gleich neben dem Platz
für heilige Waschungen am Ufer des Isuzu-Flus-
ses. Bei einem Schrein, der eigentlich nicht direkt
zum Ise-Schreinsystem gehört, markiert ein Bün-
del immergrüner Zweige das Zentrum der freien,
bekiesten Flächen des Heiligtums. Dieser Schrein
gibt uns eine Vorstellung von den vielumrätselten
shiki no himorogi, bekiesten Flächen, die in den
ältesten Chroniken Japans als Orte der Anbetung
der Sonnengottheit erwähnt werden.

Die Gärten der Nara-Zeit: 710–794

Der Kyokusui-tei-Garten am »gewundenen Flußlauf«

Adresse:　　　　　603 Nara-shi, Sanjo-oji, 1-chome.
　　　　　　　　　Tel.: (07 42) 34–90 21

Entstehungszeit: Mittlere Nara-Zeit. Zwischen 1975 und 1984 aus-
　　　　　　　　　gegraben und rekonstruiert.

*Stilistische
Merkmale:*　　　　Garten mit »gewundenem Flußlauf«.

Besonderheiten: Der Garten liegt an der südöstlichen Grenze des
　　　　　　　　　ehemaligen kaiserlichen Palastbezirks und ist
　　　　　　　　　genau genordet. Wissenschaftlichen Unter-
　　　　　　　　　suchungen zufolge war der Garten Teil eines
　　　　　　　　　großen Wohnbezirks, der während der ganzen
　　　　　　　　　Nara-Zeit benutzt wurde. Eines der zum Garten
　　　　　　　　　gehörenden Gebäude ist auch wiederhergestellt
　　　　　　　　　worden. Besonders wichtig ist, daß der Garten
　　　　　　　　　eines der ältesten und wirkmächtigsten Elemente
　　　　　　　　　japanischer Gartenkunst enthält: den »gewunde-
　　　　　　　　　nen Flußlauf«. Die *Nihon shoki*, die »Annalen
　　　　　　　　　Japans«, bezeugen das Motiv des gewundenen
　　　　　　　　　Flußlaufs schon für das Jahr 486. Es erscheint bis
　　　　　　　　　zum heutigen Tag in immer neuen Variationen im
　　　　　　　　　japanischen Garten – eine ganz moderne Varia-
　　　　　　　　　tion zu diesem Thema befindet sich beispiels-
　　　　　　　　　weise im »Synthetischen Garten« am Shonandai-
　　　　　　　　　Kulturzentrum aus dem Jahre 1989.

Die Gärten der Heian-Zeit: 794–1185

Gosho: der Garten am kaiserlichen Palast

Adresse: 602 Kyoto-shi, Kamigyo-ku, 3-Kyoto gyo-en, Imperial Household Agency. Tel.: (075) 2 11-12 15

Entstehungszeit: Die gegenwärtigen Hauptgebäude des Kaiserpalastes stammen aus dem neunzehnten Jahrhundert. Es handelt sich dabei um Rekonstruktionen von Gebäuden aus der Edo-Zeit.

Stilistische Merkmale: Leerer Südgarten für Staatsakte vor dem *shishin-den*, der von überdachten Korridoren gerahmt ist. Die Korridore sind ein Charakteristikum der Architektur der Heian-Zeit.

Besonderheiten: Der *nantei*, der »Südgarten« vor dem Hauptgebäude des Palastes, welchen man heute *gosho* nennt, besteht aus einer völlig freien, weißen Sandfläche. Nur ein Mandarinen- und ein Pflaumenbaum stehen links und rechts neben dem Treppenaufgang zum Palastgebäude. Wie die freien Flächen vor den kaiserlichen Schreinen für religiöse Zeremonien genutzt wurden, so wurde der Garten für Staatsakte und Festakte genutzt. Eine Vielzahl von *tsubo-niwa*, kleinen Binnenhofgärtchen, schmückt das Gitterwerk der Palastgebäude nördlich des *shishin-den*.

Beste Besuchszeiten: Das ganze Jahr über. Man muß sich allerdings im voraus um eine Erlaubnis bei der Imperial Household Agency bemühen.

Osawa Ike: der Garten am Osawa Teich

Adresse: 616 Kyoto-shi, Ukyo-ku, Saga Osawa-cho 4. Tel.: (075) 8 71-00 71

Entstehungszeit: Zu Beginn des neunten Jahrhunderts vom Kaiser Saga als Palast am Rand der Stadt geschaffen. Im Jahre 876 wurde der Palast in einen buddhistischen Tempel umfunktioniert. Als socher existiert er unter dem Namen *Daikaku-ji* bis heute.

Stilistische Merkmale: Teichgarten mit Inseln, den man am besten bei einer Bootsfahrt »er-fährt«.

Besonderheiten: Mit 20 000 Quadratmetern ist dies der größte erhaltene Teichgarten aus der Heian-Zeit. Obwohl der Wasserpegel des Teiches in der Meiji-Zeit angehoben wurde und verschiedene Inseln überschwemmte, sind eine Benten-Insel und eine Chrysanthemen-Insel noch erkennbar. Eine Steingruppe am Nordufer des Teiches sind die Überreste einer *kare-taki*, einer Trockenkaskade, die in vielen Gedichten der Heian-Zeit besungen wird.

Beste Besuchszeiten: Zur Kirschblütenzeit im April oder für eine abendliche Bootspartie beim ersten Vollmond des Herbstes.

Der Kaju-ji-Tempelgarten

Adresse: 605 Kyoto-shi, Higashiyama-ku, Yamashina Kajujji, Niodo-cho 27–6. Tel.: (075) 5 71-00 48

Entstehungszeit: Ursprünglich Teil einer am Stadtrand gelegenen Villa des Fujiware Miyamichi. Kaiser Daigo funktionierte die Villa im Jahre 900 in einen Tempel um.

Stilistische Merkmale: Teichgarten mit vielen Inseln. Zentrales Motiv: Horai-Inseln, die »Inseln der Seligen«. Besonders für Bootspartien angelegt.

PHÖNIX-HALLE DES BYODO-IN

284

Besonderheiten: Die großen Halbinseln im Süden und Westen des Teiches waren ursprünglich eigenständige Inseln. Der Teich hatte einst insgesamt fünf Inseln. Die Berge im Süden und Westen des Gartens waren ursprünglich gewiß ein Teil der ästhetischen Erfahrung des Betrachters. Heute, da ein Großteil der Gebäude, die Teiche, Inseln und Berge »rahmten«, nicht mehr existiert, ist aber das ästhetische Kalkül des Gartens nur noch schwer nachzuvollziehen.

Beste
Besuchszeiten: Ende Juli bis Ende August, wenn die Lotosblumen in Blüte stehen.

Garten um die Phönix-Halle des Byodo-in-Tempels

Adresse: 601–13 Kyoto-fu, Uji-shi, Ujirenge. Tel.: (0774) 21-1861

Entstehungszeit: Der Tempel wurde im Jahre 1052 von Fujiware Yorimichi auf dem Gelände einer Villa seines Vaters im Südosten von Kyoto erbaut.

Stilistische
Merkmale: Ein Teichgarten, der wesentlich von der Paradiesvorstellung des »reinen Landes im Westen« beeinflußt ist. Besonders für Bootspartien angelegt.

Besonderheiten: Hier findet sich eine der schönsten erhaltenen Amida-Hallen der Heian-Zeit in ihrer das »reine Land im Westen« versinnbildlichenden Umgebung: die Phönix-Halle (*Hoodo*). Im Gegensatz zu vergleichbaren Gärten der Heian-Zeit weist der Garten keine Brücken vom Festland zu den verschiedenen Inseln auf, denn die Phönix-Halle sollte sich ungebrochen im Teich spiegeln. Die Halle selbst steht auf einer großen Teichinsel, die man von Norden her über eine Brücke erreichen kann. Nach Westen hin ist die Insel durch eine korridorartige Brücke mit dem Land verbunden, an der auch Boote anlegen können.
Von der großen Halbinsel aus, die weit in den Teich hineinragt, hat man eine beeindruckende Frontalansicht dieser für die Heian-Zeit typischen »Lehnstuhl«-Anlage, in welcher ein Gebäudekomplex den Garten umschließt: die rechten Winkel der Architektur im Wechselspiel mit den natürlichen Formen des Gartens. Jenseits der Ostgrenze des Gartens fließt der pittoreske Uji-Fluß,

der jedoch Teil der ästhetischen Erfahrung des Besuchers bleibt.

Beste
Besuchszeiten: Im Sommer, wenn die Wasserlilien den Teich schmücken.

Der Motsu-ji-Tempelgarten

Adresse: 029–41 Iwate-ken, Nishiiwai-gun, Hiraizumi-cho, Ozawa 58. Tel.: (0191) 46-2331

Entstehungszeit: Erbaut von Fujiwara Motohira um 1144.

Stilistische
Merkmale: Teichgarten mit Inseln. Besonders für Bootspartien angelegt.

Besonderheiten: Zwei Inseln in einem großen Teich mit bekiesten Ufern. Die größere Insel, eine *horai-shima*, eine »Insel der Seligen«, befindet sich genau in der Mitte des Teiches. Die kleinere, eine *kame-shima*, eine Schildkröteninsel, weist einige recht expressive Steinsetzungen auf. Im Süden des Teiches befinden sich vier verschiedene Halbinseln; die südwestliche Insel ist ein *tsukiyama*, ein künstlicher Berg, auf dessen Gipfel sich eine Trockenkaskade und eine Stein-Dreiergruppe befinden. Am Teichufer eine *araiso*, eine »schroffe Küstenlandschaft«. Eine besonders schöne Quelle mit »gewundenem Flußlauf«, der im Nordosten in den Teich mündet. Der Garten ist erst kürzlich rekonstruiert worden. Hier müssen die berühmten *kyokusui no en* der Heian-Zeit, die »Feste am gewundenen Gartenbach«, inszeniert worden sein. Die Hauptgebäude des Tempels existieren leider nicht mehr.

Beste
Besuchszeiten: Frühling und Herbst.

Hokongo-in-Tempelgarten

Adresse: 616 Kyoto-shi, Ukyoku, Hanasono, Ogino-cho 49. Tel.: (075) 461-9428

Entstehungszeit: *Hokongo-in*, der »Tempel des diamantenen Gesetzes«, wurde von Kaiserin Taikenmon-in, der Frau des Kaisers Toba, auf dem Gelände des aus dem neunten Jahrhundert stammenden Tenan-ji-Tempels gegründet, der südlich der Narabiga-oka-Berge im Nordwesten von Kyoto liegt.

Der Teichgarten mit Gartenbach und Wasserfall wurde im Jahre 1130 von Rinken, einem Priester am Ninna-ji-Tempel, geschaffen. Auf Anweisung der Kaiserin wurde der Wasserfall im Jahre 1133 von einem anderen Priester namens Joi um 2,10 Meter erhöht.

Stilistische Merkmale:	Wie der Garten um die Phönix-Halle in Kyoto ein von den religiösen Vorstellungen des Amida-Buddhismus geprägter Paradiesgarten mit zwei Teichinseln. Besonders für Bootspartien angelegt. Ursprünglich stand im Westen des Teiches eine »westliche Haupthalle« mit einer Amida-Statue; im Süden standen eine neun Statuen-Amida-Halle und der Palast der Kaiserin. Keines der Gebäude ist erhalten geblieben.
Besonderheiten:	Zwei etwa gleich große Inseln, die durch Brücken verbunden sind. Die Teichufer sind kiesigen Meeresstränden nachempfunden. Bemerkenswert auch die *seijo no taki*, wörtlich die »Kaskade eines jungen Mädchens«, der Gottheit von Schnee und Eis, die 4,30 Meter hoch ist und deutlich die Arbeit von zwei verschiedenen *Ishitateso* verrät.
Beste Besuchszeiten:	Ende Juli bis Anfang August, während der Lotosblüte.

Makaya-ji-Tempelgarten

Adresse:	431–14 Shizuoka-ken, Inasagun, Mikkabi-machi, Makaya 421. Tel.: (0 53 52) 5 00 27
Entstehungszeit:	Ende der Heian- oder Anfang der Kamakura-Zeit.
Stilistische Merkmale:	Teichgarten, besonders für Bootsfahrten angelegt.
Besonderheiten:	Drei *tsukiyama*, künstliche Berge, im Norden, Nordosten und Osten des Teiches. Auf den Bergen: verschiedene *sanzon ishigumi*, Stein-Dreiergruppen. Im Teich, dessen Uferlinie ähnlich verkurvt ist wie die des *Tenryu-ji*, eine Kranichinsel. Von Nordosten her mündet ein *yarimizu*, ein künstlicher Gartenbach, in den Teich – ganz nach den Regeln der sino-japanischen Geomantie. Der enorme »Kopfstein« der Kranichinsel ist halb im Wasser, halb auf der Insel. Die Stein-Dreiergruppe auf der Insel ist ungewöhnlich, weil

sie so angelegt ist, daß man sie nicht nur von vorne betrachten kann, sondern, indem man mit dem Boot um sie herumfährt, von allen vier Richtungen. Die Steinsetzungen der südwestlichen Halbinsel, die beinahe bis an die Kranichinsel heranreicht, stehen in der Tradition der *kare-san-sui*, wie sie im *Sakutei-ki* beschrieben werden. Die Steinsetzung am Ufer stellt deutlich eine Schildkröte dar, die den Kranich auf der Insel verfolgt. Der Garten wurde erst im Jahre 1968 wiederentdeckt und zum Teil in seinen mutmaßlichen ursprünglichen Zustand zurückversetzt.

Beste Besuchszeiten:	Zur Kirschblütenzeit im April oder im Sommer, wenn die Wasserlilien in Blüte stehen.

MAKAYA-JI

Die Gärten der Kamakura-Zeit: 1185–1336

Saiho-ji-Tempelgarten

Adresse: 615 Kyoto-shi, Ukyo-ku, Matsuo Kamigaya-cho 56. Tel.: (075) 391-3631

Entstehungszeit: Im Jahre 1334 wandelte Muso Kokushi einen Tempel des Amida-Buddhismus, der an dieser Stelle stand, in einen Zen-Tempel um und wurde sein erster Hauptpriester.

Stilistische Merkmale: Der Garten hat einen Doppelcharakter. Der untere Teil ist ein Teichgarten, den man spazierengehend erfahren sollte. Der obere Teil ist ein *kare-sansui* in einem Moosbett.

Besonderheiten: Der Garten heißt im Volksmund »Moostempel«. Stilistisch ist er genau in der Übergangszeit zwischen Heian- und Muromachi-Zeit angesiedelt: halb Teichgarten, halb Trockenlandschafts-garten. Ursprünglich hatte Muso Kokushi viele Pavillons in den Garten bauen lassen, die ihn, ganz gleich von wo man ihn betrachtete, in einen rechtwinkligen Rahmen faßten. Keiner der Pavillons ist erhalten. Die drei großen und vier kleinen Inseln, vier Halbinseln sowie der berühmte Nachtankerstein im Teich sind am besten bei einem Spaziergang zu betrachten. In der Trocken-landschaft im oberen, hügeligen Teil des Gartens befinden sich eine Schildkröteninsel in einem »Meer« aus Moos, ein *zanzen-seki*, ein flacher Meditationsstein, und eine *kare-taki*, eine Trockenkaskade, die alle zu vielbewunderten Vorbildern für die Trockenlandschaftsgärten der Muromachi-Zeit wurden.

Beste Besuchszeiten: Zur Regenzeit von Mitte Juni bis Mitte Juli, wenn das Moos im Saft steht; oder Anfang November, wenn die Ahornbäume sich verfärben.

Tenryu-ji-Tempelgarten

Adresse: 616 Kyoto-shi, Ukyo-ku, Saga Tenryu-ji, Suzuki no baba-cho 68. Tel.: (075) 881-1235

Entstehungszeit: Gegründet als Zen-Tempel vom Ashikaga-Shogun Takauji, um den Geist des Kaisers Gosaga zu befrieden, den der Shogun entmachtet hatte.

TENRYU-JI

Muso Kokushi wurde zum ersten Hauptpriester dieses Tempels ernannt. Er funktionierte die ehemalige kaiserliche Villa in einen Zen-Tempel um.

Stilistische Merkmale: Kleiner Teichgarten, der besonders für Spazier-gänge angelegt ist.

Besonderheiten: Wenn man ihn von der Veranda der Wohn-gebäude des Hauptpriesters aus betrachtet, schafft der Garten eine besondere Tiefenillusion, indem er drei Ebenen übereinanderlagert: 1. die freie Sandfläche, die sich zwischen der Veranda und dem Teich erstreckt; 2. die Teichoberfläche bis zu den Steinsetzungen am anderen Ufer, 3. die Ebene der Berge am Horizont. Wenn man den Pfad am anderen Ufer des Teiches entlang-geht, kann man die zwei besonders schönen Steingruppen aus der Nähe bewundern: eine *ryumon no taki*, eine »Drachentor-Kaskade« mit einem Karpfenstein, und eine Horai-Gruppe im Teich, die aus sieben besonders schönen, vertikal gesetzten Steinen besteht. Dies ist vermutlich die schönste Steingruppe der Kamakura-Zeit.

Beste Besuchszeiten: Zur Kirschblüte im April oder Anfang November, wenn die Ahornbäume sich verfärben.

Die Gärten der Muromachi-Zeit: 1336–1573

Kinkaku-ji-Tempelgarten und »Goldener Pavillon«

Adresse: 603 Kyoto-shi, Kita-ku, 1 Kinkakuji-cho.
Tel.: (0 75) 4 61 - 00 13

Entstehungszeit: Ashikaga Yoshimitsu, der dritte der Ashikaga-Shogune, baute 1391 das *Kitayama dono*, die »Villa in den Nord-Bergen«, um. Ursprünglich stammt das Gebäude aus der Kamakura-Zeit. Yoshimitsu nannte das Gebäude von nun an *Rokuon-ji*, »Tempel zum Gazellenhain«. Nach seinem Tod wurde der Palast in einen buddhistischen Tempel umfunktioniert.

Stilistische Merkmale: Teichgarten, den man mit einem Boot durchfahren, in dem man spazierengehen und den man von den Gebäuden aus betrachten kann.

Besonderheiten: Im Volksmund heißt die Anlage *Kinkaku-ji*, »Tempel zum Goldenen Pavillon« – nach ihrer Hauptattraktion, einem dreistöckigen Pavillon in südchinesischem Stil. Der Teich ist durch eine lange Halbinsel in zwei Teile geteilt: In der kleineren »Hälfte« des Teiches direkt am »Goldenen Pavillon« befinden sich eine Kranichinsel und zwei Schildkröteninseln – eine »ankommende« und eine »scheidende« Schildkröte. Der vom Hauptgebäude weiter entfernt liegende Teil des Teiches hat nur einige kleinere Inseln aufzuweisen. Sie sollen die Raumillusion fördern, daß dieser Teil des Teiches weit entfernt liegt. In den Hügeln des Gartens liegt eine klassische Drachen-tor-Kaskade mit einem besonders schönen Karpfenstein darin.

Beste Besuchszeit: Zur Kirschblüte im Frühjahr oder im Herbst, wenn sich die Ahornbäume verfärben. Ein Besuch an einem der raren Schneetage im Februar ist ebenfalls ein Erlebnis.

Ginkaku-ji-Tempelgarten und »Silberner Pavillon«

Adresse: 606 Kyoto-shi, Sakyo-ku, Ginkaku-ji-cho 2.
Tel.: (0 75) 7 71 - 57 25

Entstehungszeit: Im Jahre 1473 zog sich der achte Ashikaga-Shogun Yoshimasa zurück und widmete sich dem Bau seiner Villa *Higashiyama dono*, in den Bergen östlich von Kyoto gelegen. Nach seinem Tod wurde die Villa in einen Zen-Tempel umfunktioniert.

Besonderheiten: Im Volksmund heißt die Anlage *Ginkaku-ji* – nach ihrer Hauptattraktion, einem zweistöckigen »Silbernen Pavillon«. Der deutlich vom *Saiho-ji*, dem »Moostempel«, inspirierte Garten ist zweigeteilt: Seine untere Hälfte besteht aus einem Wandelgarten mit Teich, seine obere Hälfte ist ein hügeliger Trockengarten. Der Garten nimmt bereits wesentliche Elemente des Trockenlandschaftsgartens vorweg: zum Beispiel eine *ginshanada*, eine Fläche weißen Sandes, die kunstvoll geharkt ist, um die Wellen des Meeres anzudeuten, und eine *kogetsudai*, eine »dem Mond zugewandte Anhöhe«, die in ihrer konischen Form an den Fuji-Berg erinnert. Es ist allerdings unklar, wann diese beiden höchst ungewöhnlichen Elemente geschaffen wurden.

Beste Besuchszeiten: Ende Oktober oder Anfang November, wenn sich die Ahornbäume verfärben.

Joei-ji-Tempelgarten

Adresse: 753 Yamaguchi-ken, Yamaguchi-shi, Miyano Shimo 2001. Tel.: (0839) 22-2272

Entstehungszeit: Der Garten entstand gegen Ende des fünfzehnten Jahrhunderts auf dem Gelände des ehemaligen Landsitzes von Ouchi Masahiro. Der Entwurf stammt vermutlich von dem Zen-Maler Sesshu, der zeit seines Lebens vom mächtigen Quchi-Buke-Klan gefördert worden war.

Stilistische Merkmale: Der Garten kombiniert Elemente des Teich- und des Trockenlandschaftsgartens. Der Teichgarten ist zum Spazierengehen gedacht. Das ästhetische Kalkül des Trockenlandschaftsgartens ist auf einen Betrachter hin angelegt, der den Garten vom Haupttempel aus betrachtet.

Besonderheiten: Das Gartengelände ist nach Nordosten, Norden und Nordwesten von Bergen umschlossen und nur nach Süden hin offen. Visuell bildet hier das Hauptgebäude einen Abschluß. Ein besonders schönes Beispiel für eine mehrstufige »Drachentor-Kaskade« befindet sich im Norden des Teiches, an dessen Fuß ein Karpfenstein gesetzt ist. Die Teichform entspricht dem Shinji-no-ike-Stil, das heißt, er hat in seinem Umriß Ähnlichkeit mit dem chinesischen Schriftzeichen für »Herz«. Der Teich hat vier Inseln: eine Schildkröteninsel, eine Kranichinsel, eine Insel in der Form eines Schatzschiffes und eine Steininsel. Eine mit Erde bedeckte Bogenbrücke verbindet zwei weit in den Teich hineinragende Halbinseln miteinander. Im Trockenlandschaftsgarten befinden sich dreißig bis vierzig Steinsetzungen auf einer leicht welligen Rasenfläche vor dem Haupttempel. Dieser Garten ist ein ausgezeichnetes Beispiel für die ikonographische Konfiguration des *sanzan gogaka*, »drei Berge und fünf Gipfel«. Die Konfiguration symbolisiert sieben idealisierte Berggipfel aus China und den Fuji-Berg aus Japan. Im Mai und Juni blühen die sorgfältig beschnittenen Azaleen vor der Sanzan-gogaku-Szenerie.

Beste Besuchszeiten: Im Sommer, wenn die Wasserlilien im Teich in Blüte stehen, oder im November, wenn die Ahornbäume sich verfärben.

Ryoan-ji-Tempelgarten

Adresse: 616 Kyoto-shi, Ukiyo-ku, Ryoan-ji, Goryo Shita-machi 13. Tel.: (075) 463-2216

Entstehungszeit: Gegründet als Zen-Tempel im Jahre 1450 von Hosokawa Katsumoto, dessen Sohn Masamoto nach einem großen Brand im Jahre 1488 die gegenwärtigen Gebäude und den Trockenlandschaftsgarten anlegen ließ.

Stilistische Merkmale: Die wohl radikalste Form des *kare-sansui*. Der Garten kommt ohne jede Bepflanzung aus. Nur um die Steine hat sich ein wenig Moosbewuchs gebildet.

Besonderheiten: Fünfzehn Steine sind in eine freie, geharkte Sandfläche von 340 Quadratmetern in drei Gruppen von jeweils sieben, fünf und drei Steinen gesetzt. Der Funktion nach ist dieser Garten ein Südgarten vor dem *hojo*, den Wohnquartieren des Hauptpriesters. Ästhetisch ist der Garten auf einen Betrachter hin gestaltet, der auf der offenen Südveranda des *hojo* steht: Aus diesem Blickwinkel erscheint der Garten wie von einer schindelgedeckten Lehmmauer umgeben. Der Garten ist ein schönes Beispiel für das spezifisch japanische Widerspiel von natürlicher Form und rechtem Winkel.

Beste Besuchszeiten: Ein Besuch des Gartens lohnt sich das ganze Jahr über.

Daisen-in-Tempelgarten

Adresse: 603 Kyoto-shi, Kita-ku, 54 Murasakino Daitokuji-cho. Tel.: (075) 491-8346

Entstehungszeit: *Daitoku-ji*, ein Tempel der Rinzai-Zen-Sekte, wurde im Jahre 1326 gegründet. Der Garten des *Daisen-in*, des »großen Eremitentempels«, eines Subtempels des *Daitoku-ji*, wurde vermutlich zusammen mit dem *hondo*, der Haupthalle des Tempels, im Jahre 1513 von dem Zen-Priester Kogaku angelegt.

Stilistische Merkmale: *Kare-sansui*, der den hier *hondo* genannten *hojo*, die Wohnquartiere des Hauptpriesters, ganz umschließt.

Besonderheiten: Jedes Element dieses Gartens hat symbolische Bedeutung. So kann man diesen Trockenlandschaftsgarten von Nordosten nach Südwesten »lesen«. Man folgt dem Fluß aus weißem Kies, der vom Horai-Berg aus über eine Trockenkaskade »geleitet« wird, mit den Augen. Der Horai-Berg im Nordosten des L-förmigen Gartens wird durch beschnittene Kamelienbäume symbolisiert. Folgt man dem Fluß weiter, so sieht man ihn über verschiedene Steine hinweg»fließen«, im Westgarten sich verbreitern und schließlich in einen Ozean aus weißem Kies »münden«. Der Bodhi-Baum, der »Feigenbaum der Erkenntnis«, unter dem Gautama Buddha der Legende zufolge seine Erleuchtung erfuhr, in der südwestlichen Ecke des Gartens erinnert daran, daß der Garten von der Zen-Ikonographie inspiriert ist. Im nördlichen Teil des Gartens befindet sich außerdem eine der schönsten Stein-Dreiergruppen der japanischen Gartenkunst: ein *chukai*, »mittleres Meer«. Jeder Stein im Garten scheint hier mit großer Sorgfalt und Liebe nach Größe, Farbe, Form und Beschaffenheit ausgewählt zu sein, als wären Steine lebende Wesen mit einem eigenen Charakter.

Beste Besuchszeiten: Das ganze Jahr über.

Shinju-an-Tempelgarten

Adresse: 603 Kyoto-shi, Kita-ku, 52 Murasakino Daitokuji-cho. Tel.: (075) 492-4991

Entstehungszeit: Es gibt zwei Theorien zur Entstehungszeit und zum Schöpfer des *Shinju-an*: Der ersten zufolge wurde der Garten von dem Tee-Meister Murata Juko (1423–1502), der zweiten zufolge von dem Dichter Socho zu Beginn des sechzehnten Jahrhunderts erbaut.

Stilistische Merkmale: Mit einer Moosdecke überzogener *kare-sansui*.

Besonderheiten: Sehr bescheiden wirkende Komposition von fünfzehn Steinen, die in drei Gruppen aus sieben, fünf und drei Steinen gesetzt sind. Insofern erinnert der Garten an den *Ryoan-ji*. Hier sind die Steine allerdings nicht in eine Sandfläche gesetzt, sondern in ein Moosbett auf einer schmalen, länglichen Fläche im Osten der Wohnquartiere des Hauptpriesters. Der Garten ist von einer langen, niedrigen Hecke gerahmt. Auch die Schrittsteine am Eingangstor sind nach der Sieben-fünf-drei-Formel gesetzt.

Beste Besuchszeiten: Vor allem zur Regenzeit, wenn das Moos im Saft steht.

Taizo-in-Tempelgarten

Adresse: 616 Kyoto-shi, Ukyo-ku, Hanazono Myoshinji-cho 35. Tel.: (075) 463-2855

Entstehungszeit: Der Garten wird Kano Motonobu, einem berühmten Landschaftsmaler, zugeschrieben, der ihn zwischen 1504 und 1521 entworfen haben soll. Nach seiner völligen Zerstörung während der Onin-Wirren wurde der Garten an der Stelle neu angelegt, an der man ihn jetzt besichtigen kann.

DAISEN-IN

Stilistische Merkmale:	Naturalistischer *kare-sansui*, dessen eher feminine, horizontale Steinsetzungen einen starken Kontrast zu den Steinsetzungen im *Daisen-in* bilden, wo vertikale Steinsetzungen dominieren.
Besonderheiten:	Der *Taizo-in* ist einer der etwa vierzig Subtempel des Myoshin-ji-Tempelbezirks. Der Hauptteil des Gartens liegt westlich vom *hojo*; nur ein kleiner Teil des Gartens umfaßt dessen Südteil. Dieser Garten ist nicht, wie die meisten seiner Art, flach, sondern weist einen künstlichen Hügel auf. Auf dem Hügel: eine *kare-taki*, eine Trockenkaskade, von so hoher Qualität, daß sie nur mit der *kare-taki* des *Daisen-in* vergleichbar ist. Hauptmotiv des Gartens ist eine Horai-Gruppe, die hier durch eine Kranich- und Schildkröteninsel dargestellt ist. Im Unterschied zur abstrakten Komposition des *Ryoan-ji* und der vielschichtigen Symbolik des *Daisen-in* handelt es sich beim *Taizo-in* um einen Trockenlandschaftsgarten, der möglichst naturalistisch eine Landschaft nachstellen will. Insofern ist dieser von der monochromen Landschaftsmalerei Chinas beeinflußte Garten ein Vorläufer der *kare-sansui* späterer Epochen.
Beste Besuchszeiten:	Das ganze Jahr über.

Ryogen-in-Tempelgarten

Adresse:	603 Kyoto-shi, Kita-ku, 82 Murasakino Daitokuji-cho. Tel.: (075) 491-7635
Entstehungszeit:	Einige Wissenschaftler sind der Ansicht, der Gründer des Tempels, Tokei Soboku, habe ihn im Jahre 1502 entworfen. Andere halten Soami für den Schöpfer des Gartens.
Stilistische Merkmale:	Mit Moos überzogener Trockenlandschaftsgarten.
Besonderheiten:	Der *hojo* des *Ryogen-in* hatte Gärten an der Süd-, West- und Nordseite. Der Nordgarten, genannt *Ryugin-tei*, der »Garten des Liedes des Drachen«, hat eine Grundfläche von nur 195 Quadratmetern und ist einer der expressivsten Gärten, die uns aus der Muromachi-Zeit erhalten geblieben sind. Er ist völlig mit Moos überzogen. Nur ein paar Bäume ragen an den beiden Enden

des Gartens aus dem Moos heraus. Die abstrakte Steinkomposition aus etwa dreißig Steinen entlang der Gartenmauer kulminiert in einem schönen Schrägstein mit einer tragenden Steinkonstruktion darunter. Manche sehen darin den *Shumi-sen*, den buddhistischen Weltenberg, andere eine buddhistische Trinität, und wieder andere eine Trockenkaskade. Es ist auch nicht klar, ob der Garten ursprünglich mit Moos bewachsen war oder ob die Steine einfach in eine leere, weiße Sandfläche gesetzt waren, wie in anderen Trockenlandschaftsgärten der Muromachi-Zeit.

Beste Besuchszeiten:	Ende Mai, wenn die sparsam gesetzten Azaleen in der Nähe der zentralen Steinsetzung in Blüte stehen.

Die Gärten der Momoyama-Zeit: 1568–1603

Der Garten am Taga-Taisha-Schrein

Adresse: 522–03 Shiga-ken, Inukami-gun, Taga-cho, Taga. Tel.: (0749) 48-1101

Entstehungszeit: Frühe Momoyama-Zeit. Ursprünglich gehörte der Garten zu einem alten *fudo-in*, das später durch den noch stehenden *oku no shoin*, den innersten *shoin*, ersetzt wurde. Das Gebäude stammt aus der frühen Edo-Zeit.

Stilistische Merkmale: Teichgarten, den man vom *shoin* aus betrachten sollte.

Besonderheiten: Der Garten liegt drei Meter tiefer als der *shoin*, so daß man ihn aus der Vogelperspektive betrachten muß. Shigemori Mireis Untersuchungen des Gartens haben ergeben, daß das gegenüberliegende Teichufer ursprünglich noch weiter entfernt war als heute und daß die beiden Halbinseln in Wirklichkeit Fragmente einer Schildkröten- und einer Kranichinsel sind. Auch die recht gerade Uferlinie in der Nähe des *shoin* wurde vermutlich erst bei den Bauarbeiten für den *shoin* begradigt und war ursprünglich stärker verkurvt. An einem Steilhang im Nordosten des Teiches steht eine Steingruppe, die den *Shumi-sen* im Stil der späten Muromachi- und frühen Momoyama-Zeit symbolisiert, außerdem eine einfache Natursteinbrücke vor einer realistischen Trockenkaskade. Links davon ein hoher Horai-Stein im Stil der Momoyama-Zeit.

Beste Besuchszeiten: Zur Kirschblüte im Frühling oder im Herbst.

Der Garten am Senshu-kaku-Pavillon

Adresse: 770 Tokushima-shi, Shironouchi ichiban-chi. Tel.: (0886) 22-3086

Entstehungszeit: Über das genaue Entstehungsdatum des Gartens gibt es keine schriftlichen Quellen, aber man nimmt an, daß der Garten im Jahre 1592 von Ueda Soko für den Fürsten Hachizuka Iemasa geschaffen wurde. Den Namen *Senshu-kaku*, wörtlich »Pavillon der tausend Herbste«, erhielt der Garten erst im Jahre 1908.

Stilistische Merkmale: Der Garten hat einen Doppelcharakter: Er kombiniert einen Trockenlandschaftsgarten, dessen zentrales Motiv der Horai-Berg ist, mit einem Teichgarten, den man sowohl erwandern als auch von einem festen Standpunkt aus betrachten kann.

Besonderheiten: Der Garten gehörte ursprünglich zum leider zerstörten *omote shoin*, dem »vorderen Shoin«, an dessen Nord- und Ostseite er lag. Der Teichgarten weist bemerkenswert viele Steine mit bläulichen Farbschattierungen auf, meist sind sie vertikal gesetzt; außerdem eine sehr dramatische Felsinsel, die man über enorme Schrittsteine erreichen kann, Trockenkaskaden, Horai-Berg- und Shumi-sen-Steinsetzungen auf den künstlichen Hügeln und Uferbefestigungen aus zwei bis drei Steinschichten um den 1,20 Meter tiefen Teich herum. Im Trockengarten im Osten des *omote shoin*: eine Brücke aus behauenem Stein von sechs Metern Länge und eine Brücke aus Naturstein von 10,60 Metern Länge, die die Kranich- und Schildkröteninsel mit dem Festland verbinden.

Beste Besuchszeiten: Zur Kirschblüte von März bis April oder im Mai und Juni, wenn die Azaleensträucher blühen.

Sambo-in-Tempelgarten

Adresse: 601–13 Kyoto-shi, Fushimi-ku, 22 Daigo Higashioji-cho. Tel.: (075) 571-0002

Entstehungszeit: Hideyoshi ließ den Garten für ein Kirschblütenfest im Jahre 1598 anlegen; vollendet wurde der Garten sukzessive nach seinem Tod über einen Zeitraum von zwanzig Jahren.

Stilistische Merkmale: Großer Teichgarten, der sowohl zum Spazierengehen gedacht ist als auch zur Betrachtung von den Gebäuden und überdachten Korridoren im Norden des Gartens aus.

Besonderheiten: Hauptmotiv des Gartens ist der Horai-Berg auf der nördlichen Halbinsel. Von dort führt eine Brücke aus Holzplanken zunächst zu einer Kranichinsel und von dort eine Steinbrücke zu einer Schildkröteninsel. Sehr schmaler Streifen zwischen *shoin* und Teich, ganz im Stil der

Momoyama-Zeit. Dreistufiger Wasserfall im Südosten am Fuß eines baumbestandenen Hügels. Typisch für den Stil der Zeit ist auch die versteckte Lage der Tee-Lauben inmitten ihrer kleinen, geheimnisvollen Tee-Gärtchen. Der Garten ist überladen mit ungewöhnlichen und ungewöhnlich großen Steinen, die Hideyoshi aus anderen Gärten, insbesondere seinem eigenen *Juraku-dai*, heranschaffen ließ. Obwohl der Garten Teil des Sambo-in-Tempels im Tempelbezirk des *Daigo-ji* ist, wirkt er eher wie ein Palastgarten.

Beste Besuchszeiten: Zur Kirschblüte im April oder im Spätherbst.

Die Gärten der frühen Edo-Zeit: 1603–1688

Der Palastgarten am Nijo-Schloß

Adresse: 604 Kyoto-shi, Nakagyo-ku, Nijo-dori, Horikawa nishi-iru. Tel.: (075) 841-0096

Entstehungszeit: Fertiggestellt im Jahre 1601 als Teil des *ni no maru*, des zweiten Turms des Nijo-Schlosses, welches der Tokugawa-Shogun Ieyasu bei seinen gelegentlichen Visiten in Kyoto bewohnte. Zwischen 1624 und 1626 ließ es der dritte Tokugawa-Shogun, Iemitsu, für einen großen Empfang des Kaisers Gomizuno-o völlig renovieren.

Stilistische Merkmale: Stereotyp eines großen Teichgartens, den man erwandern oder von den Schloßgebäuden aus betrachten kann.

Besonderheiten: Große Horai-Insel im Zentrum, Kranichinsel im Süden und Schildkröteninsel im Norden des Teiches. Die Horai-Insel ist, im Gegensatz zu solchen Inseln in älteren Gärten, durch eine Brücke mit dem Festland verbunden. Hier drückt sich der Optimismus der frühen Edo-Zeit aus, daß die »Insel der Seligen« von Menschen erreicht werden kann. Der Garten ist so angelegt, daß man ihn von drei Seiten aus betrachten kann, nämlich von den Gebäuden im Norden, Osten und Süden. Es paßt zu dem Garten eines Shoguns, dessen Macht sich vornehmlich auf das Militär stützte, daß man ihm auch den Namen *Hachijin no niwa*, »Garten der acht Militär-

lager«, gab. Die Gartenanlage spiegelt nämlich auch die traditionelle Anlage eines Militärlagers wider. Kobori Enshu hat den Garten entworfen und seine Anlage beaufsichtigt.

Beste Besuchszeiten: Frühling und Herbst.

Der Schloßgarten des Genkyu-en

Adresse: 522 Shiga-ken, Hikone-shi, Konki-machi 1–1. Tel.: (0749) 22-2742

Entstehungszeit: Shigemori Mirei zufolge wurde der Garten zwischen 1615 und 1624 angelegt, also ungefähr zur selben Zeit wie das Hikone-Schloß. Anderen Quellen zufolge wurde der Garten in seiner gegenwärtigen Form erst 1677 von Nao-oki, dem vierten Fürsten der Ii-Familie, angelegt.

Stilistische Merkmale: Großer Teichgarten, den man erwandern muß.

Besonderheiten: Zwei große und zwei kleine Inseln, die durch eine für die Momoyama-Zeit typische Brückenfolge verbunden werden: Zwei Brücken liegen auf einer geraden Linie hintereinander, die dritte liegt in einem stumpfen Winkel zur (gedachten) Verlängerung dieser Linie. Die Steinsetzungen sind sehr massiv ausgefallen. Die Horai-Insel im Norden ist die schönste ihrer Art in der Momoyama-Zeit. An der Westseite des Teiches befindet sich ein langer Hang, auf dem verschiedene Pavillons im Sukiya-Stil stehen, von denen man den schönsten Blick auf den Garten hat. Auf dem *hosho-dai*, wörtlich »Plateau, von dem der Phönix abfliegt«, befindet sich ein Tee-Haus, worin der Fürst seine Gäste willkommen hieß und von dem aus man einen atemberaubenden Blick über den Teich und die Inseln hat.

Beste Besuchszeiten: Der Garten hat zu jeder Jahreszeit etwas zu bieten.

Der Garten am Matsuo-Schrein

Adresse: 527 Shigaken, Yokaichi-shi, Hamano. Tel.: (0748) 23-1671

Entstehungszeit: Der Garten wurde 1936 von Shigemori Mirei wiederentdeckt, der seine Entstehungszeit zwischen 1570 und 1590 datiert.

Stilistische Merkmale: *Kare-sansui* mit Horai-Berg als zentralem Motiv.

Besonderheiten: Der Südgarten vor einem *shoin,* der nicht mehr existiert. Was vom Garten noch übrig ist, liegt zwischen den Verwaltungsgebäuden des Schreins und dem *haiden,* der Gebetshalle. Das Gartengelände ist sehr lang und schmal. Ausgefallen ist die Lage der Kranich- und Schildkröteninsel auf künstlichen Hügeln: Wenn man sie von der Stelle aus betrachtet, wo der *shoin* stand, liegen sie genau hintereinander. Der höchste Stein auf der Kranichinsel, der heute mit einem *shimenawa,* einem »heiligen Reisseil«, markiert ist, stellt den Flügel des Kranichs dar. Der zweithöchste, etwas westlich davon, arrangiert wie der *Shumi-sen,* symbolisiert den Kopf des Kranichs. Am Fuß des Steilhangs im Westen des Gartens befindet sich eine Steinreihe, die den Horai-Berg symbolisiert.

Beste Besuchszeiten: Das ganze Jahr über.

Shinnyo-in-Tempelgarten

Adresse: 600 Kyoto-shi, Shimogyo-ku, Inukuma-dori, Gojo agaru. Tel.: (075) 811-0088

Entstehungszeit: Vermutlich im Jahre 1568 entstanden. Der Garten wird dem letzten Ashikaga-Shogun Yoshiaki zugeschrieben. Allerdings befindet sich der Garten nicht mehr an seiner ursprünglichen Stelle. Er wurde im Lauf der Geschichte demontiert und an anderer Stelle wiederaufgebaut.

Stilistische Merkmale: *Kare-sansui* mit trockenem Wasserfall.

Besonderheiten: Für die Momoyama-Zeit typischer L-förmiger Südgarten vor dem *shoin.* Neu ist, daß hier das Wasser im trockenen Gartenbach durch flache, bläuliche Kiesel symbolisiert wird, die, da sie übereinandergeschichtet sind, wie Fischschuppen wirken.

Beste Besuchszeiten: Ein Besuch des Gartens lohnt sich das ganze Jahr über.

Kanji-in-Tempelgarten

Adresse: 600 Kyoto-shi, Shimogyo-ku, Inukuma-dori, Gojo sagaru, Kaki-hommachi. Tel.: (075) 351-2364

Entstehungszeit: Läßt sich nicht mit Sicherheit feststellen, aber dem Stil nach zu urteilen, handelt es sich um einen Garten aus dem späten sechzehnten oder frühen siebzehnten Jahrhundert.

Stilistische Merkmale: *Kare-sansui* mit trockenem Wasserfall.

Besonderheiten: Ein zweistufiger trockener Wasserfall im Osten des Gartens, über den eine Natursteinbrücke führt. Dahinter eine Stein-Dreiergruppe, die die Berge in der Ferne symbolisiert; außerdem eine schön geformte Meeresbucht, die von einer Brücke überspannt wird. In der Bucht befindet sich eine kleine Insel, die durch einen runden Stein symbolisiert wird, wie man ihn für die Fundamente von Brücken verwendet. Die Kombination von Natursteinen und behauenen Steinen ist ein Charakteristikum der Gartenkunst der Momoyama-Zeit.

Beste Besuchszeiten: Auch hier lohnt sich der Besuch zu jeder Jahreszeit.

Hompo-ji-Tempelgarten

Adresse: 602 Kyoto-shi, Kamigyo-ku, Horikawa-dori, Teranouchi-agaru, Higashigawa. Tel.: (075) 441-7997.

Entstehungszeit: Als Schöpfer wird häufig Honami Kotetsu genannt. Dem Stil nach zu urteilen, stammt der Garten aus dem Jahrzehnt zwischen 1570 und 1580.

Stilistische Merkmale: L-förmiger *kare-sansui* mit Trockenkaskade am *shoin* des Tempels.

Besonderheiten: Klassischer, querformatiger Garten der Momoyama-Zeit. Trockener Wasserfall im Südosten des Gartens. Darunter eine Natursteinbrücke. Von den Steinsetzungen links und rechts vom Wasserfall ist fast nichts stehengeblieben. Ausgefallen und etwas sonderbar ist der Umstand, daß sich hier ein »echter« Lotos-Teich, der von zehn behauenen Steinen umschlossen ist, in einem Trockenteich vor dem *shoin* befindet; daneben zwei halbkreisförmige Steine, die so aneinandergefügt sind, daß sie das chinesische Schriftzeichen für »Sonne« ergeben. Insgesamt stellt diese Komposition das Akronym für Nichiren dar, den Reformer des Amida-Buddhismus, dessen Name wörtlich »Sonnen-Lotos« bedeutet.

Beste Besuchszeiten: Frühling oder Herbst.

Der Garten der Tigerschlucht am Nishi-Hongan-ji-Tempel

Adresse: 600 Kyoto-shi, Shimogyo-ku, Horikawa-dori, Shichijo agaru. Tel.: (075) 371-5181

Entstehungszeit: Der Garten gehörte ursprünglich zu Hideyoshis Fushimi-Schloß und wurde zwischen 1624 und 1644 im Osten der Vortragshalle des Nishi-Hongan-ji-Tempels im Osten von Kyoto neu angelegt.

Stilistische Merkmale: Flacher Trockenlandschaftsgarten, der auf die Betrachtung von der Vortragshalle hin angelegt ist.

Besonderheiten: Künstlicher Berg mit einer Shumi-sen-Steingruppe im Osten, trockener Wasserfall, Kranich- und Schildkröteninsel, die mit zwei monolithischen, bogenförmigen Steinbrücken miteinander verbunden sind – eine stilistische Innovation der Momoyama-Zeit. Das gilt auch für die Anpflanzung der exotischen Sago-Palmen, die in Kyoto nicht beheimatet sind. In der Anlage ähnelt dieser Trockengarten dem Teichgarten des *Sambo-in*. Verglichen mit dem Trockenlandschaftsgarten der Muromachi-Zeit, zeichnet diesen Garten eine eher konkrete und ikonische Behandlung seiner symbolischen Elemente aus – also Kranich- und Schildkröteninsel, Wasserfall und künstlicher Berg.

Beste Besuchszeiten: Das ganze Jahr über. Am besten im Winter, wenn die Palmbäume in weißes Reisstroh eingewickelt sind.

Raikyu-ji-Tempelgarten

Adresse: 716 Okayama-ken, Takahashi-shi, Raikyuji-cho 18. Tel.: (0866) 22-3516

Entstehungszeit:	Allgemein nimmt man an, daß der Garten um das Jahr 1617 von Kobori Enshu geschaffen wurde.
Stilistische Merkmale:	Mischung aus einem *shoin*-Garten mit »geborgter« Landschaft, in diesem Fall dem Atago-Berg.
Besonderheiten:	Überwältigend in diesem Garten ist das *o-karikomi*, die großen Flächen beschnittener Azaleen- und Kameliensträucher, die aussehen wie die Wellen des Meeres. Direkt vor dem *shoin* liegt ein kleines *karikomi* neben einer besonders schönen Stein-Dreiergruppe, die den *Shumi-sen* symbolisiert. In der späten Edo- oder der frühen Meiji-Zeit wurde dem Garten ein kleiner Gartenbach und ein Teich angefügt. Vor der Haupthalle befindet sich ein rechteckiges, bekiestes Feld mit locker gesetzten Schrittsteinen, das deutlich die Handschrift Kobori Enshus trägt.
Beste Besuchszeiten:	Zwischen dem 10. und 15. Mai, wenn die Kameliensträucher blühen, oder zwischen dem 10. und 15. Juni, wenn die Azaleensträucher blühen. Sonst zwischen dem 10. und 15. November, wenn die Ahornbäume sich verfärben.

RAIKYU-JI

Daichi-ji-Tempelgarten

Adresse:	528 Shiga-ken, Koga-gun, Minakucho-cho, Nasaka 1168. Tel.: (0748) 62-0396
Entstehungszeit:	Wird Kobori Enshu oder einem seiner Schüler zugeschrieben.
Stilistische Merkmale:	Mischung aus einem für Zen-Tempel typischen *kare-sansui* und einem Shoin-Garten.
Besonderheiten:	Ein *o-karikomi*, das man als großes Schatzschiff mit den sieben Glücksgöttern des chinesischen Mythos auffassen kann oder als Kranichinsel, die von einer kleinen Schildkröteninsel direkt unter dem vorspringenden Dach des *shoin* kontrapunktisch ergänzt wird. Weitere Variationen der *o-karikomi*-Kunst befinden sich am Tempeleingang und in der Nähe des Tee-Hauses.
Beste Besuchszeiten:	Zur Azaleenblüte Mitte Juni oder Anfang November, wenn die Ahornbäume sich verfärben.

Konchi-in-Tempelgarten

Adresse:	606 Kyoto-shi, Sakyo-ku, Nanzenji Fukuchi-cho. Tel.: (075) 771-3511
Entstehungszeit:	Kobori Enshu entwarf Gebäude und Garten und überwachte auch die Bauarbeiten. Die Anlage wurde um 1632 fertiggestellt. Die eigentlichen Arbeiten wurden vermutlich von *Kawaramono* ausgeführt. Einer von ihnen, Kentei, ist namentlich bekannt.
Stilistische Merkmale:	Trockenlandschaftsgarten mit Kranich- und Schildkröteninsel aus Steinen und Bäumen.
Besonderheiten:	Die beiden Inseln sind symmetrisch links und rechts von der (gedachten) verlängerten Zentralachse des *hojo* plaziert. Genau zwischen den beiden Inseln, also genau auf der Verlängerung des *hojo*, liegt ein großer *raihei-seki*, ein Anbetungsstein, in einem Feld aus bläulichen Kieseln. Der Hintergrund des Gartens ist durch ein großes *o-karikomi* auf einem Abhang gestaltet, welches den Toshogu-Schrein verbirgt, der

dem Geist des Shoguns Ieyasu gewidmet ist. Eine stilistische Neuheit in einem *kare-sansui* bildet der Pfad aus rechteckigen Schrittsteinen, der durch die fein geharkte Sandfläche gelegt ist.

Beste Besuchszeiten: Der Garten verändert sein Aussehen über das ganze Jahr nicht.

Fushin-an-Teegarten

Adresse: 602 Kyoto-shi, Kamigyo-ku, Ogawa-dori Tera-no-uchi agaru. Tel.: (075) 432-11 11

Entstehungszeit: Der Adoptivsohn des Sen no Rikyu, Sen no Soan, und dessen Sohn, Sen no Sotan, schufen hier im Jahre 1594 beziehungsweise 1618 Tee-Lauben, die beide den Namen *fushin-an* erhielten. Die Tee-Laube steht auf dem Gelände der Omote-Senke-Schule und wurde beim großen Brand von 1788 völlig zerstört. Der Tee-Garten und die Tee-Laube, die wir jetzt dort besichtigen können, wurden 1913 nach Plänen Rikyus geschaffen.

Stilistische Merkmale: Klassischer *roji*, »rustikaler Tee-Garten«, um eine *so-an*, eine grasgedeckte Hütte.

Besonderheiten: Auf dem Gelände der Omote-Senke-Teeschule befinden sich Tee-Hütten: der im Stil eines *shoin* gehaltene *zangetsu-tei* und die *so-an fushin-an* und *tensetsu-do*. Die Gärten, durch die der Besucher zu den Tee-Hütten gelangt, sind so angelegt, daß der Gang wie ein Durchschreitungs-ritus von dieser Welt in die Welt des Tees wirkt. Im Prinzip schreitet man von einem äußeren in einen inneren *roji*, beide mit Wartehäuschen und Wasserbecken ausgestattet. Die Grenze zwischen äußerem und innerem Reich des Tees ist durch einfache rustikale Tore oder eine Mauer mit einer niedrigen Tür zum Durchkrabbeln markiert.

Beste Besuchszeiten: Das ganze Jahr über. Man muß sich allerdings im voraus um eine Besuchserlaubnis bemühen.

Der Tee-Garten der Villa Katsura

Adresse: 615 Kyoto-shi, Nishikyo-ku, Katsura Misono. Tel.: (075) 2 11-12 15

Entstehungszeit: In mehreren Etappen zwischen 1616 und 1660 von Fürst Hachjo no Miya Toshihito und seinem Sohn Noritada geschaffen. Für die Theorie, daß Kobori Enshu diesen Garten schuf, gibt es keine schriftlichen Belege. In der wissenschaftlichen Literatur begnügt man sich deshalb damit, ihn einen Garten im Stil von Kobori Enshu zu nennen.

Stilistische Merkmale: Eine Mischform aus Teichgarten zum Spazieren-gehen und Tee-Garten.

Besonderheiten: Vier gestaffelte *shoin* im Sukiya-Stil und vier rusti-kale Tee-Lauben fügen sich in einen großen Teich-garten ein. Den Teichgarten kann man sowohl bei einer Bootspartie erfahren als auch von bestimmten Aussichtspunkten aus betrachten. Man kann auch zu Fuß einem kleinen Pfad fol-gen, dem entlang sich dem Betrachter immer neue sogenannte »schöne Aussichten« eröffnen. Die Idee, einen solchen Pfad in den Teichgarten einzufügen, entstand wohl in Anlehnung an die Pfade durch Tee-Gärten. Niwa Tayzaw hat bei einer wissenschaftlichen Untersuchung des

Gartens 1716 Schrittsteine gezählt, die den Pfad markieren. Schrittsteine, Steinbrücken, Steinlaternen und steinerne Wasserbecken haben in diesem Garten die Steinsetzungen früherer Gartentypen abgelöst.

Beste
Besuchszeiten: Im Herbst oder Frühling ist die Natur am schönsten. Ich persönlich bevorzuge die Melancholie, welche der Garten während der Regenzeit ausstrahlt.

Kasa-tei- und Shigure-tei-Teegärten

Adresse: 605 Kyoto-shi, Higashiyama-ku, Kodaiji Shimoga-wara-cho 526. Tel.: (075) 561-9966

Entstehungszeit: Die beiden Tee-Hütten befinden sich im oberen Teil des Kodai-ji-Tempelbezirks, den Hideyoshis Frau nach seinem Tod im Jahre 1605 anlegen ließ. Einer alten Legende zufolge wurden die Tee-Hütten aus Hideyoshis Schloß in Fushimi, welches

aus dem späten sechzehnten Jahrhundert stammt, hierher gebracht.

Stilistische
Merkmale: Tee-Garten, aber seit ihrem Transport in den Garten des *Kodai-ji* ist der Bezug der beiden Tee-Hütten zum Gesamtgarten unverständlich.

Besonderheiten: Die beiden Tee-Hütten sind aus verschiedenen Gründen eine Kuriosität: Erstens sind der *kasa-tei*, der »Regenschirm-Pavillon«, und der *shigure-tei*, der »Herbstregen-Pavillon«, durch einen überdachten Korridor miteinander verbunden. Zweitens ist der »Regenschirm-Pavillon« zweistöckig, und drittens müssen die vielen großen Fenster dazu beigetragen haben, daß hier die Architektur der Tee-Hütte sich mit der Gartenanlage für den Betrachter verschränkte. Besonders erwähnenswert ist noch die kühne Komposition behauener Schrittsteine unter dem Verbindungskorridor, die Kobori Enshus Geschmack verrät.

Beste
Besuchszeiten: Im Herbst, wenn die Ahornbäume sich verfärben.

Bosen-Teegarten im Koho-an-Tempel

Adresse: 603 Kyoto-shi, Kita-ku, Murasakino Daitokuji-cho. Tel.: (075) 491-3698

Entstehungszeit: Von allen Gärten, die man Kobori Enshu zuschreibt, ist dieser in einem Subtempel des Daitoku-ji-Tempels gelegene Tee-Garten wahrscheinlich wirklich von ihm im Jahre 1643, gegen Ende seines Lebens, geschaffen. Von Enshu stammt vermutlich auch der Entwurf für das ungewöhnliche Muster der Schrittsteine aus Naturstein und bearbeitetem Stein am Eingang zu diesem Komplex und die »Acht Blicke auf Omi«. Der Tempel brannte im Jahre 1793 völlig ab. Was wir jetzt sehen, ist eine originalgetreue Rekonstruktion.

Stilistische
Merkmale: Tee-Garten in Form eines *kare-sansui*, den man vom *shoin* aus betrachten sollte.

Besonderheiten: Der Tee-Raum des *Bosen* hat eine Grundfläche von 12 Tatami-Matten. Seine geschickte Integration in die größere Struktur des Koho-an-Tempels beweist Enshus große Begabung für eine freie

und kreative Raumgestaltung. Neuartig sind auch die relativ niedrige Veranda und vier lichtdurchlässige *shoji*, die an der Holzkonstruktion hängen und nicht in Schienen auf dem Boden geführt sind. Der rechtwinklige Rahmen aus Veranda und *shoji* gibt einen ungewöhnlichen Blick auf den Trockengarten frei, in dessen Vordergrund eine Steinlaterne und ein steinernes Wasserbecken gleich vor der Veranda stehen.

Beste Besuchszeiten: Der Garten ist der Öffentlichkeit nur zu besonderen Anlässen zugänglich.

Die Gärten seit Mitte der Edo-Zeit: 1688–1868

Der Garten des Emman-in-Tempels

Adresse: 520 Shiga-ken, Otsu-shi, Onjoji-cho 33. Tel.: (0775) 22-3690

Entstehungszeit: Der Garten im Süden der Haupthalle im Shinden-zukuri-Stil, das Kaiser Meisho im Jahre 1647 der Tendai-Sekte schenkte, stammt vermutlich etwa aus der gleichen Zeit.

Stilistische Merkmale: Teichgarten mit Wandelpfad. Das ästhetische Kalkül des Gartens ist aber auf einen Betrachter angelegt, der im *shinden* steht.

Besonderheiten: Der Teich ist sehr lang und schmal und liegt quer zum Haupthaus in dem schmalen Streifen zwischen der Veranda des *shinden* und einem Steilhang im Süden. Vom *shinden* aus gesehen vor dem Teich befindet sich noch ein schmaler Grasstreifen, der durch eine Reihe flacher Steine vom Teich abgegrenzt ist. In der Mitte des Teiches ist eine Schildkröteninsel. Zwei Brücken führen vom Festland zu einer Kranichinsel im Osten des Teiches. In der Mitte des Teichufers am Steilhang befindet sich eine große, vertikale Steinsetzung. Sie symbolisiert den Horai-Berg. Im Westen mündet ein Gartenbach in den Teich. Geht man ein wenig bachaufwärts, findet man einen trockenen Wasserfall.

Beste Besuchszeiten: Ende April bis Anfang Mai, wenn die Azaleen blühen.

Der Garten des Sanzen-in-Tempels

Adresse: 606 Kyoto-shi, Sakyo-ku, Ohara, Raigoin-cho. Tel. (075) 744-2531

Entstehungszeit: Ebenfalls ein buddhistischer Tempel der Tendai-Sekte, könnte nach dem Vorbild des *Emman-in* um 1650 geschaffen worden sein.

Stilistische Merkmale: Teichgarten, den man von bestimmten Standpunkten aus betrachten sollte. Der Garten hat aber auch einen mäandernden Wandelpfad.

Besonderheiten: Der längliche Teich, der sich in Nord-Süd-Richtung vor dem *ojogokuraku-in*, der »Halle der Wiedergeburt im Paradies«, erstreckt, weist zwei Inseln auf, eine relativ große Schildkröteninsel im Norden und eine kleine Kranichinsel im Süden. Ein Gartenbach fließt durch ein kleines Tal im Osten, bevor er in den Teich mündet. Da die Veranda des *ojogokuraku-in* sich eigentlich nicht als Standort für einen Gartenbetrachter eignet, glaubt Shigemori Mirei, daß dieser Teich ursprünglich nur geschaffen wurde, weil man ein Wasserreservoir für eventuell auftretende Brände brauchte, und daß man, aus der Not eine Tugend machend, das Wasserreservoir in das Gewand eines Gartens gekleidet habe.

Beste Besuchszeiten: Herbst.

Der Tempelgarten des Chishaku-in

Adresse: 605 Kyoto-shi, Higashiyama-ku, Higashiyama 7-Jo. Tel.: (075) 541-5363

Entstehungszeit: 1674 auf dem Gelände eines Gartens aus dem ausgehenden sechzehnten Jahrhundert neu angelegt.

Stilistische Merkmale: Teichgarten, den man vom *shoin* aus betrachten sollte, obwohl der Garten auch einen Wandelpfad aufweist.

Besonderheiten: Länglicher Teich auf dem schmalen Streifen zwischen den Wohnquartieren des Hauptpriesters und dem Steilhang im Osten. Ungewöhnlich für einen Garten aus dieser Epoche: Der *shoin* ist auf den Teich hinausgebaut. Vermutlich gehört diese Besonderheit nicht zur

ursprünglichen Anlage des Gartens, sondern entstand erst nach dem großen Brand im Jahre 1682. Die Hauptattraktion dieses Gartens ist ein trockener Wasserfall in der Mitte des östlichen Teichufers, über den eine Brücke aus behauenen Steinen führt. Diese Formel für die Anlage von Wasserfällen (mit Brücken darüber) stammt aus der Momoyama-Zeit. Etwas südlich von dieser Formation steht eine Brücke aus Natursteinen, die an Brückenkonstruktionen der Muromachi- und Momoyama-Zeit erinnert.

Beste Besuchszeiten: Ende April und den ganzen Mai über, wenn die Azaleen auf dem Steilhang in Blüte stehen.

Der Tempelgarten des Joju-in

Adresse: 605 Kyoto-shi, Higashiyama-ku, Kiyomizu 1–294. Tel.: (075) 561-5783

Entstehungszeit: Der Garten entstammt wahrscheinlich der Edo-Zeit, genauer gesagt, der Genroku-Epoche (1688–1703).

Stilistische Merkmale: Teichgarten, den man sowohl von einem festen Punkt aus betrachten als auch spazierengehend erfahren kann.

Besonderheiten: Der Garten ist nach Süden durch den *hojo* und nach Norden durch eine Doppelhecke begrenzt. Seine Grundfläche beträgt nur 594 Quadratmeter, aber der Betrachter hat das Gefühl, sich in einem Garten zu befinden, der bis an die Berge am Horizont reicht. Diese Raumillusion ist durch die geschickte Plazierung zweier Steinlaternen geschaffen, wovon eine in einer Lichtung in einem Wäldchen am Rand der Berge den Blick des Betrachters auf die Berge in der Ferne lenkt, während die andere auf einer Insel im Teich den visuellen Bezug zum Zentrum des Gartens herstellt. Ein mit beschnittenen Azaleen bepflanzter Steilhang begrenzt den Garten nach Osten. Der Teich hat zwei Inseln, deren größere, die Schildkröteninsel, durch eine mit Erde bedeckte Brücke mit dem Festland verbunden ist. In der Mitte des Gartens befindet sich eine aufrecht stehende Steinsetzung, die aussieht wie die traditionelle Kopfbedeckung japanischer Adliger. An der Veranda des *shoin* befindet sich ein dekoratives

steinernes Waschbecken in der Form eines langen Kimono-Ärmels.

Beste Besuchszeiten: Zur Azaleenblüte im April und Mai oder im Herbst, wenn die Ahornbäume sich verfärben.

Manshu-in-Tempelgarten

Adresse: 606 Kyoto-shi, Sakyo-ku, Ichijo-ji, Take no uchi cho. Tel.: (075) 781-5010

Entstehungszeit: Es gibt keine Quellen über das genaue Entstehungsdatum dieses Gartens. Shigemori Mirei datiert den Garten aufgrund seiner stilistischen Merkmale auf ca. 1656.

Stilistische Merkmale: *Kare-sansui* mit einem frei gestalteten, nicht rechtwinkligen Grundriß. Der Garten steht in der Tradition der Trockenlandschaftsgärten, welche »natürliche« Szenerien oder Horai-Szenerien darstellen.

Besonderheiten: Wenn man den Garten vom »kleinen« *shoin* aus betrachtet, verfügt er über alle Charakteristika der *kare-sansui*, welche »natürliche« Szenerien nachstellen: ein künstlicher Berg mit einer Steinsetzung, die den Horai-Berg symbolisiert, Natursteinbrücken, Halbinsel, Kranich- und Schildkröteninseln in einem »Meer« aus weißem Sand, Steinlaternen und ein steinernes Wasserbecken in der Nähe der Veranda. Der schmale Streifen zwischen dem »kleinen« *shoin* und dem Steilhang ist als rustikaler Tee-Garten gestaltet, dessen Schrittsteine zu einem Tee-Raum direkt am *shoin* führen. Die schindelgedeckten Dächer der eleganten *shoin*, die in der Tradition der Villa Katsura gehalten sind, schaffen durch ihre rechten Winkel einen schönen Kontrast zu den freien Formen des Gartens.

Beste Besuchszeiten: Im Herbst.

Nanzen-ji-Tempelgarten

Adresse: 606 Kyoto-shi, Sakyo-ku, Nanzenji Fukuchi-cho. Tel.: (075) 771-0365

Entstehungszeit: Schon der Kaier Kameyama hatte sich – angezogen durch die Schönheit dieses Ortes – hier gegen Ende des dreizehnten Jahrhunderts eine Villa am Rande der Stadt errichten lassen. Der

Garten selbst stammt, dem Stil der Anlage nach zu urteilen, vom Ende des siebzehnten Jahrhunderts. Der *hojo* im Norden des Gartens wurde im Jahre 1611 vom eigentlichen Palastbezirk an seinen jetzigen Standort umgesetzt.

Stilistische Merkmale: Ebener *kare-sansui* in der Tradition der »abstrakten« Trockenlandschaftsgärten an Zen-Tempeln.

Besonderheiten: Etwa siebzig Prozent des Gartens bestehen aus einer freien, geharkten Kiesfläche. Im Osten des Gartens befindet sich eine Steingruppe mit relativ großen, sehr schönen Einzelsteinen, die im Zusammenklang mit einigen beschnittenen Sträuchern, den Tempeldächern und den Bergen im Hintergrund vom *shoin* aus betrachtet ein prächtiges Bild abgeben. Bei den Steinsetzungen steht nicht so sehr das abstrakte Muster der Komposition im Vordergrund, sondern eher die natürliche Schönheit des Steines selbst.

Beste Besuchszeiten: Das ganze Jahr über.

Entsu-ji-Tempelgarten

Adresse: 606 Kyoto-shi, Sakyo-ku, Iwakura, Hataeda-cho. Tel.: (075) 781-1875

Entstehungszeit: Die Villa des Kaisers Go-Mizunoo, die hier ursprünglich stand, wurde gegen Ende der 1670er Jahre in einen Zen-Tempel umgewandelt.

Stilistische Merkmale: *Kare-sansui*, in dem die Technik des *shakkei*, der »geborgten« Landschaft, eingesetzt ist; von der Haupthalle des Tempels aus zu betrachten.

Besonderheiten: Nach Süden, Osten und Norden ist der Trockengarten durch eine niedrig geschnittene Hecke begrenzt. Horizontal und diagonal gesetzte Steine »schwimmen« in einem »Meer« aus Moos. Der Garten ist so gestaltet, daß er einen Rahmen um den Gipfel des Hiei-Berges bildet: Die Bäume und ihre Kronen am Ende des Gartens »rahmen« den Hiei-Berg seitlich und nach oben, während die niedrig geschnittene Hecke den unteren Teil des Rahmens abgibt. Wir wissen aus alten Dokumenten, daß sich ursprünglich direkt unterhalb des Hiei-Berges ein großer Felsblock befand, der den Steingarten visuell noch enger mit dem Berg im Rahmen verknüpfte. Selbst wenn wir in Rechnung stellen, daß die »geborgte« Landschaft, die wir jetzt sehen, so noch nicht existierte, als der Garten geschaffen wurde, müssen wir sagen, daß der *Entsu-ji* der Primus inter pares unter den Gärten ist, die sich der Technik des *shakkei* bedienen.

Beste Besuchszeiten: Klare Herbsttage, an denen man den 6,5 Kilometer entfernten Hiei-Berg gut sehen kann.

Shoden-ji-Tempelgarten

Adresse: 603 Kyoto-shi, Kita-ku, Nishi-gamo, Chinshuanmachi. Tel.: (075) 491-3259

Entstehungszeit: Weder der Schöpfer noch die genaue Entstehungszeit sind historisch belegt. Seinem Stil nach zu urteilen, stammt der Garten aus der frühen Edo-Zeit.

Stilistische Merkmale: Trockenlandschaftsgarten an einem Zen-Tempel der Rinzai-Sekte, mit *karikomi*, zu Mustern geschnittenen Azaleensträuchern. Auch in diesem Garten finden wir ein Beispiel für *shakkei*.

Besonderheiten: Der Garten steht in der Tradition der »abstrakten« *kare-sansui* des *Ryoan-ji*, allerdings mit einem bedeutsamen Unterschied: Im *Ryoan-ji* wurden fünfzehn Steine zu drei zusammengehörigen Steingruppen mit sieben, fünf und drei Steinen zusammengestellt. Hier sind die Steine durch rund geschnittene Azaleensträucher ersetzt. Überdies sind die Azaleensträucher nicht, wie die fünfzehn Steine des *Ryoan-ji*, über den ganzen Garten verteilt, sondern alle in der Nähe der gekachelten Gartenmauer gepflanzt. Der Vordergrund des Gartens ist völlig leer. Verglichen mit dem rauhen, männlichen Steingarten des *Ryoan-ji*, wirkt der Garten des *Shoden-ji* eher weich und feminin. Wenn man sich an einer bestimmten Stelle der Veranda aufstellt, erscheint der Gipfel des Hiei-Berges als »geborgtes« Element des Gartens.

Beste Besuchszeiten: Zur Azaleenblüte Ende April bis in den Mai.

Koishikawa-Koraku-en-Park

Adresse: 112 Tokyo. Bunkyo-ku 1–6–6 Koraku. Tel.: (03) 8 11-30 15

Entstehungszeit: Dies ist der älteste der großen Wandelgärten der Edo-Zeit. Begonnen wurde der Garten von Tokagawa Yorifusa im Jahre 1629, vollendet von seinem Sohn Mitsukuni (1638–1700). Die chinesischen Einflüsse auf diesen Garten brachte Chu Shun Shui ein, ein chinesischer Gelehrter, der den Konfuzianismus vertrat und in Japan Asyl gesucht hatte.

Stilistische Merkmale: Großer Teich- und Wandelgarten (63 360 Quadratmeter).

Besonderheiten: Der Garten entstand ungefähr zeitgleich mit den Gärten der Villa Katsura und dem *Shugaku-in* in Kyoto. Kein Wunder also, daß auch dieser Garten einen Rundweg um den Garten aufweist. Von der Halbinsel Izu hatte man überdies große Felsblöcke für diesen Garten herbeischaffen lassen. Das Wasser für den Teich kam über große Aquädukte vom Kanda-Fluß. Die »schönen Ausblicke«, die der Garten dem Spaziergänger bietet, sind teils natürlichen Szenerien entlang des Nakasendo, der gebirgigen Landroute zwischen Edo und Kyoto, nachempfunden und teils dem Tokaido, der Route nach Kyoto entlang der Küste, teils auch schönen natürlichen Szenerien in Kyoto und berühmten Naturschönheiten in China, wie zum Beispiel der Bucht von Hangtschou. Im Hauptteich befindet sich eine Horai-Insel; an ihrem Ufer ein enormer Stein. *Koraku-en* heißt wörtlich »Park vom verspäteten Glück«. Der Name leitet sich von dem chinesischen Sprichwort ab, daß ein Herrscher Schmerz und Leid vor seinem Volk zu tragen habe, Glück aber erst nach dem Volk.

Beste Besuchszeiten: Frühling oder Herbst.

Der Joju-en-Park des Suizen-ji-Tempels

Adresse: 862 Kumamoto-shi, Suizenji Koen 8–1. Tel.: (096) 3 83-42 33

Entstehungszeit: Der Daimyo Hosokawa Tadayoshi ließ den *Suizen-ji*-Tempel im Jahre 1632 errichten, später wieder abreißen und an anderer Stelle wiederaufbauen. An die Stelle des Tempels ließ er eine Villa und ein Tee-Haus bauen. Den Garten des *Suizen-*

ji nannte er von nun an *Joju-en*, »Park der Vollendung des Sinnes«. Seine gegenwärtige Form erhielt der Garten durch die gestalterische Tätigkeit von drei Generationen von Hosokawas, den Territorialfürsten der Provinz Higo. Im Jahre 1879 wurde der *Joju-en*-Park zu einer öffentlichen Parkanlage erklärt, und im Norden des Parks wurde ein *izumi jinja*, ein »Schrein des Quellwassers«, angefügt.

Stilistische Merkmale: Großer Teich- und Wandelgarten (60 380 Quadratmeter) mit einem Tee-Garten darin.

Besonderheiten: Obwohl der Garten so angelegt ist, daß man ihn bei einem Spaziergang auf dem Rundweg am besten erfährt, sind seine Elemente doch so arrangiert, daß man ihn auch vom Tee-Haus aus betrachten kann. Von dort kann man seine besondere Schönheit, das Widerspiel zwischen den grasbewachsenen Hügeln und dem kristallklaren Wasser des Hauptteiches, am besten bestaunen. Der Glanzpunkt der Gebirgsszenerie ist eine recht realistische Miniaturnachbildung des Fuji-Berges, ein Umstand, der den (Irr-)Glauben nährte, daß der Garten ursprünglich die 53 Stationen entlang des Tokaido darstellen sollte.

Beste Besuchszeiten: Während der Regenzeit, wenn der Rasen in sattem Grün glänzt.

Ritsurin-Park

Adresse: 760 Kagawa-ken, Takamatsu-shi, Ritsurin-cho 1. Tel.: (08 78) 33-74 11

Entstehungszeit: Im Jahre 1673 bezog der Daimyo Matsudaira Yorishige in Takamatsu ein aus dem Jahre 1587 stammendes Anwesen mit großem Garten und vergrößerte den Garten. Vollendet wurde der Garten nach weiterer Bautätigkeit um 1700 aber erst im Jahre 1741 vom fünften Matsudaira Yoriyasu. Während der Meiji-Zeit wurde der Garten zu einer öffentlichen Parkanlage erklärt.

Stilistische Merkmale: Großer Teich- und Wandelgarten (76 400 Quadratmeter) mit Rundweg, in den verschiedene Tee-Lauben integriert sind. Seit alter Zeit sind die »schönen Ausblicke« auf die sechs Teiche und die

dreizehn die Berge berühmt. Seit 1746 spricht man sogar von insgesamt 60 »schönen Ausblikken« und seit der Meiji-Zeit von 130. Der Garten liegt am Fuße des *Shiun-zan*, des »Berges der purpurnen Wolke«, dessen Silhouette für verschiedene Ansichten des Parks »geborgt« ist. Der Park hat sieben Teiche verschiedener Größe, Form und Stimmung, 27 künstliche Hügel und Berge, von denen man einige besteigen darf, dreizehn Brücken aus Naturstein und behauenem Stein, zwölf Inseln, elf Steinsetzungen und neunzehn Pavillons.

Beste Besuchszeiten: Zur Kirschblüte im April oder Anfang November, wenn die Ahornbäume sich rot färben.

Koraku-en-Park

Adresse: 703 Okayama-ken, Okayama-shi, 1–5 Koraku-en. Tel.: (08 62) 72-11 47

Entstehungszeit: Auch an der Entstehung dieses Parks waren mehrere Generationen von Daimyo beteiligt. Der Daimyo Ikeda Tsunamasa aus Okayama schuf im Jahre 1687 einen Garten, der etwa halb so groß war wie der jetzige. Im Jahre 1863 war der Garten mit der Schaffung seines einzigen künstlichen Berges vollendet. Seinen jetzigen Namen, *Koraku-en*, »Park des verspäteten Glücks«, erhielt der Park 1871. Im Jahre 1884 wurde er zu einer öffentlichen Parkanlage erklärt.

Stilistische Merkmale: Großer Teich- und Wandelgarten (114 365 Quadratmeter), in den mehrere Tee-Lauben integriert sind.

Besonderheiten: Der Park hat fünf Teiche, die durch einen »gewundenen Gartenbach« miteinander verbunden sind. Im Hauptteich, dem *sawa no ike*, dem »moorigen Teich«, befinden sich drei kleine Inseln. Südlich davon liegt ein künstlicher Hügel, *yuishin-san*, der »Berg des einsamen Herzens«. Im Norden und Westen des Hauptteiches erstreckt sich eine große Rasenfläche, die dem Ort etwas Helles und Offenes gibt. Die Außenbezirke des Parks sind mit Tannenwäldchen und Pflaumen- und Kirschgärten gestaltet. Reisfelder in der Form eines chinesischen magischen Quadrats (drei mal drei kleinere Quadrate) sind ein Charakteristikum der Daimyo-Gärten der frühen Edo-Zeit. Unter den verschiedenen Tee-Lauben ragt der *ryu-ten*, der »Tee-Laden am Fluß«, durch ein besonders ausgefallenes Design hervor: Der Gartenbach verläuft tatsächlich mitten durch den zweistöckigen Pavillon.

Beste Besuchszeiten: Vor allem lohnend zur Pflaumen- und Kirschblüte im Frühling.

Kenroku-en-Park

Adresse: 920 Ishikawa-ken, Kanazawa-shi, 1–4 Kenroku-machi. Tel.: (07 62) 21-58 50

Entstehungszeit: Begonnen wurde der Garten zu Anfang des siebzehnten Jahrhunderts als äußerer Garten des Kanazawa-Schlosses, welches der mächtigen Maeda-Familie gehörte, den Feudalherren, die die Geschicke des wohlhabenden Kaga-Distrikts über drei Jahrhunderte lenkten. 1774 wurde der Garten vergrößert und 1822 vom zwölften Maeda-Fürsten Naringa in seiner jetzigen Form fertiggestellt. 1871 wurde der Park der Öffentlichkeit zugänglich gemacht.

Stilistische Merkmale: Großer Teich- und Wandelgarten (ca. 111 000 Quadratmeter), in den mehrere Tee-Hütten mit Tee-Gärten integriert sind. *Kenroku-en* heißt wörtlich »Park mit den sechs Attributen eines perfekten Gartens«. Die sechs Attribute sind Geräumigkeit, Waldeinsamkeit, vom Menschen geschaffene Schönheit, Antiquität, viel Wasser und »schöne Ausblicke«. Der Park setzt sich aus zwei Teilen auf verschiedenen Ebenen zusammen: Der höher gelegene Teil im Norden und Nordosten ist offen und hell. Ein gewundener Gartenbach mündet in den Hauptteich, den »See der Nebel«, in dem eine Horai-Insel liegt. Der niedriger gelegene Teil des Gartens im Süden und Südwesten ist schattiger und wirkt wesentlich kleiner. In seinem Zentrum ein 6,60 Meter hoher Wasserfall, der dem Wasserfall in Nachi nachgebildet ist. In den Hainen um den unteren, kürbisförmigen Teich herum sind einige Tee-Hütten mit Gärten versteckt.

Beste Besuchszeiten: Der Garten bietet zu jeder Jahreszeit etwas. Berühmt ist er für seine winterlichen Schönheiten.

Jiko-in-Eremitengarten

Adresse: 639–11 Nara-ken, Yamato Koriyama-shi, Koizumi-cho. Tel.: (0 74 35) 30 04

Entstehungszeit: Der *Jiko-in* ist ein Subtempel des Daitoku-ji-Zen-Tempels in Kyoto. Gebaut wurde er 1663 von Katagiri Sekishu, einem Samurai und Feudalherrn aus der Gegend von Yamamoto.

Stilistische Merkmale: Trockenlandschaftsgarten mit großen, beschnittenen Büschen und Sträuchern.

Besonderheiten: Vermutlich kannte Sekishu den Subtempel *Koho-an* im *Daitoku-ji*. Er könnte von diesem Meisterwerk Kobori Enshus für seinen eigenen Garten inspiriert worden sein. *Jiko-in*, wörtlich »Tempel des zarten Lichts«, liegt auf einem sanften Hügel. Ursprünglich mußte man einige Reisfelder durchschreiten, um zum *Jiko-in* zu gelangen. Der Zugang zum *Jiko-in* ist heute noch einzigartig, weil man im Zickzack geführt wird. Wenn man das zweite Tor durchschritten hat, wird man durch den Blick auf den Doppelgiebel des strohgedeckten Halbwalmdaches des *Jiko-in* überrascht. Vom Haupt-*shoin* überblickt man die weiße Sandfläche des Trockengartens mit einigen beschnittenen Azaleen, die aussehen wie Berge. Das Yamamoto-Becken und die acht berühmten Berggipfel in seinem Ostteil sind für den Garten »geborgt«. Am *shoin* befinden sich einige Tee-Räume von exquisitem Design.

Beste Besuchszeiten: Ende April oder Anfang Mai, wenn die Azaleen blühen.

Shisen-do-Eremitengarten

Adresse: 606 Kyoto-shi, Ichijoji. Tel.: (0 75) 7 81-29 54

Entstehungszeit: Gebaut von Ishikawa Jozan, einem desillusionierten Samurai, von 1641–1672. Wiederaufgebaut im Jahre 1825. Die gegenwärtigen Gebäude entsprechen nicht ganz denen, die er in seinen Schriften beschreibt.

Stilistische Merkmale: Trockenlandschaftsgarten vor dem Haupt-*shoin*, der eigenartigerweise einen Gartenbach mit Wasserfall enthält sowie einen Wandelpfad um einen Teich im niedriger gelegenen Teil des Gartens.

Besonderheiten: Ishikawa legte sich diesen Garten als Ort der Einkehr an, wo er sich dem Studium chinesischer Klassiker widmen konnte. Es handelt sich um einen feinnervigen »Gelehrtengarten« von der Größe eines Gartens an Wohnhäusern. Langer Zickzack-Eingang mit einem zweiten Tor. Wenn man im zentralen Raum des Gebäudes sitzt, hat man das Gefühl, über der weißen Sandfläche des Trockengartens zu schweben. Beschnittene Azaleen, die wie Berge aussehen, begrenzen den Garten; dahinter erheben sich wirkliche Berge, die für die Gartenkomposition »geborgt« sind. Ein großer Kamelienbaum, der im Spätherbst zu blühen beginnt, schließt den Garten visuell nach Westen ab. Unter ihm steht ein dekoratives steinernes Wasserbecken. Der *Shisen-do*, wörtlich »Eremitage des Poeten«, steht wegen seines zarten Designs und seiner Intimität in starkem Kontrast zu den protzigen Daimyo-Gärten.

Beste Besuchszeiten: Ende April oder Anfang Mai.

HEIAN-SCHREIN

Von der Meiji-Zeit bis zur Gegenwart: 1868–1988

Der Garten der Villa Murin-an

Adresse: 606 Kyoto, Sakyo-ku, Nanzenji Kusagwa-cho 48. Tel.: (0 75) 7 71 -39 09

Entstehungszeit: Geschaffen im Jahre 1896 im Auftrag des Prinzen Yamagata Aritome im Villenbezirk Kusagawa-cho am Fuß der Berge im Osten von Kyoto. Der mit dem Entwurf betraute Gartenkünstler war Ogawa Jihei (besser bekannt unter seinem Namen Ueji), der einer alten Gartenkünstler-familie entstammte.

Stilistische Merkmale: Teichgarten, der zum Spazierengehen angelegt ist; setzt die Technik des *shakkei* ein.

Besonderheiten: Der Garten erstreckt sich in Ost-West-Richtung. Klassisches Beispiel für einen Garten, der an seinen Enden schmal und in der Mitte bauchig ist. Am östlichen Ende des Gartens befindet sich ein naturalistischer dreistufiger Wasserfall gleich unterhalb einer V-förmigen Lichtung in dem Wäldchen. So entsteht der Eindruck, daß das Wasser des Wasserfalls direkt von den Bergen im Hintergrund fällt, die hier für die Komposition »geborgt« wurden. Vom Wasserfall fließt der Gartenbach über einige Stromschnellen in den ersten Teich. Nach seinem Austritt aus dem Teich vereint er sich mit einem zweiten Gartenbach bach und fließt auf den *shoin* zu. Die Steine entlang des Wandelpfades liegen nahezu alle flach in den Rasenflächen, wodurch dem Garten eine ruhige, natürliche Stimmung verliehen wird.

Beste Besuchszeiten: Im Herbst, wenn die Ahornbäume sich verfärben.

Der Garten am Heian-Schrein

Adresse: 606 Kyoto, Sakyo-ku, Okazaki Nishi, Tenno-cho. Tel.: (0 75) 7 61 -02 21

Entstehungszeit: Wurde 1895 aus Anlaß des 1100. Gründungs-tages von Heian-kyo (Kyoto) fertiggestellt.

Der Schrein und sein Garten sind als verkleinerte Wiedergabe der Staatshalle des kaiserlichen Palastes der Heian-Zeit gedacht, können aber schwerlich als solche bezeichnet werden.
Den Entwurf für den Garten schuf Ogawa Jihei.

Stilistische Merkmale: Großer Teichgarten (20 130 Quadratmeter), zum Spazierengehen angelegt. Die Berge im Osten von Kyoto werden für die Gesamtkomposition »geborgt«.

Besonderheiten: Im westlichen Teil des Gartens befinden sich große Anpflanzungen von Kirschbäumen und Weidenbäumen, ein Teich, ein naturalistischer Wasserfall und eine Halbinsel. Im Mittelteil des Gartens befindet sich ein großer Teich mit einigen Steininseln und einer größeren Insel, auf der eine steinerne Pagode steht. Man erreicht die Insel über sogenannte »Steine durch den Sumpf«, die ursprünglich als Fundamentsteine für die Gojo-Brücke in Kyoto dienten. Im größten, östlichen Teil des Gartens befinden sich eine Kranich- und eine Schildkröteninsel sowie eine lange, überdachte Brücke, die dem Garten einen rechtwinkligen Rahmen verleiht. Der südliche Teil wurde dem Garten erst später angefügt. Er enthält ungewöhnlich viele Steinsetzungen von Nakane Kinsaku.

Beste Besuchszeiten: Zu jeder Jahreszeit, auch im Winter.

Isui-en-Wandel- und Teegarten

Adresse: 630 Nara-shi, Suimon-cho 74, Isui-en.
Tel.: (07 42) 22-21 73

Entstehungszeit: Der westliche Teil des Gartens entstand in den 1670er Jahren, der Hauptteil entstand 1890 im Auftrag von Seki Tojiro, einem wohlhabenden Kaufmann in Nara.

Stilistische Merkmale: Teichgarten, in dem die Technik des *shakkei* vorbildlich eingesetzt ist. Der Garten ist zum Spazierengehen angelegt. In seinem Zentrum befinden sich zwei Tee-Gärten.

Besonderheiten: Im unteren Teil des Gartens vor dem Sanshu-tei-*shoin* ein runder Teich mit Kranich- und Schildkröteninsel. Im oberen, östlichen Teil des Gartens sind die drei Gipfel von Nara und das *nandai-*

ISUI-EN

mon, das »große Südtor« des großen Buddha-Tempels, in die Komposition mit einbezogen (*shakkei*). Dort befinden sich auch ein naturalistischer dreistufiger Wasserfall und eine Reihe von Mühlsteinen, die wie Schrittsteine zur zentralen Insel im Teich führen. Bedeutende Steinsetzungen finden sich nicht. An ihre Stelle treten beschnittene Azaleen. Der Tee-Garten befindet sich genau zwischen oberem und unterem Teil der Gartenanlage. Mit seinen Schrittsteinen und der kleinen Brücke, die zu einer Tee-Hütte von viereinhalb Tatami Grundfläche führt, wirkt der Garten sehr rustikal und geschlossen und bildet einen schönen Kontrast mit der Offenheit der »geborgten« Landschaft in seinem Ostteil.

Beste Besuchszeiten: Mai und Anfang Juni zur Azaleenblüte.

Tofuku-ji-Tempelgarten

Adresse: 605 Kyoto-shi, Higashiyama-ku, 15 Chome 778 Banchi. Tel.: (075) 561-0087

Entstehungszeit: Von Shigemori Mirei im Jahre 1940 entworfen.

Stilistische Merkmale: Die Gartenanlage besteht aus vier verschiedenen Trockengärten, die um den *hojo*, die Wohnquartiere des Hauptpriesters, gruppiert sind. Der Südgarten wirkt zwar sehr modern in seiner Machart, orientiert sich aber noch an den traditionellen Motiven japanischer Gartenkunst: steinerne Horai-Inseln, fünf grasbewachsene künstliche Berge. Die Steine sind kühn in die Vertikale gesetzt – was übrigens typisch für die Steinsetzungen der Showa-Epoche der Moderne ist. Sieben rundgeschnittene Steine – ursprünglich Fundamente für Brückenpfeiler – sind hier wie das Sternbild des Großen Wagens angeordnet. West- und Nordgarten spielen mit schachbrettmusterartigen Steinsetzungen, rechteckig angeordneten und geschnittenen Sträuchern und in geometrische Muster geharkten Sandflächen. Die Steine sind zu Quadraten geschnitten. Umgeben ist der Garten von einer drei Meter hohen, geweißten Lehmmauer.

Beste Besuchszeiten: Das ganze Jahr über.

Teichgarten an der Südseite der Regierungsgebäude der Präfektur Kagawa

Adresse: 790 Kagawa-ken, Takamatsu-shi, Ban-cho 4–1–10. Tel.: (0878) 31-11 11

Entstehungszeit: Der Entwurf stammt von Tange Kenzo aus dem Jahre 1958.

Stilistische Merkmale: Teichgarten, der eine Doppelfunktion als öffentlicher Platz und Bühne für Open-air-Performances zu erfüllen hat.

Besonderheiten: Der Garten weist zwei Teiche auf: ein rechtwinkliges, 37 mal 9 Meter großes Wasserbecken, über das eine geschwungene Betonbrücke gespannt ist, und einen unregelmäßig geformten Teich im Süden des Komplexes zwischen künstlichen, grasbewachsenen Hügeln. Die freie Fläche dazwischen ist eben und mit weißen Kieseln bedeckt.

Nach Westen ist diese Fläche durch einen pyramidenförmigen Hügel begrenzt, den man besteigen kann, um sich einen Überblick über die Komposition zu verschaffen. Der Garten ist so angelegt, daß man ihn aus zwei Blickwinkeln betrachten kann: von ebener Erde, rhythmisiert durch die Betonpfeiler des Regierungsgebäudes, oder von einem der oberen Stockwerke des Gebäudes. In diesem Garten sind zum erstenmal roh behauene Steine aus der Umgebung als Hauptelemente der Gestaltung eingesetzt worden.

Beste Besuchszeiten: Zu jeder Jahreszeit. Besonders schön nachmittags oder abends.

Binnengarten des Yurin Kaikan

Adresse: 615 Kyoto-shi, Ukyo-ku, Umetsu Kando-cho. Tel.: (075) 861-1577

Entstehungszeit: Garten im Binnenhof des *Yurin Kaikan*, einem Verwaltungsgebäude der Kimono-Industrie, 1975 von Shigemori Mirei entworfen.

Stilistische Merkmale: Teich- und Trockengarten, der von den ihn umgebenden Gebäuden aus betrachtet werden kann.

Besonderheiten: Der Garten stellt die Verbindung zwischen zwei verschieden großen Binnenhöfen her, die optisch durch einen überdachten Korridor voneinander getrennt sind, in dem sich von Wasser umflossene Schrittsteine befinden. Die geometrischen Spiralmuster, mit denen Shigemori Mirei den Garten gestaltet, sind inspiriert von den traditionellen Kimono-Designs. Auch die gedeckten Farben des Gartens, die vor allem verschiedenfarbige Kiesel einbringen, sind traditionellen Kimono-Mustern abgeschaut. Ursprünglich wollte Shigemori Mirei hier die Formen des Teich- und des Trockengartens zu einer neuen Symbiose verschmelzen: Einzelne Teile der Spiralmuster waren mit Wasser gefüllt. Leider ist der Garten inzwischen völlig trocken. Beeindruckend ist aber immer noch der Kontrast zwischen den schön geformten und beschaffenen Natursteinen und den klaren Formen der behauenen Steine, welche die Grenzen der Spiralmuster bilden.

Der synthetische Garten des Shonandai-Kulturzentrums

Adresse: 252 Kanagawa-ken, Fujizawa-shi, Shonandai 1–8. Tel.: (04 66) 45-15 00

Entstehungszeit: Der Entwurf stammt von Hasegawa Itsukos »Studio für Architektur und Design«.

Stilistische Merkmale: Moderner Teichgarten, der das neue Kulturzentrum in Fujizawa in der Mitte teilt.

Besonderheiten: Das zentrale gestalterische Element dieses provokanten Entwurfs einer jungen Architektin bildet erstaunlicherweise ein gewundener Gartenbach, also eins der wohl traditionellsten Elemente japanischer Gartenkunst. An seine Ufer aber hat Hasegawa Itsuko Metallobjekte in der Form von stilisierten Bäumen »gepflanzt«. In diesem Zusammenhang spricht sie von der Schöpfung einer »zweiten Natur«. Man fragt sich aber, warum ihre »zweite Natur« – also die metallenen Bäume – sich so stark an den Vorbildern der »ersten Natur«, an gewundenen Bachläufen und Bäumen, orientiert. Auch ist zu bemerken, daß

dieser mit modernen Materialien und Formen arbeitende Garten – vielleicht unbewußt – ein altes Thema wiederaufgreift: das Widerspiel zwischen rechtem Winkel und natürlicher Form. Interessant ist es, diesen Garten einmal mit dem Garten zu vergleichen, von dem wir zu Anfang des ersten Kapitels dieses Buches handelten: mit dem »Garten am gewundenen Flußlauf« aus der Nara-Zeit.

Die Gärten des Sheraton-Hotels in der Tokyo-Bay

Adresse: 279 Chiba-ken, Urayasu, Maihama 1–9. Tel.: (04 73) 55-55 55

Entstehungszeit: Entworfen 1988 vom Landschaftsdesignbüro Suzuki Masamichi.

Stilistische Merkmale: In verschiedenen Sektionen des Hotels finden sich verschiedene Gartentypen: ein Teichgarten, ein Trockengarten, ein »abstrakter« Garten und Tee-Gärten. Behandelt wird hier nur der größte davon, der Terrassengarten vor der Kaskade aus behauenen Steinen.

Besonderheiten: Wenn man einmal von dem Trockengarten und den Tee-Gärten absieht, sind Suzukis Gärten nicht der japanischen Tradition verhaftet. Sie sind für ein internationales, nicht für ein spezifisch japanisches Publikum geschaffen. Die etwa drei Meter hohe Kaskade zum Beispiel ist nicht nur die Hauptattraktion des Swimmingools, sondern beherbergt auch noch eine Grotten-Bar. Diese Kaskade ist eine Gartenskulptur, die gut zu der großen, weitschwingenden Architektur des Hotels paßt und zu dem großen Panorama der Bucht von Tokyo, das sich zu Füßen des Hotels ausbreitet. Das Hotel beherbergt auch noch eine Kaskade, in der das Wasser über eine schiefe Ebene abläuft. Besonders schön ist der Trockengarten, an dessen hinterer Wand sich eine Kalligraphie befindet. Schön auch der Bambusgarten vor einer großen Konferenz- und Festhalle.

Anmerkungen

1   Nitschke, G.: Shime, 1974 und 1988
2   Shigemori, M., 1967
3   Tsukushi, N., 1964
4   Kloetzli, R., 1983, S. 3
5   ebd., S. 24–43
6   vgl. Eliade, M., 1961, S. 129
7   zusammengefaßt nach: Ledderose, L., 1983, S. 168f.
8   Aston, W.G., 1956, S. 368
9   Kloetzli, R., 1983, S. 99
10 Ledderose, L., 1983, S. 165
11 Slawson, D., 1987, S. 97
12 Ambasz, E., 1969, S. 69
13 Aston, W.G., 1956, S. 190
14 ebd., S. 306
15 ebd., S. 315
16 ebd., S. 389
17 ebd., S. 145
18 ebd., S. 154
19 Varley, P.H., 1973, S. 21
20 Sierksma, F., S. 90
21 vgl. Porkert, 1974, S. 2
22 Kuck, L., 1968, S. 91
23 Itoh, T., 1984, S. 25–27
24 Shigemori, M., 1973, Bd. 2, S. 85
25 vgl. Morris, I., 1964, S. 113
26 Zitate nach: Seidensticker, 1976
27 Kuitert, W., 1988, S. 48f.
28 Ienaga, S., 1973, S. 52
29 Morris, I., 1964, S. 196
30 Tamura, T., S. 177
31 Tanaka, M., 1966, S. 14–30
32 Williams, C., 1974, S. 185
33 Kuitert, W., 1988, S. 91
34 Shigemori, M. und K.: Taikei, Bd. 5, S. 55
35 Kuck, L., 1986, S. 153
36 Saito, T., 1988, S. 10–15
37 Shigemori, M., 1965, S. 9–19
38 ebd., S. 19–57
39 Hennig, K., 1982, S. 204–223
40 Rajneesh, Bhagwan Shree, 1978, S. 75
41 Hennig, K., 1982, S. 284
42 Tanaka, I., 1972, S. 60
43 ebd., S. 129
44 Nishiyama, K., und Stevens, J., 1975, S. 91
45 Hennig, K., 1982, S. 147
46 Itoh, T., 1977, S. 239
47 Shigemori, M., 1965, S. 58–96

48 Hisamatsu, S., 1971, S. 53
49 Kuitert, W., 1988, S. 150, 159
50 Slawson, D., 1987, S. 72
51 Ueda, M., 1967, S. 65
52 ebd.
53 Bense, M., 1967, S. 35
54 beide Zitate nach: Komparu, K., 1983, S. 73f.
55 Slawson, D., 1987, Eintrag 1, 2
56 ebd., Anhang 2
57 Hall, J.W., 1981, S. 7–71
58 Reischauer, E.O. und Fairbank, J.K., 1958, S. 616
59 zitiert nach: Ueda, M., 1967, S. 94
60 Shigemori, M. und K.: Taikei, Bd. 8, 1971, S. 3–12
61 ebd., S. 19f.
62 ebd., S. 70ff.
63 ebd., Bd. 9, 1972, S. 42f.
64 ebd., Bd. 10, 1975, S. 12–16
65 ebd., Bd. 9, 1972, S. 16ff.
66 ebd., S. 53ff.
67 ebd., Bd. 8, 1971, S. 15
68 Ludwig, T.M., 1981, S. 374
69 vgl. Hennemann, H.S.: Cha-no-yu, 1980, S. 30–39
70 zitiert nach: Furuta, Sh., 1964, S. 94
71 zitiert nach: Ueda, M., 1967, S. 88
72 Itoh, T., 1969, S. 50
73 ebd., S. 44
74 vgl. Tanaka, S., 1967, S. 94–188
75 Varley, P., 1973, S. 202
76 vgl. Shigemori, M. und K.: Taikei, Bd. 16, 1974. S. 92ff.
77 ebd., Bd. 14, 1973, S. 84–92
78 vgl. Speidel, M., 1975
79 ebd.
80 Jinnai, H., 1987, S. 42–47
81 Nitschke, G. und Thiel, Ph., 1968
82 Varley, P., 1973, S. 244f.
83 Shigemori, M. und K.: Taikei, Bd. 27, 1971, S. 12 f.
84 ebd., Bd. 28, 1972, S. 6ff.
85 ebd., S. 16ff.
86 ebd., Bd. 30, 1974, S. 117–123
87 Alhalel, 1989
88 Osho, 1990

Literatur

Bücher und Aufsätze in europäischen Sprachen

Alhalel, R., *Conversations with Isamu Noguchi,* Kyoto: Kyoto Journal, No. 10. 1989

Ambasz, E., *The Formulation of a Design Discourse,* New Haven: Perspecta 12, The Yale Architectural Journal, 1969

Aston, W.G., *Nihongi-Chronicles of Japan from the Earliest Times to A.D.679,* London: G. Allen & Unwin Ltd., 1956

Bennet, Steven J., *Patterns of the Sky and Earth – A Chinese Science of Applied Cosmology,* in: *Chinese Science,* 1978, 3 : 1–26

Bense, M., *Semiotik – Allgemeine Theorie der Zeichen,* Baden-Baden: Agis Verlag, 1967

Bohner, H., *Zeitenreihe der alten japanischen Gärten,* Hamburg: OAG Nachrichten, Dez. 1966

Eliade, M., *The Sacred and the Profane,* New York: Harper & Row, 1961

Fukuyama, T., *Heian Temples: Byodo-in and Chuson-ji,* New York, Tokyo: Weatherhill/Heibonsha, 1976

Furuta, Sh., *The Philosophy of the Chashitsu,* Tokyo: Japan Architect, June 1964 – Sept. 1964

Hall, J.W., *Japan's Sixteenth-Century Revolution,* in: Elison, C. und Smith B.L., *Warlords, Artists and Commoners,* Honolulu: University of Hawaii Press, 1981

Harada, Jiro, *Japanese Gardens,* Boston: Charles T. Branford Co., 1956

Hashimoto, F., *Architecture in Shoin Style – Japanese Feudal Residences,* Tokyo: Kodansha International and Shibundo, 1981

Hayakawa, M., *The Garden Art of Japan,* New York, Tokyo: Weatherhill, 1973

Hennemann, H.S., *Cha-no-yu: die Teekultur Japans,* in: Nach-richten der Gesellschaft für Natur und Völkerkunde Ostasiens, Vol. 127–128, Hamburg 1980

Hennig, K., *Der Karesansui-Garten als Ausdruck der Kultur der Muromachi-Zeit,* Hamburg: MOAG, Bd. 92, 1982

Hisamatsu, Sh., *Zen and the Fine Arts,* Tokyo, 1971

Horiguchi, S. und Kojiro, Y., *Tradition of Japanese Gardens,* Tokyo: Kokusai Bunka Shinkokai, 1962

Ienaga, S., *Painting in the Yamato Style,* Tokyo, New York: Weatherhill/Heibonsha, 1973

Inoue, M., *Space in Japanese Architecture,* New York, Tokyo: Weatherhill, 1985

Itoh, T., *The Gardens of Japan,* Tokyo: Kodansha International, 1984

ders., *Space and Illusion in the Japanese Garden,* New York, Tokyo: Weatherhill/Tankosha, 1973

ders., *The Development of Shoin-Style Architecture,* in Hall, J.W. und Toyoda, T., *Japan in the Muromchi Age,* Berkeley: Univ. of California Press, 1977

Itoh, T., und Futagawa, Y., *The Elegant Japanese House – Traditional Sukiya Architecture,* New York, Tokyo: Weatherhill/Tankosha, 1969

Jinnai, H., *Ethnic Tokyo,* Tokyo: Process Architecture, No. 72, Jan. 1987

Kloetzli, R., *Buddhist Cosmology,* Dehli: Motilal Banarsidas, 1983

Komparu, K., *The Noh Theater – Principles and Perspectives,* New York, Tokyo, Kyoto: Weatherhill/Tankosha, 1983

Kuck, L., *The World of the Japanese Garden,* New York, Tokyo: Walker/Weatherhill, 1968

Kuitert, W., *Themes, Scenes, and Tastes in the History of Japanese Garden Art,* Amsterdam: J.C. Gieben, 1988

Ledderose, L., *The Earthly Paradise: Religious Elements in Chinese Landscape Art,* in: Murck, C., *Theories of the Arts in China,* Princeton, 1983

Ludwig, Th.M., *Before Rikyu – Religiuos and Aesthetic Influences in the Early History of the Tea Ceremony,* Tokyo: Monumenta Nipponica, Vol. XXXVI. No.4. Winter 1981

Morris. I., *The Pillow Book of Sei Shonagan,* London: Penguin Books, 1967

ders., *The World of the Shining Prince,* Tokyo: Charles E. Tuttle, 1964

Nishi, K. und Hozumi, K., *What is Japanese Architecture?,* Tokyo, New York: Kodansha International, 1983

Nishiyama, K. und Stevens, J., tr., Dogen Zenji, *Shobogenzo, The Eye and Treasury of the True Law,* Vol.I, Sendai: Daihokkaikaku Publ. Co., 1975

Nitschke, G., *SHIME: Binding / Unbinding,* London: Architectural Design, No.12, 1974

ders., *SHIME: Bauen, Binden und Besetzen,* Berlin: Daidalos 29, Sept. 1988

Nitschke, G. und Thiel. Ph., *Anatomie der gelebten Umwelt,* Zürich: Bauen und Wohnen, No. 9/10/12, 1968

Porkert, M., *The Theoretical Foundations of Chinese Medicine,* Cambridge: MIT Press, 1974

Osho, *From the False to the Truth, Discourse 8, July 5, 1985, India: Osho Times, 04/16/1990*

Rajneesh, Bh. Sh., *The Heart Sutra,* Poona, Rajneesh Foundation, 1978

Reischauer, E.O. und Fairbank, J.K., *East Asia – The Great Tradition.* Boston: Houghton Mifflin, 1958 und 1960

Seidensticker, E.G., tr., Murasaki Shikibu, *The Tale of Genji,* 2 Vols., Rutland, Vermont und Tokyo: Charles E. Tuttle, 1976

Shimoyama, Sh., *The Book of Garden,* Tokyo: Town & City Planners, 1976

Sierksma, F., *Tibet's Terrifying Deities,* Rutland, Vermont und Tokyo: Charles E. Tuttle, 1966

Slawson, David A., *Secret Teachings in the Art of Japanese Gardens,* Tokyo: Kodansha International, 1987

Speidel, M., *Japanese Places of Pilgrimage,* Tokyo: A + U, No.1 bis 12, 1975

Tanaka, I., *Japanese Ink Painting: Shubun to Sesshu,* New York, Tokyo: Weatherhill/Heibonsha, 1972

Tange, K., *The Secret of the Rock,* in: »This is Japan«, Tokyo, um 1962

Ueda, M., *Literary and Art Theories in Japan,* Cleveland, Ohio: The Press of Western Reserve, 1967, darin Kapitel 4: »Imitation, *Yugen,* and Sublimity – Zeami on the Art of the No Drama« und Kapitel 6: »Life as Art – Rikyu on the Art of the Tea Ceremony«

Varley, Paul, H., *Japanese Culture,* Tokyo: Charles E. Tuttle, 1973

Varley, Paul, H. & Elison, G., *The Culture of Tea: From Its Origins to Sen no Rikyu,* in: Elison, G. und Smith, B.L., *Warlords, Artists and Commoners – Japan in the 16th century,* Honolulu: Univ. of Hawaii Press, 1981

Williams, C.A.S., *Outlines of Chinese Symbolism and Art Motifs,* Rutland, Vermont & Tokyo: Charles E. Tuttle, 1974

Bücher und Aufsätze in Japanisch

Akisato, R., *Miyako meisho zue* (Illustrated Manual of Celebrated Places in the Capital), 1780, abgekürzt als MMZ

ders., *Miyako rinsen meisho zue* (Illustrated Manual of Celebrated Gardens in the Capital), 1799, abgekürzt als MRMZ

ders., *Ishigumi sonou yaegaki den* (Transmission of Rock Compositions, Live Gardens and Eight Types of Fences), 2 Vols., 1827, abgekürzt als ISYD

ders., *Tsukiyama teizoden,* Part 2 (Transmission of Constructing Mountains and Making Gardens), 1828, abgekürzt als TTZD-2

Horiguchi, S., *Rikyu no cha-shitsu,* (Rikyu's Tea Houses), Tokyo: Iwanami Shoten, 1949

Kitamura, E., *Tsukiyama teizoden,* Part 1, (Transmission of Constructing Mountains and Making Gardens), 1735, abgekürzt als TTZD-1

Mori, O., *Heian jidai teien no kenkyu* (A Study of Heian Era Gardens), Kyoto: Kuwana Bunseido, 1945

ders., *Kobori Enshu no sakuji* (The Work of Kobori Enshu), Monograph No.18 of the Nara National Institute of Cultural Properties, Nara: Yoshikawa Kobunkan, 1966

ders., *Sakuteiki no sekai* (The World of Sakuteiki), Tokyo: Nihon Hoso Shuppan, 1986

Niwa, T., *Katsura-rikyu no tobi-ishi* (The Stepping Stones in Katsura Detached Palace), Tokyo, Shokoku-sha, 1955

Saito, K., *Zukai Sakuteiki* (The Classic of Garden Making Illustrated), Tokyo: Gihodo, 1966

Saito, T., *Meien wo aruku: Muromchi Jidai* (The Japanes Gardens: Muromachi Period, Vol. 2), Tokyo: Mainichi Shimbunsha, 1988

Shigemori, M., *Nihon teien-shi zukan* (Illustrated History of the Japanese Garden), 24 Vols., Tokyo: Yukosha, 1936–39, abgekürzt als »Zukan«

ders., *Karesansui,* Kyoto: Kawara Shoten, 1965

ders., *Teien no bi to kansho-ho* (The Beauty of Gardens and Ways to Appreciate it), Tokyo: Hobunkan, 1967

ders. und Shigemori K., *Nihon Teien-shi Taikei* (The Great Compendium of Japanese Garden History, 35 Vols., Tokyo: Shakai Shisosha, 1971–1976, abgekürzt als »Taikei«

Tabata. M., *Kenroku-en – Seisonkaku,* in: Nihon no teien bi (The Beauty of the Japanese Garden), Vol. 8, Tokyo: Shuei-sha, 1989

Tamura, T., *Sakuteiki* (The Classic of Garden Making), Tokyo: Sobo Shobo, 1964

Tanaka, S., *Teien-ron toshite no sakuteiki,* (The Sakuteiki as a Treatise on Gardening), in: Geino-shi kenkyu, No. 15, Kyoto 1966

ders., *Nihon no teien* (The Japanese Garden), Tokyo: Kashima Shuppankei, 1967

Tsukushi, N., *Amaterasu no tanjo* (The Birth of the Sun Deity). Tokyo: Kadogawa Shinsho, 1964

Yoshikawa, I., *Chozubachi: Teien-bi no zokei* (Stone Basins: The Making of Garden Beauty), Tokyo: Graphic-sha Publishing Co., 1989

Glossar

Amida-Buddhismus	Vorstellung von Amida, einem transhistorischen Buddha des Lichts und des Lebens, als Regent über ein Land der Reinheit (jap. Jodo) im Westen; Modell eines Paradieses auf Erden
cha-no-yu	die Tee-Zeremonie
chisen kaiyu teien	»See-Quell-Wandel-Garten«; Garten der Muromachi-Zeit
chisen shuyu teien	»See-Quell-Bootfahrt-Garten«; Garten der Heian-Zeit
Daimyo	Territorialfürst der Edo-Zeit, sowohl Krieger als auch Gelehrter
dairi	Wohngebäude im Kaiserpalast
Geomantie	chinesische Naturwissenschaft (jap. chiso »Physiognomie des Landes« oder kaso »Physiognomie des Hauses«) zur Ermittlung der günstigsten energetischen Form und Plazierung eines Hauses, einer Stadt oder eines Grabes
ginshanada	»silberner Sand und offene See«; weiße Sandfläche, die in kunstvolle Wellenform geharkt ist
go-gyo	Begriff aus der chinesischen Naturwissenschaft: bezeichnet die fünf evolutiven Phasen: Erde, Holz, Feuer, Metall und Wasser
go-shintai	»Behausung einer Gottheit«; kann ein ungewöhnlicher Fels, Baum, Berg oder auch Wasserfall sein
gosho	»der erhabene Ort«; diese Bezeichnung ist der heutige Name des Kaiserpalastes in Kyoto
hako-zukuri	Technik der Baumbeschneidung: in Kastenform beschnittene Bäume
hojo	Wohngebäude des Hauptpriesters, auf allen vier Seiten von Gärten umgeben
hondo	Haupthalle im Tempelbezirk
Horai	Horai-Berg, -Insel, -Stein: Symbol für die »Insel der Seligen«; Motiv aus der taoistischen Mythologie, wonach auf fünf Inseln weit östlich der chinesischen Küste die Menschen Unsterblichkeit und Harmonie erlangt haben
ishi-doro	Steinlaternen
Ishitateso	Mönche der esoterischen Shingon-Sekte, die sich als halbprofessionelle Gartenbauer betätigten
iwakura, iwasaku	»Felssitz« bzw. »Felsgrenze«; als göttlich verehrte Steine
kaisho	Gebäude, das die Samurai für Feste nutzten
kare-sansui	kleiner, trockener »Berg- und Wasser«-Garten; als Trockenlandschaftsgarten der Prototyp der Kamakura- und Muromachi-Zeit
Kawaramono	»Leute vom Flußufer«; ursprünglich soziale Klasse der Ausgestoßenen, gewannen während der Muromachi-Zeit den Status von professionellen Gartenarchitekten
Kojiki	eine der ältesten Chroniken Japans aus dem Jahr 712
kyokusui no en	»Fest am gewundenen Bach«; ein bei den Höflingen beliebtes Fest
Mandala	sakrales Diagramm, verkörpert ursprünglich hinduistische Prinzipien des Kosmos
Manyoshu	»Sammlung der unzähligen Blätter«; älteste japanische Gedichtsammlung
Miyako meisho zue	illustriertes Handbuch berühmter Sehenswürdigkeiten in Kyoto aus dem Jahr 1780
Niwa-shi	professionelle Gartenkünstler
o-karikomi	die Kunst, Sträucher und Bäume in großen Formen zu beschneiden
reihaiseki	ein zum kultischen Gebrauch bestimmter Stein
roji	»Pfad«, »Durchgang«; bezeichnet den Tee-Garten, der durchwandert wird mit dem Ziel der Tee-Laube
Sakutei-ki	das älteste erhaltene Handbuch der Gartenkunst aus dem elften Jahrhundert
Samurai	»Dienender«; Angehöriger der Klasse der Krieger
san-sui	»Berg und Wasser«; sino-japanischer Begriff für Landschaft; einer der wichtigsten metaphysischen Begriffe, die der Gartenkunst und der Malerei zugrunde liegen

shakkei	»geborgte Landschaft«; Technik, die Hintergrundlandschaft in die Gartenkomposition mit einzubeziehen
shiki-e	Malereien im Innern des Palastes, welche die Schönheiten der vier Jahreszeiten darstellen
shiki no himorogi	mit Kieseln bedeckte heilige Bezirke, in denen rituelle Reinigungen vorgenommen werden
shime	»gebundenes Artefakt«; signalisiert eine Inbesitznahme; das Binden von Gras oder Bäumen ist ein Zeichen eines Besitz- oder Machtanspruchs
shime-nawa	bezeichnet in Shinto-Heiligtümern Bänder, die einen heiligen Bezirk umgrenzen oder einen Gegenstand als heilig kenntlich machen
shinchi	»Teiche der Götter«
shinden	heilige Reisfelder; Haupthaus
shinden-zukuri	Palast- und Gartenarchitektur der Heian-Zeit
Shinto	»Inseln der Götter«, auch »Weg der Götter«
Shintoismus	ureigentliche Religion Japans; als Natur-Shinto prägend für die japanische Formensprache, die Grundzüge japanischer Lebens- und Verhaltensweisen reflektiert: die Wertschätzung territorialen Eigentums, die Naturanbetung, den Sinn für Reinheit und die Reiskultur
shishin-den	»die purpurne Halle des Kaisers«; Gebäude im Mittelpunkt der kaiserlichen Wohngebäude seit der Heian-Zeit
Shogun	»Heerführer«; der Samuraiklasse angehörender kaiserlicher Feldherr, tatsächlicher politischer Machthaber während der Kamakura- und Muromachi-Zeit
shoin	der kultivierteste Raum in den Wohnanlagen der Samurai und Zen-Priester
shoin-zukuri	Architektur-Stil der Kamakura- und Muromachi-Zeit
Shumi-sen	buddhistischer Weltenberg; aus der hinduistischen Kosmologie übernommenes Bild des kosmischen Shumi-sen (Shumi-Berg) im Zentrum der Welt
so-an	»grasbedeckte Hütte«; schlichte, rustikale Tee-Laube
Sukiya-Architektur	die neue Architektur des Tee-Hauses in der Momoyama-Zeit
Tatami	Matte in der Größe 90 x 180 cm
tobi-ishi	in Muster gelegte Schrittsteine
tsubo-niwa	Binnenhofgärten
tsukubai	»Ort, wo man niederknien muß«; Steingruppe mit Wasserschöpfbecken, wo sich der Besucher des Tee-Gartens körperlich und rituell reinigen soll
wabi-cha	»verinnerlichtes und schlichtes Tee-Ritual«; formalisierte Art des Teetrinkens seit dem Ende des 16. Jahrhunderts in Japan
Zen	aus dem Sanskrit, ursprünglich dhyan: »Meditation«; Meditationspraxis auf der Grundlage des Glaubens an ji-riki, »Kontrolle über das Selbst«, als alleinigem Weg der Erleuchtung

Lageplan der Gärten in Japan

① Achi-Schrein, Okayama-ken

② Ise-Schrein, Mie-ken

③ Kyokusui-tei, Nara-shi

④ Motsu-ji, Iwate-ken

⑤ Makaya-ji, Shizuoka-ken

⑥ Joei-ji, Yamaguchi-ken

⑦ Taga-Taisha-Schrein, Shiga-ken

⑧ Senshu-kaku, Tokushima-shi

⑨ Genkyu-en, Shiga-ken

⑩ Matsuo-Schrein, Shiga-ken

⑪ Raikyu-ji, Okayama-ken

⑫ Daichi-ji, Shiga-ken

⑬ Emman-in, Shiga-ken

⑭ Koishikawa-Koraku-en, Tokyo

⑮ Joju-en, Kumamoto-shi

⑯ Ritsurin, Kagawa-ken

⑰ Koraku-en, Okayama-ken

⑱ Kenroku-en, Ishikawa-ken

⑲ Jiko-in, Nara-ken

⑳ Isui-en, Nara-shi

㉑ Regierungsgebäude der Präfektur
Kagawa, Kagawa-ken

㉒ Shonandai-Kulturzentrum,
Kanagawa-ken

㉓ Sheraton Hotel, Tokyo-Bucht,
Chiba-ken

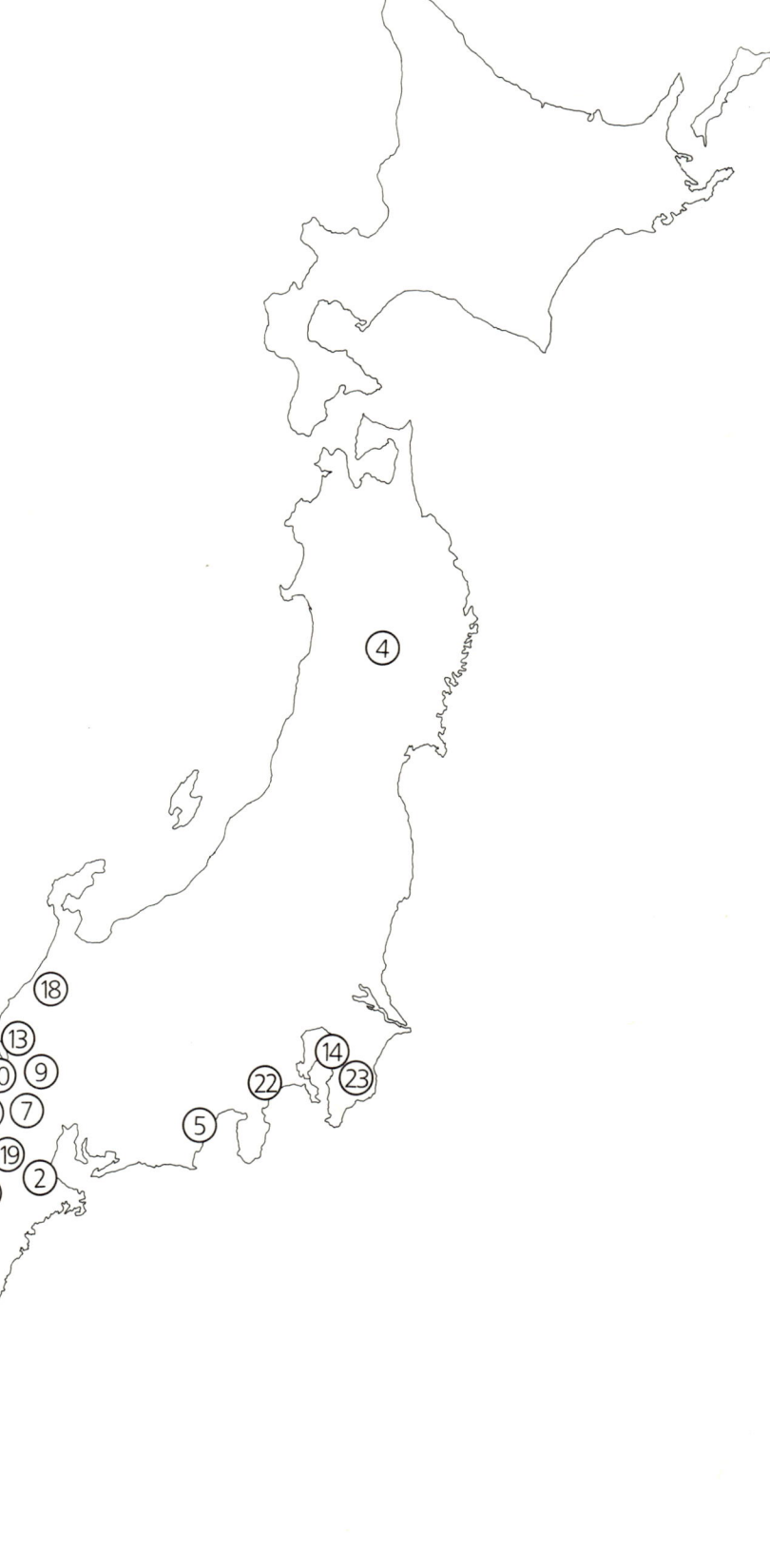

Lageplan der Gärten in und um Kyoto

① Gosho am kaiserlichen Palast
② Osawa Ike im Daikaku-ji-Tempelbezirk
③ Kaju-ji
④ Byodo-in
⑤ Hokongo-in
⑥ Saiho-ji
⑦ Tenryu-ji
⑧ Kinkaku-ji
⑨ Ginkaku-ji
⑩ Ryoan-ji
⑪ Daisen-in im Daitoku-ji-Tempelbezirk
⑫ Shinju-an im Daitoku-ji-Tempelbezirk
⑬ Taizo-in im Myoshin-ji-Tempelbezirk
⑭ Ryogen-in im Daitoku-ji-Tempelbezirk

⑮ Sambo-in im Daigo-ji-Tempelbezirk
⑯ Nijo-Schloß
⑰ Shinnyo-in im Bezirk Shimogyo-ku
⑱ Kanji-in im Bezirk Shimogyo-ku
⑲ Hompo-ji im Bezirk Kamigyo-ku
⑳ Nishi-Hongan-ji
㉑ Konchi-in im Nanzen-ji-Tempelbezirk
㉒ Fushin-an in der Omote-Senke-Teeschule, Bezirk Kamigyo-ku
㉓ Katsura-Villa
㉔ Kasa-tei und Shigure-tei im Kodai-ji-Tempelbezirk
㉕ Koho-an im Daitoku-ji-Tempelbezirk
㉖ Sanzen-in

㉗ Chishaku-in
㉘ Joju-in im Bezirk Higashiyama-ku, Kiyomizu
㉙ Manshu-in
㉚ Nanzen-ji
㉛ Entsu-ji
㉜ Shoden-ji
㉝ Shisen-do
㉞ Murin-an
㉟ Heian-Schrein
㊱ Tofuku-ji
㊲ Yurin Kaikan im Bezirk Ukyo-ku

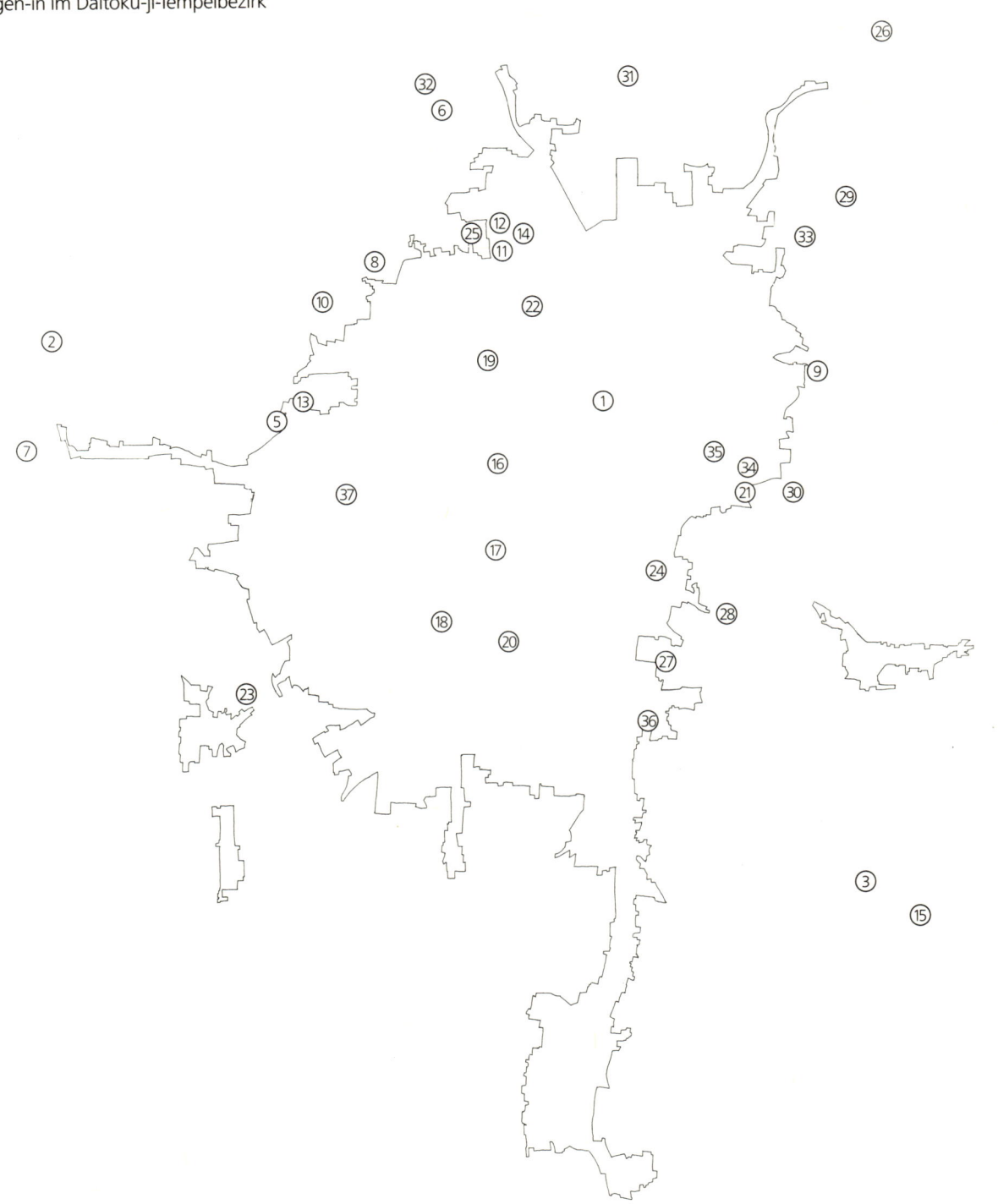